立信会计产学研基地建设项目

企业并购与合并报表实验教程

（第二版）

主编／张维宾

副主编／郑先弘　姚津　黄海　张奇峰

图书在版编目(CIP)数据

企业并购与合并报表实验教程 / 张维宾主编. —2版. —上海：立信会计出版社,2013.6
ISBN 978-7-5429-3923-4

Ⅰ.①企… Ⅱ.①张… Ⅲ.①企业合并-会计报表-教材 Ⅳ.①F275.2

中国版本图书馆 CIP 数据核字(2013)第 113241 号

责任编辑　　洪梅春
封面设计　　周崇文

企业并购与合并报表实验教程(第二版)

出版发行	立信会计出版社
地　　址	上海市中山西路 2230 号　　邮政编码　200235
电　　话	(021)64411389　　传　真　(021)64411325
网　　址	www.lixinaph.com　　电子邮箱　lxaph@sh163.net
网上书店	www.shlx.net　　电　话　(021)64411071
经　　销	各地新华书店
印　　刷	浙江省临安市曙光印务有限公司
开　　本	787 毫米×1092 毫米　　1/16
印　　张	21.75
字　　数	544 千字
版　　次	2013 年 6 月第 2 版
印　　次	2015 年 8 月第 2 次
印　　数	6 201—9 300
书　　号	ISBN 978-7-5429-3923-4/F
定　　价	36.00 元

如有印订差错,请与本社联系调换

第二版前言

《企业并购与合并报表实验教程》自 2012 年 8 月出版以来,已在高校会计专业课程教学、会计师事务所业务培训和 CPA 后续教育中投入使用,受到有关方面好评。会计实验教材根据教学目标的不同一般可分为两类:一类是强调流程或程序的实验教材,其主要目的在于让学员熟悉会计资料,了解与掌握会计程序及方法;另一类是注重职业判断的实验教材,其主要目的在于培养学员的综合分析能力和职业判断能力。本实验教材属于后者,需要学员在掌握企业并购与合并报表理论和方法的基础上,从来源于上市公司实务的原始资料中甄别、筛选出相关信息,综合分析复杂经济业务、恰当运用职业判断以完成实验项目。

与本教材第一版相比,第二版的主要变化包括以下两部分:

1. 增加了实验参考答案和疑难问题解答的数量与覆盖点。我们根据教材使用过程中教师与实验者的反馈意见,在原来的基础上增加了部分实验项目的参考答案,并且增补了教学中问题比较集中的若干疑难点的探讨与解答内容,有助于解除实验者的困惑,开阔视野,方便自学。

2. 调整了教材的结构体系。根据业务的普遍性程度与实验者的不同需求,我们把企业并购与合并报表系列实验项目分为基本业务与特殊业务两个篇章。基本业务篇主要针对实验者的一般需求,包括五个实验项目:非同一控制下企业合并及其合并财务报表;合并财务报表的连续编制;合并财务报表的编制方法——层层合并法与一次合并法;分步实现企业合并及其合并财务报表;同一控制下企业合并及其合并财务报表。特殊业务篇有六个实验项目,主要内容包括仅依据合同达成企业合并及其合并财务报表、超额亏损子公司纳入与退出合并财务报表、处置子公司部分股权未丧失控制权、处置子公司部分股权且丧失控制权、吸收合并与子公司注销变为分公司、反向购买(构成业务)及其合并报表。教材结构的调整,便于教师或培训师根据实验者具体情况更有针对性地确定教学内容,也有助于实验者灵活地确定学习策略。此外,在"实验步骤及指导"部分增加了与《企业并购与合并报表实验教程》有关的会计准则和其他相关法规名称或文号,便于实验者查询和学习。

与本教材配套的《企业并购与合并报表系列实验软件》也已开发完成并投入使用(联络地址:zhanglijuan0916@163.com)。其作为实验教学软件,主要作用在于培养与企业并购、合并报表相关的职业判断能力和实务分析能力。为配合本实验教材的使用和便捷教学,所开发的实验软件教学功能比较齐全,能够提供互动、阅卷、查询、评估等教学功能。实验过程中,实验者与指导教师可通过软件平台随时提问和即时指导,增进沟通与互动。在实验完成后,实验者可通过系统查询成绩与差错、分析差错原因所在;教师可通过系统自动评卷,自动汇总实验项目各得分点的差错率、统计实验成绩与成绩分布,自动生成实验指导记录,为教学评估提供参考数据,增强实验教学效果。

我们以打造综合性、实战型和创新性的高端会计实验项目为目标,将持续关注企业并购与合并报表的理论和实务发展,听取广大使用者的建议和意见,不断完善本实验教材。

编 者
2013 年 5 月

前　言

　　企业并购是资本市场的热点问题，企业并购与合并财务报表实务不断提出需要解决的会计难题，同时也成为会计类专业相关课程的教学难点。企业并购与合并财务报表实验是会计类专业较高层次的综合性实验，符合会计学、财务管理等专业"企业并购与分立"、"高级财务会计"、"财务案例分析"等多门课程教学的需要。《企业并购与合并报表实验教程》将并购理论与合并报表理论运用于上市公司实践，以解决有关会计实务的难题，有利于促进应用型会计人才的培养。

　　本教材的总体编写特点如下：

　　1. 实验案例素材完全来自上市公司实务。上市公司和拟上市公司需要解决大量新颖、复杂的会计与财务问题，具有显著的实践优势和丰富的案例资源，从上市公司公开披露的信息渠道，收集一批当前上市公司的并购重组及合并财务报表典型案例，作为开发实验项目的基本素材，可以使实验教学贴近会计实务前沿，具有现实意义和新颖性。由于实验案例的典型性和新颖性，在研究上市公司企业并购和合并报表会计实务方面具有独特的优势，可以为实验课程的扩展及相关理论与实务的研究提供广阔的空间。

　　2. 实务专家与专业教师合作开发实验项目和编写教材。利用立信会计产学研基地的优势，有关专业教师对企业并购与合并报表的实务进行了比较充分的前期研究，发表了十余篇论文，并邀请来自上市公司审计第一线的实务专家，参与典型案例研究、实验项目开发和实验教材编写的全过程。此外，与本教材配套的实验软件也即将开发完成，会计师事务所的注册会计师多次参与本教材相关实验软件的测试，且提出宝贵的改进意见。实务专家全程参与实验项目开发和教材编写，有利于设计具有前瞻性的技术解决方案，从而提升实验教材质量与实验项目的应用价值。

　　3. 实验项目覆盖企业并购与合并报表实务的主要类型。本教材的实验项目内容，涵盖非同一控制下企业合并、同一控制下企业合并、分步实现企业合并、无转移对价达成企业合并、构成业务的反向购买、合并超额亏损子公司、控制权发生转移等当前企业并购与合并财务报表实务的主要类型，有助于实验者集中而系统地掌握企业并购与合并报表会计理论及其在复杂实务中的运用。

　　4. 教材体例注重实验者实践能力和研究能力的培养。本教材每个实验项目均通过教学内容提要集中介绍相关会计实务，并且通过调研整理编写了数十个与企业并购及合并财务报表实务有关的疑难问题解答,列举了实务中存在的不同观点与方法,有助于实验者对相关实务深入思考,提升解决实际问题的应用能力。本教材还通过设计案例思考题挖掘实验教学深度和增强案例教学启示性。每个实验项目均设计成一个教学案例,成为实验教学与案例教学的共享资源。设计具有相当数量的富有启示性的案例思考题,便于教师根据教学或培训对象进行选择组合,引导学员完成实验项目后进行相关案例分析,使学员在熟悉企业并购与合并报表实务的基础上,探索相关实务中的难点问题,提升处理复杂经济业务的研究能力。

本教材由张维宾担任主编,负责拟定编写大纲、设计体例和确定具体实验项目,并负责总纂、修改和定稿;由郑先弘、姚津、黄海担任副主编,协助主编承担相应的工作;章丽娟协助主编对有关数据进行复核。本教材编写分工如下:

实验一	非同一控制下企业合并及其合并财务报表	张维宾	章丽娟	
实验二	合并财务报表的连续编制	张维宾	章丽娟	
实验三	合并财务报表的编制方法——层层合并法与一次合并法	张维宾	章丽娟	
实验四	仅依据合同达成企业合并及其合并财务报表	张维宾	孙 冰	
实验五	分步实现企业合并及其合并财务报表	黄 海	章丽娟	
实验六	超额亏损子公司纳入与退出合并财务报表	张维宾	李 晨	章丽娟
实验七	同一控制下企业合并及其合并财务报表	张奇峰	郑先弘	章丽娟
实验八	处置子公司部分股权未丧失控制权	姚 津	张维宾	章丽娟
实验九	处置子公司部分股权且丧失控制权	姚 津	张维宾	
实验十	反向购买(构成业务)及其合并报表	张 宇	张维宾	
实验十一	吸收合并与子公司注销变为分公司	郑先弘	张维宾	章丽娟

本教材主要以高等院校会计学专业本科生、专业硕士以及会计师事务所注册会计师等为对象,可作为财经类高校会计综合性实验教材或有关课程配套教材,也可作为会计师事务所注册会计师及其他会计与审计工作者后续教育培训教材。

在本教材编写过程中,我们还得到了江强、蒋耀华、于延国、郑斌、蒋雪莲、吴震东、戴金燕、丁陈隆、潘时俊、刘玉茹、杨剑等的大力支持与帮助,在此,谨向这些实务专家和注册会计师表示衷心感谢!

由于市场经济环境下会计理论和实务在不断发展与创新,我们对企业并购与合并财务报表的研究也有一个不断深入的过程,教材中难免存在一些不足之处,欢迎教材使用者批评指正和提出改进意见,以便我们在教材再版时进行更新和修订,不断提高教材质量。

编 者
2012 年 6 月

目 录

第一篇 基 本 业 务

实验一 非同一控制下企业合并及其合并财务报表 …………………………………… 3
  第一部分 实验目的 ………………………………………………………………… 3
  第二部分 教学内容提要 …………………………………………………………… 3
  第三部分 案例公司概况 …………………………………………………………… 5
  第四部分 利华公司企业合并（收购申川公司80％股权）的原始凭证 ………… 7
  第五部分 利华公司编制合并财务报表的基础资料 …………………………… 15
  第六部分 实验要求 ………………………………………………………………… 31
  第七部分 案例思考题 ……………………………………………………………… 31

实验二 合并财务报表的连续编制 ……………………………………………………… 33
  第一部分 实验目的 ………………………………………………………………… 33
  第二部分 教学内容提要 …………………………………………………………… 33
  第三部分 案例公司概况 …………………………………………………………… 34
  第四部分 利华公司购买少数股权（收购申川公司20％股权）的原始凭证 …… 37
  第五部分 利华公司编制合并财务报表的基础资料 …………………………… 45
  第六部分 实验要求 ………………………………………………………………… 58
  第七部分 案例思考题 ……………………………………………………………… 58

实验三 合并财务报表的编制方法——层层合并法与一次合并法 ………………… 59
  第一部分 实验目的 ………………………………………………………………… 59
  第二部分 教学内容提要 …………………………………………………………… 59
  第三部分 案例公司概况 …………………………………………………………… 60
  第四部分 申江公司购买少数股权（收购江山公司15％股权）的原始凭证 …… 62
  第五部分 申海公司编制合并财务报表的基础资料 …………………………… 70
  第六部分 实验要求 ………………………………………………………………… 81
  第七部分 案例思考题 ……………………………………………………………… 81

实验四 分步实现企业合并及其合并财务报表 ·· 83

第一部分 实验目的 ·· 83
第二部分 教学内容提要 ·· 83
第三部分 案例公司概况 ·· 85
第四部分 申光股份企业合并(收购启明机械46％股权)的原始凭证 ·· 85
第五部分 申光股份编制合并财务报表的基础资料 ·· 91
第六部分 实验要求 ·· 99
第七部分 案例思考题 ·· 99

实验五 同一控制下企业合并及其合并财务报表 ·· 100

第一部分 实验目的 ·· 100
第二部分 教学内容提要 ·· 100
第三部分 案例公司概况 ·· 101
第四部分 运通股份受让万达电器90％股权的原始凭证 ·· 103
第五部分 运通股份编制合并财务报表的基础资料 ·· 110
第六部分 实验要求 ·· 124
第七部分 案例思考题 ·· 124

第二篇 特 殊 业 务

实验六 仅依据合同达成企业合并及其合并财务报表 ·· 129

第一部分 实验目的 ·· 129
第二部分 教学内容提要 ·· 129
第三部分 案例公司概况 ·· 130
第四部分 南山公司企业合并(承包经营广田公司)的原始凭证 ·· 132
第五部分 南山公司编制合并财务报表的基础资料 ·· 133
第六部分 实验要求 ·· 137
第七部分 案例思考题 ·· 138

实验七 超额亏损子公司纳入与退出合并财务报表 ·· 139

第一部分 实验目的 ·· 139
第二部分 教学内容提要 ·· 139
第三部分 案例公司概况 ·· 140
第四部分 嘉佳超市转让NO.4店60％股权的原始凭证 ·· 142

第五部分	嘉佳超市编制合并财务报表的基础资料	150
第六部分	实验要求	166
第七部分	案例思考题	166

实验八　处置子公司部分股权未丧失控制权·················167

第一部分	实验目的	167
第二部分	教学内容提要	167
第三部分	案例公司概况	167
第四部分	华通公司转让华伟公司40%股权的原始凭证	170
第五部分	华通公司编制合并财务报表的基础资料	178
第六部分	实验要求	185
第七部分	案例思考题	185

实验九　处置子公司部分股权且丧失控制权·················186

第一部分	实验目的	186
第二部分	教学内容提要	186
第三部分	案例公司概况	187
第四部分	方圆公司转让方海公司40%股权的原始凭证	189
第五部分	方圆公司编制合并财务报表的基础资料	198
第六部分	实验要求	213
第七部分	案例思考题	213

实验十　吸收合并与子公司注销变为分公司·················214

第一部分	实验目的	214
第二部分	教学内容提要	214
第三部分	案例公司概况	215
第四部分	晨泰机电吸收合并永讯电子和注销晨信光电的原始凭证	217
第五部分	晨泰机电编制合并财务报表的基础资料	225
第六部分	实验要求	238
第七部分	案例思考题	238

实验十一　反向购买(构成业务)及其合并报表·················240

第一部分	实验目的	240
第二部分	教学内容提要	240
第三部分	案例公司概况	242
第四部分	银河房产反向购买星光科技的原始凭证	245

第五部分　案例公司编制合并财务报表的基础资料……………………………………257
第六部分　实验要求……………………………………………………………………264
第七部分　案例思考题…………………………………………………………………264

实验步骤及指导……………………………………………………………………………266
空白表格样式………………………………………………………………………………269
部分参考答案………………………………………………………………………………291
疑难问题解答………………………………………………………………………………311

第一篇

基本业务

实验一
非同一控制下企业合并及其合并财务报表

第一部分 实验目的

1. 熟悉非同一控制下企业合并交易的有关原始凭证,熟悉编制合并财务报表的基础资料。
2. 掌握非同一控制下企业合并交易中对被合并方资产、负债的计量基础。
3. 掌握编制合并财务报表的基本方法,包括实务中工作底稿的编制与运用。
4. 掌握非同一控制下企业合并编制合并财务报表有关的递延所得税会计处理。
5. 掌握合并净利润在母公司所有者与少数股东之间的分拆计算,包括内部交易未实现损益的分摊方法。

第二部分 教学内容提要

为了反映整个企业集团的财务状况、经营成果和现金流量,需要编制合并财务报表。

▶▶ 一、合并财务报表的编制程序

合并工作底稿是企业编制合并财务报表的过程记录。对个别财务报表的调整和进行内部抵销均在合并工作底稿中进行。

首先,需对个别财务报表进行调整,编制有关调整分录。根据母公司的股权登记簿等备查记录,按照购买日公允价值对非同一控制下取得子公司的可辨认资产、负债进行持续计量,确定其在本期资产负债表日的金额,如果子公司的会计政策或会计期间与母公司不一致的,还需要对净利润进行调整;根据调整后的子公司个别财务报表,按照权益法要求调整母公司的个别财务报表,如果存在未实现内部交易损益,在采用权益法进行调整时还应对该未实现的内部交易损益进行调整(也可暂不调整而通过填列少数股东损益与少数股东权益计算调整表单独调整)。

然后,根据调整后的母公司与各子公司的个别财务报表,编制抵销分录,进行内部抵销。进行抵销处理是编制合并财务报表的关键和主要内容,其目的在于将个别财务报表各项目的加总金额中重复的因素予以抵销。

最后,将合并工作底稿中的数据过入或导入合并财务报表,完成合并财务报表的编制。

▶▶ 二、内部交易或事项的抵销

合并财务报表是以母公司和子公司的个别财务报表为基础编制的,它从集团整体的角度进行列报。个别财务报表则是以单个企业为会计主体进行会计核算的结果,它从母公司本身

或从子公司本身的角度进行列报。发生内部交易或事项，发生交易的各方都在其个别财务报表层面进行了反映；而在合并财务报表层面，从企业集团整体来看，这些内部交易或事项相当于主体内部的资金拨付、资产调拨、自产自用等，并不引起整个企业集团的资产、负债、所有者权益和损益的增减变动。因此，在编制合并财务报表时，应当在母公司与子公司财务报表数据简单相加的基础上，将内部交易重复计算的因素予以扣除，将内部交易对合并财务报表有关项目的影响进行抵销处理。

关于内部交易或事项的抵销分录主要包括：

抵销子公司所有者权益与母公司相关长期股权投资，同时，按照在非全资子公司净资产中享有的份额确认少数股东权益，差额确认为合并商誉或合并利得；从企业集团整体来看，母公司对子公司进行的长期股权投资实际上相当于母公司将资本拨付下属核算单位，将母公司对子公司长期股权投资项目与子公司所有者权益项目予以抵销；

抵销母公司与子公司、子公司相互之间的债权和债务项目，以及内部债权所计提的坏账准备；

抵销内部存货购销交易的内部营业收入、营业成本和未实现损益；

抵销内部固定资产、无形资产购销交易的营业收入、营业成本和未实现损益（或内部处置损益和未实现损益），以及在上述资产原价中包含未实现内部销售损益的情况下，对该内部交易形成的固定资产计提的折旧费、减值准备进行相应的抵销处理；

确认因抵销未实现内部损益而使有关资产、负债价值与其所属个别纳税主体计税基础不同所产生暂时性差异的递延所得税资产或负债；

抵销内部持有对方长期股权投资的投资收益，确认少数股东损益；

抵销内部投资收益（利息收入）与利息费用；

抵销内部租赁收入与租赁费用等。

在合并工作底稿中无论编制调整分录还是抵销分录，借记或贷记的均为财务报表项目（即资产负债表项目、利润表项目、现金流量表项目和所有者权益变动表项目），而非具体会计科目。

三、内部交易未实现损益的承担

内部交易未实现损益是否在母公司所有者与少数股东之间分摊，现行会计准则未对此作明确规定，实务中存在两种不同的处理方法：

其一，不分摊，全部调整归属于母公司所有者的净利润，此种方法是"母公司理论"的体现；

其二，按持有相关子公司的股权比例，在母公司所有者与少数股东之间分摊，即分别调整归属于母公司所有者的净利润和少数股东损益，此种方法是"经济实体理论"（亦称"主体理论"）的具体表现。本实验项目采用了将内部交易未实现损益按持股比例在母公司所有者与少数股东之间分摊的方法。

四、报告期内新增子公司的列报

在编制合并财务报表时，对于被购买的子公司在购买日之前实现的损益不应计入当年合并利润表，应将其自购买当年年初至购买日实现的净利润，视同其当年年初未分配利润的组成部分，计入其个别财务报表购买当年的年初未分配利润，最终在内部抵销时予以抵销。

在非同一控制下企业合并当年编制合并现金流量表时，母公司购买子公司的现金流出与该子公司在购买日持有的现金及现金等价物应当相互抵减，若被购买方在购买日持有的现金及现金等价物小于母公司支付的现金对价，抵减后的净额，在"取得子公司及其他营业单位支付的现金净额"项目反映;若被购买方在购买日持有的现金及现金等价物大于母公司支付的现金对价,抵减后的净额,在"收到其他与投资活动有关的现金"项目反映。

第三部分　案例公司概况

一、利华集团各公司经营范围

利华股份有限公司(以下简称利华公司)属于上市公司,以利华公司为母公司的企业集团(以下简称利华集团)是以包装制造为主的大型综合生产企业集团。

利华公司经营范围:生产与销售 PET 瓶及瓶坯。

利泉股份有限公司(以下简称利泉公司)经营范围:生产与销售各种塑料瓶盖、标签等产品。

申川股份有限公司(以下简称申川公司)经营范围:生产与销售果蔬饮料、蛋白饮料、茶饮料、咖啡饮料及相关产品。

二、利华集团有关企业合并事项

(一) 上年(2009 年)收购利泉公司

2009 年 1 月 2 日,利华公司支付银行存款 7 740.18 万元从非关联方购入利泉公司 90% 股权,对其实施控制,通过产权交易所完成该项产权转让交割程序,并于同日完成工商变更登记。截至 2009 年 1 月 2 日,利泉公司可辨认净资产的账面价值为 8 360.2 万元,交易双方以《利泉股份有限公司股权转让项目股东全部权益价值评估报告》为基础确定的利泉公司可辨认净资产的公允价值为 8 600.2 万元(详见利华公司收购利泉公司股权登记簿)。

(二) 本年(2010 年)收购申川公司

2010 年 2 月 28 日,利华公司以支付银行存款 1 900 万元从非关联方购入申川公司 80% 股权,对其实施控制,通过产权交易所完成该项产权转让交割程序,并于同日完成工商变更登记。截至 2010 年 2 月 28 日,申川公司可辨认净资产的账面价值为 2 214 万元,交易双方以《申川股份有限公司股权转让项目股东全部权益价值评估报告》为基础确定的申川公司可辨认净资产的公允价值为 2 244 万元(详见利华公司收购申川公司股权登记簿)。申川公司 2010 年 1~2 月个别财务报表列报的净利润为 40 万元。

三、利华集团的股权投资关系

(一) 截至 2009 年 12 月 31 日利华集团的股权投资关系

截至 2009 年 12 月 31 日,利华公司持有利泉公司 90% 的表决权股份,对其拥有控制权,利华集团的股权投资关系如图 1-1 所示。

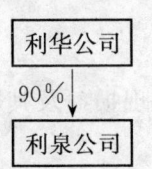

图 1-1　截至 2010 年 1 月 1 日利华集团股权投资关系

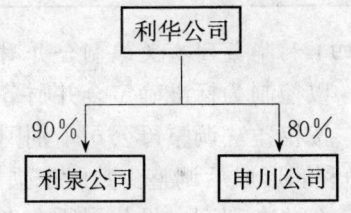

图 1-2　截至 2010 年 12 月 31 日利华集团股权投资关系

(二)截至 2010 年 12 月 31 日利华集团的股权投资关系

截至 2010 年 12 月 31 日,利华公司分别持有利泉公司和申川公司 90% 和 80% 的表决权股份,均拥有控制权,利华集团股权投资关系如图 1-2 所示。

四、利华集团相关会计政策和会计估计(部分)

(一)利华集团有关长期股权投资的会计政策

1. 初始投资成本的确定。购买股权未构成企业合并的,按照实际支付的购买价款、所发行权益性证券的公允价值或投资合同、协议约定的价值作为初始投资成本;通过非货币性资产交换和债务重组取得的长期股权投资,其初始投资成本分别按照《企业会计准则第 7 号——非货币性资产交换》和《企业会计准则第 12 号——债务重组》的规范确定。

2. 后续计量方法的适用范围。

(1)对于联营企业及合营企业的投资采用权益法核算。

(2)对子公司的投资以及对不具有共同控制或重大影响,并且在活跃市场中没有报价、公允价值不能可靠计量的长期股权投资,采用成本法核算。

(二)利华集团有关企业合并的会计政策

1. 非同一控制下企业合并,合并成本包括付出的资产、发生或承担的负债、发行的权益性证券的公允价值之和。

2. 同一控制下企业合并,在合并日按照取得被合并方所有者权益账面价值的份额作为长期股权投资的初始投资成本。长期股权投资初始投资成本与支付的现金、转让的非现金资产以及所承担债务账面价值之间的差额,应当调整资本公积(股本溢价),资本公积(股本溢价)不足冲减的,调整留存收益。

(三)利华集团有关计提坏账准备的会计政策和会计估计

对于单项金额非重大的应收款项与经单独测试后未减值的应收款项,均按信用风险特征之一——账龄进行分类,并以具有类似信用风险特征组合的实际损失率为基础,确定应计提的坏账准备。分类计提比例如表 1-1 所示。

表 1-1 利华集团计提坏账准备的比例

账 龄	坏账计提比例(%)
6 个月以内(含 6 个月)	5
6 个月至 1 年(含 1 年)	10
1~2 年(含 2 年)	20
2~4 年(含 4 年)	50
4 年以上	100

(四)利华集团有关编制合并财务报表的会计政策

1. 以控制为标准确定合并财务报表的合并范围。

2. 按权益法调整母公司个别财务报表暂不考虑内部未实现损益及其所得税影响。留待合并净利润形成后调整少数股东损益时一并考虑。

3. 合并净利润在母公司所有者与少数股东之间的分拆。将合并净利润在母公司所有者与少数股东之间分拆时,对于逆流内部交易,少数股东应按持股比例分担内部交易未实现损益净额(即按持股比例分担内部交易未实现损益扣除所得税影响后的余额)。

五、利华集团的所得税税率

利华公司、利泉公司和申川公司的所得税税率均为25%。假设未来期间各公司均有足够的应纳税所得额可供暂时性差异抵扣。

六、利华集团的利润分配

利华公司、利泉公司和申川公司均在年末按当年实现净利润的10%提取法定盈余公积。

利华公司2009年5月1日宣告每10股分派现金股利0.1元,并于2009年6月28日实际发放现金股利500万元,2010年未对所有者分配利润;利泉公司2009年未对所有者分配利润,2010年4月20日宣告每10股分派现金股利0.5元,并于2010年5月28日实际发放现金股利353万元;申川公司2009年及2010年均未对所有者分配利润。

第四部分 利华公司企业合并(收购申川公司80%股权)的原始凭证

利华公司收购申川公司80%股权的原始凭证主要包括:申川公司股权转让项目股东全部权益价值评估报告、利华公司2010年度第一次临时股东大会决议公告、收购申川公司80%股权的产权交易合同、收购申川公司80%股权的产权交易凭证等。

一、申川公司股权转让项目股东全部权益价值评估报告

申川股份有限公司股权转让项目
股东全部权益价值评估报告
沪银业资评报字(2010)第A253号

摘 要

以下内容摘自本评估报告书正文,欲了解本评估项目的详细情况和合理理解评估结论,应认真阅读本评估报告书正文。

项目名称: 申川股份有限公司股权转让全部权益价值评估报告

委托方: 长信股份有限公司

委托方以外的其他评估报告使用者: 除委托方之外,国家法律、法规明确的为实现与本次评估目的相关经济行为而需要使用本评估报告的相关当事方

被评估企业: 申川股份有限公司

评估目的: 股权转让

评估对象: 本次资产评估对象系截至2009年12月31日申川股份有限公司的股东全部权益价值

评估范围: 本次资产评估对象系截至2009年12月31日申川股份有限公司经审计后的全部资产和负债

价值类型: 市场价值

评估基准日: 2009年12月31日

评估方法：资产基础法和收益法
评估结论及其使用有效期：

1. 资产基础法评估结果。净资产账面值 21 390 000 元，调整后账面值 21 390 000 元，评估值 22 050 000 元（人民币大写：贰仟贰佰零五万元整）评估增值 310 000 元，评估增值率 1.43%。

2. 收益法评估结果。经过收益法评估程序，估算得出申川股份有限公司的评估价值为 22 150 000 元。

3. 评估结论的确定。经分析，资产基础法确定的企业价值为 22 050 000 元，收益法验证的企业价值为 22 150 000 元，两者相差 100 000 元，属于正常范围。结合本次评估目的为股权转让项目，同时考虑到收益法评估结果主观因素较多，评估师认为采用资产基础法的评估结果更为合理。

评估人员最后选择资产基础法评估结果 22 050 000 元（人民币大写：贰仟贰佰零伍万元整）作为本次评估结论。

评估结果与调整后账面值的比较变动情况如下表所示。

资产评估结果汇总表

项 目	账面净值 A	调整后账面净值 B	评估值 C	增减值 D=C−B	增减率 E=D/B*100%
流动资产	11 000 000	11 000 000	11 000 000		
固定资产	22 997 500	22 997 500	23 307 500	310 000	1.35
其中：管理类设备	976 000	976 000	1 286 000	310 000	31.76
生产类设备	20 411 500	20 411 500	20 411 500		
无形资产	1 240 000	1 240 000	1 240 000		
递延所得税资产	32 500	32 500	32 500		
资产总计	35 270 000	35 270 000	35 580 000	310 000	0.88
流动负债	13 530 000	13 530 000	13 530 000		
非流动负债	0	0	0		
负债总计	13 530 000	13 530 000	13 530 000		
净资产总计	21 740 000	21 740 000	22 050 000	310 000	1.43

本评估结论的使用有效期为 2009 年 12 月 31 日至 2010 年 12 月 30 日。

在使用本报告时，应注意评估报告特别事项说明和使用限制。

以上内容摘自评估报告正文，欲了解本评估项目的详细情况和合理理解评估结论，应当阅读评估报告正文。

上海银业资产评估有限公司
2010 年 1 月 31 日

注：由于篇幅限制，此处省略《申川股份有限公司股权转让项目股东全部权益价值评估报告（正文）》。

二、利华公司2010年度第一次临时股东大会决议公告

证券代码:600＊＊＊　　　证券简称:利华公司　　　公告编号:2010-07

利华股份有限公司
2010年度第一次临时股东大会决议公告

本公司及董事会全体成员保证信息披露的内容真实、准确、完整,没有虚假记载、误导性陈述或重大遗漏。

一、重要提示

本次会议召开期间没有增加、否决或变更提案。

二、会议召开的情况

1. 召开时间:2010年2月16日上午10时。
2. 召开地点:上海市浦东区滨江大道50××号。
3. 召开方式:现场投票方式。
4. 召集人:利华股份有限公司董事会。
5. 主持人:宋海波董事长。
6. 会议的召开符合《公司法》、《上市公司股东大会规则》、《上海证券交易所股票上市规则》及《公司章程》的有关规定。

三、会议的出席情况

股东(代理人)7人,代表股份364 750 000股,占上市公司总股份的72.95%。

公司董事、监事、高级管理人员及公司聘请的见证律师出席了本次股东大会。

四、提案审议和表决情况

与会股东(代理人)以现场记名投票方式,审议表决情况如下:

审议通过了《关于购买申川股份有限公司80%股权的议案》;

同意364 750 000股,占出席会议股东有表决权总数的100%;反对0股;弃权0股。

五、律师出具的法律意见

1. 律师事务所名称:上海劳山律师事务所。
2. 律师姓名:李小鹏、孟小琦。
3. 结论性意见:公司本次股东大会的召集、召开程序符合有关法律、行政法规、《上市公司股东大会规则》及《公司章程》的规定;出席本次股东大会人员的资格、本次股东大会召集人的资格合法有效;本次股东大会的表决程序及表决结果符合法律、行政法规、规章及《公司章程》的规定。

六、备查文件

与本次股东大会相关的股东大会决议、会议原始资料、董事会决议、会议通知、法律意见书等备置于公司董事会秘书办公室,供投资者及有关部门查阅。

特此公告。

利华股份有限公司董事会
2010年2月16日

三、收购申川公司80%股权的产权交易合同

上市挂牌号：**G300SH1004＊＊＊**
合同编号：**11021275**

上海市产权交易合同

上海市工商行政管理局
上海市产权交易管理办公室　制定

本合同涉及的当事人和受托人

出让人（以下简称甲方）：长信股份有限公司
住所：上海市黄浦区南京东路50×号　　　电话：021-6266××××
法定代表人：程信　　　　　　　　　　　　职务：董事长
企业类型：股份有限公司（非上市）　　　　邮编：200002
注册资本：3亿元
开户银行：上海浦东发展银行黄浦支行　　　账号：076431-98140155000000000××
受托经纪组织：上海信达商务咨询有限公司　电话：021-6329××××

受让人（以下简称乙方）：利华股份有限公司
住所：上海市浦东区滨江大道50××号　　　电话：021-6755××××
法定代表人：宋海波　　　　　　　　　　　职务：董事长
企业类型：股份有限公司（上市）　　　　　邮编：200120
注册资本：5亿元
开户银行：中国建设银行浦东支行　　　　　账号：400153140305300××××
受托经纪组织：上海智韵商务咨询有限公司　电话：021-6584××××

根据中华人民共和国法律法规和《上海市产权交易市场管理办法》的有关规定，甲、乙双方遵循自愿、公平、诚实信用的原则订立本合同，以资共同遵守。

鉴于：

1. 申川股份有限公司成立于2000年1月28日，注册资金为人民币1 000万元，系长信股份有限公司出资1 000万元，占注册资本100%。

2. 经评估，截至2009年12月31日，申川股份有限公司资产合计为人民币35 580 000元，负债合计为13 530 000元，净资产为22 050 000元。

3. 本次申川股份有限公司80%股权转让，各方当事人已被授权。

第一条　股权转让的标的
甲方将所持有的申川股份有限公司80%股权有偿转让给乙方。

第二条　股权转让的价格
甲方将上述产权以人民币1 900万元（大写：壹仟玖佰万元整）转让给乙方。
乙方受让80%股权的价格为人民币1 900万元（大写：壹仟玖佰万元整）。

第三条　股权转让的方式
上述产权经资产评估确认后，通过上海联合产权交易所上市挂牌，采用协议转让的方式，确定受让人和转让价格，签订产权交易合同，实施产权交易。

第四条　股权转让涉及的企业职工安置
本合同不涉及此条款。

第五条　股权转让涉及的债权、债务的承继和清偿办法
本合同不涉及此条款。

第六条　股权转让中涉及的资产处置

本合同不涉及此条款。

第七条　股权转让总价款的支付方式、期限和付款条件

乙方应在产权交易合同生效之日起5个工作日内,向甲方首付总价款的30%,在完成工商变更登记当日付清余款。

第八条　股权交割事项

双方当事人应于本合同经上海联合产权交易所出具产权交易凭证之日起10日内,完成产权转让的交割。

经甲、乙双方约定,交易基准日为2009年12月31日。由交易基准日起至产权或资产转让的完成日止,期间产生的盈利或亏损及风险由乙方承接。

第九条　权证的变更

经甲、乙双方协商和共同配合,在本合同经上海联合产权交易所出具产权交易凭证之日起30日内,向有关登记机关申请办理权证变更手续。

第十条　股权转让的税收和费用

产权转让中涉及的有关税收,按照国家有关法律规定缴纳。

产权转让中涉及的有关费用,经甲、乙双方当事人共同协商约定,由双方共同承担支付。

第十一条　违约责任

甲方未能按期完成产权转让的交割,或乙方未能按期支付产权转让的总价款,每逾期1日,应按总价款的0.1%向对方支付违约金。

第十二条　争议的解决方式

甲、乙双方在履行本合同过程中若发生争议,可向上海联合产权交易所或上海市产交易管理办公室申请调解;任何一方不愿调解或调解无效的,可向有管辖权的人民法院提起诉讼。

第十三条　合同的变更和解除

发生下列情形的,可以变更或解除合同:

1. 因情况发生变化,双方当事人经过协商同意,且不损害国家和社会公共利益的。
2. 因不可抗力因素致使本合同的全部义务不能履行的。
3. 因一方当事人在合同约定的期限内,因故没有履行合同,另一方当事人予以认可的。
4. 因本合同中约定的变更或解除合同的情况出现的。

甲、乙双方同意解除本合同,甲方应将乙方的已付款项全额返回给乙方。

本合同需变更或解除,甲、乙双方及其委托的产权经纪组织必须签订变更或解除合同的协议,并报上海联合产权交易所备案。

第十四条　甲、乙双方的承诺

1. 甲方向乙方承诺所转让的产权属真实、完整,没有隐匿下列事实:

(1) 执法机构查封资产的情形;

(2) 权益、资产担保的情形;

(3) 资产隐匿的情形;

(4) 诉讼正在进行中的情形；
(5) 影响产权真实、完整的其他事实。

2. 乙方向甲方承诺拥有完全的权利能力和行为能力进行产权受让，无欺诈行为。

3. 未经对方事先书面许可，任何一方不得泄露本合同中的内容。

第十五条　其他

上述条款若有未尽事项，由甲、乙双方协商后另行约定。

本合同由甲、乙双方及执业产权经纪人、产权经纪组织签字盖章，并经上海联合产权交易所审核盖章，出具产权交易凭证后即生效。

国家法律、法规对本合同生效另有规定的，从其规定。

"合同使用须知"和本合同所必备的附件，与本合同具有同等的法律效力。

本合同一式柒份，甲、乙双方各执壹份，产权标的方执壹份，产权经纪组织各执壹份，上海联合产权交易所执壹份，上海市工商行政管理部门执壹份。

（以下无正文）

附件：

标的企业：营业执照、税务登记证、机构代码证、章程、验资报告、股东会决议、审计报告、资产评估报告及备案表。

出让人：营业执照、税务登记证、机构代码证、章程、股东会决议、批准文件、转让提示、法律意见书。

受让人：营业执照、税务登记证、机构代码证、章程、股东会决议、资产负债表。

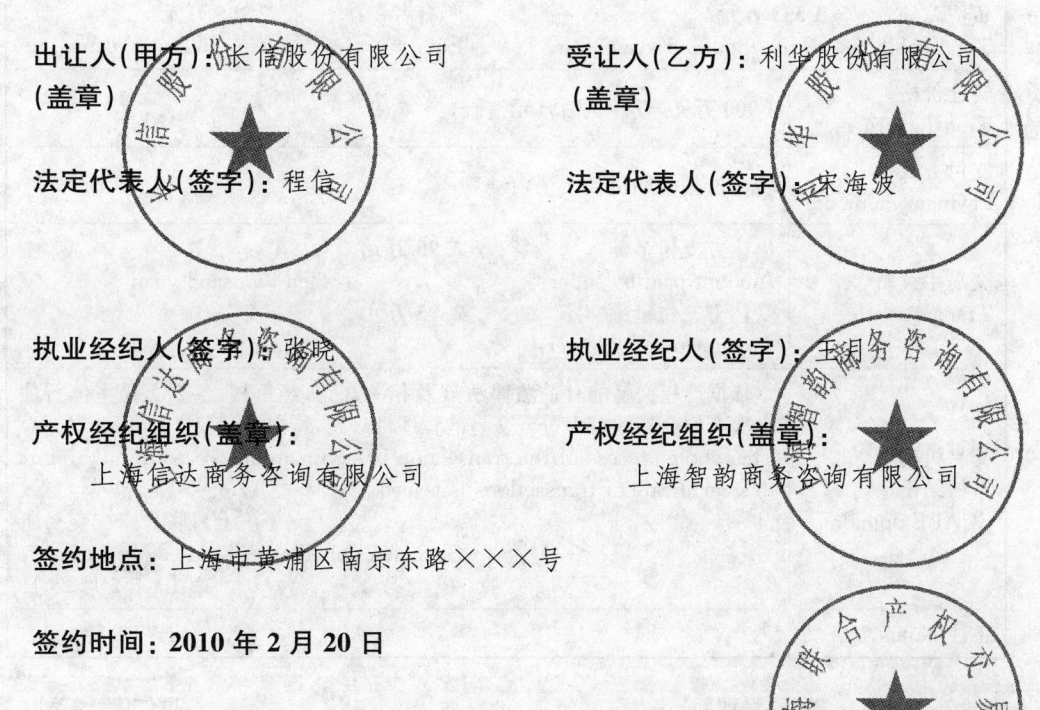

出让人(甲方)：长信股份有限公司　　　**受让人(乙方)**：利华股份有限公司
（盖章）　　　　　　　　　　　　　　　（盖章）

法定代表人(签字)：程信　　　　　　　**法定代表人(签字)**：宋海波

执业经纪人(签字)：张晓　　　　　　　**执业经纪人(签字)**：王月

产权经纪组织(盖章)：　　　　　　　　**产权经纪组织(盖章)**：
　　上海信达商务咨询有限公司　　　　　　　上海智韵商务咨询有限公司

签约地点：上海市黄浦区南京东路×××号

签约时间：2010 年 2 月 20 日

上海联合产权交易所（交易合同审核章）
2010 年 2 月 28 日

四、收购申川公司80%股权的产权交易凭证

上海联合产权交易所
Shanghai united assets and equity exchange
产权交易凭证（A类）
Transaction certificate (Type A)　　　　NO.0007＊＊＊
（06版）(2006. version)

本凭证内容以产权交易各方主体提供的，并经受托机构核实的有关主体资格、产权归属、机构
Information contained on this certificate is simply an objective record of the relevant materials provided
决策或批准等文件均系真实、合法为前提条件，予以如实、客观记载。
by involved and certified by eligible agencies, such as names, qualifications, titles, various documents, etc.

上海国家税务局 地方税务局 监制

合同编号 Contract No.	11021275	挂牌编号 Listing No.	G300SH1004＊＊＊	签约日期 Conclusion date	2010-02-20
转让产权内容 Assets to be transferred	申川股份有限公司80%股权				
出让方 Seller	长信股份有限公司	受让方 Buyer	利华股份有限公司		
受托机构 Agency	上海联合产权交易所	受托机构 Agency	上海联合产权交易所		
转让产权于交易基准日相关指标： Financials as on year month date 负债总额　1 353万元 Total liabilities：　ten thousand yuan		资产总额　3 558万元 Total assets：　ten thousand yuan 所有者权益　2 205万元 Equity：　ten thousand yuan			
转让价格 Transfer price	1 900万元（壹仟玖佰万元整）				
支付方式 Payment methods	转让价款分期付款　场内结算				
交易手续费 Transaction fee	出让方支付金额：　2.95万元 Amount paid by seller：　ten thousand yuan 受让方支付金额：　2.95万元 Amount paid by buyer：　ten thousand yuan				
交易机构 审核结论 SUAEE opinion	依据产权交易的有关法律法规及相关规定，经审核，各方交易主体行使本次产权交易的行为符合交易的程序性规定，特出具产权交易凭证。 The whole process of the transaction is legitimate in procedure, therefore this certificate of transactions is issued. 上海联合产权交易所 Shanghai united assets and equity exchange 2010年2月28日				
备注 Notes					

第三联　出让方留存

制单：　　　　　　　　　　　　　　　复核：
Prepared by：　李海（受理部）　　　Proof Reading：　项仁（受理部）
地址：上海市广东路689号三楼　　　电话：(8621)63410000
　　　　　　　　　　　　　　　　　　　　制单日期：2010年2月28日
Address：Floor 3, 689 Guangdong Road, Shanghai 200001　Tel(8621)63410000

第五部分　利华公司编制合并财务报表的基础资料

一、利华公司股权投资备查登记簿

1. 利华公司收购利泉公司股权登记簿如表1-2所示。

表1-2　利华公司收购利泉公司股权登记簿　　　　　　（单位：元）

购买日：2009年1月2日　　　购买价：77 401 800元　　　本次交易后累计持股：90%

项目	本次购买的股权比例	购买日账面价值	购买日公允价值	公允价值与账面价值的差额	剩余使用年限	合并后折旧起讫期	公允价值增值调整折旧额
被投资方 ——利泉公司	90%						
流动资产		75 112 000	75 112 000				
非流动资产		76 000 000	78 400 000				
其中：无形资产——办公楼土地使用权		8 250 000	10 650 000	2 400 000	25	2009/01~2033/12	96 000（年） 8 000（月）
资产总计		151 112 000	153 512 000				
流动负债		31 510 000	31 510 000				
非流动负债		36 000 000	36 000 000				
负债总计		67 510 000	67 510 000				
股本		70 600 000	70 600 000				
资本公积		60 000	2 460 000	2 400 000			
盈余公积		2 392 000	2 392 000				
未分配利润		10 550 000	10 550 000				
股东权益总计		83 602 000	86 002 000				
负债和股东权益总计		151 112 000	153 512 000				
合并商誉的确认及计量		77 401 800－86 002 000×90%＝77 401 800－77 401 800＝0					

2. 利华公司收购申川公司股权登记簿如表1-3所示。

表1-3　利华公司收购申川公司股权登记簿　　　　　　（单位：元）

购买日：2010年2月28日　　　购买价：19 000 000元　　　本次交易后累计持股：80%

项目	本次购买的股权比例	购买日账面价值	购买日公允价值	公允价值与账面价值的差额	剩余使用年限	合并后折旧起讫期	公允价值增值调整折旧额
被投资方 ——申川公司	80%						
流动资产		11 304 700	11 304 700				

(续表)

项目	本次购买的股权比例	购买日账面价值	购买日公允价值	公允价值与账面价值的差额	剩余使用年限	合并后折旧起讫期	公允价值增值调整折旧额
非流动资产		24 170 300	24 470 300				
其中：固定资产——管理系统		655 900 预计净残值 40 000	955 900	300 000	5	2010/03～2015/02	60 000（年） 5 000（月）
资产总计		35 475 000	35 775 000				
流动负债		13 335 000	13 335 000				
非流动负债							
负债总计		13 335 000	13 335 000				
股本		10 000 000	10 000 000				
资本公积		0	300 000	300 000			
盈余公积		410 000	410 000				
未分配利润		11 730 000	11 730 000				
股东权益总计		22 140 000	22 440 000				
负债和股东权益总计		35 475 000	35 775 000				
合并商誉的确认及计量	19 000 000－22 440 000×80％＝19 000 000－17 952 000＝1 048 000						

二、合并财务报表范围内部交易及往来明细表

1. 2010 年利华集团内部存货购销明细表如表 1-4 所示。

表 1-4　2010 年利华集团内部存货购销明细表　　　　（单位：元）

日期	销售单位	收入类别	结算方式	品名	营业收入	营业成本	购货单位	购入用途	对外销售	购货单位期末结存
02/02	申川公司	主营业务	支票	饮料	240 000	180 000	利华公司	职工福利（发放）	240 000	0
05/15	利泉公司	主营业务	赊销	瓶盖、标签	2 000 000	1 600 000	利华公司	存货	0	2 000 000
09/21	利华公司	主营业务	支票	PET 瓶	1 000 000	700 000	申川公司	存货	0	1 000 000

2. 2010 年利华集团内部固定资产交易明细表如表 1-5 所示。

表 1-5　2010 年利华集团内部固定资产交易明细表　　　　（单位：元）

日期	转让单位	结算方式	资产名称	资产原值	账面价值	转让价格	接收单位	购入用途	预计剩余使用年限	折旧方法
06/30	利华公司	支票	仓库	2 000 000	1 200 000	1 830 000	申川公司	固定资产	15 年	直线法

3. 2010年利华集团内部租赁交易明细表如表1-6所示。

表1-6　2010年利华集团内部租赁交易明细表　　　　　　　　　（单位：元）

交易性质	租赁合同期限	出租单位	结算方式	资产名称	数量	账面原值	资产购入日期	预计净残值	预计使用年限	折旧方法	本年租赁收入	承租单位	租入用途
经营租赁	2010/01/01~2010/12/31	利华公司	支票	轿车	2辆	620 000	2009/07/01	20 000	10年	直线法	80 000	利泉公司	管理部门使用

4. 2010年利华集团内部往来明细表如表1-7所示。

表1-7　2010年利华集团内部往来明细表　　　　　　　　　（单位：元）

债权人	对方单位	账户	2010年年初			2010年年末		
			账户余额	账龄	坏账准备	账户余额	账龄	坏账准备
利泉公司	利华公司	应收账款	0		0	2 340 000	6个月~1年	234 000

三、利泉公司、申川公司及利华公司的个别财务报表

（一）利泉公司个别财务报表

1. 利泉公司2010年12月31日资产负债表如表1-8所示。

表1-8　利泉公司2010年12月31日资产负债表　　　　　　　　　（单位：元）

资产	期末数	年初数	负债和股东权益	期末数	年初数
流动资产：			流动负债：		
货币资金	11 659 475	14 512 875	短期借款	33 200 000	42 000 000
交易性金融资产	0	0	应付票据	0	0
应收票据	15 900 000	20 200 000	应付账款	10 520 000	10 760 000
应收账款	12 031 000	10 070 000	预收款项	1 100 000	2 400 000
预付款项	12 777 000	12 254 000	应付职工薪酬	220 000	230 000
应收利息	0	0	应交税费	601 400	620 200
应收股利	0	0	应付利息	187 000	214 000
其他应收款	1 020 525	1 373 525	应付股利	0	0
存货	40 210 000	45 980 000	其他应付款	1 289 600	5 326 200
一年内到期的非流动资产	0	0	一年内到期的非流动负债	0	0
其他流动资产	0	0	其他流动负债	0	0
流动资产合计	93 598 000	104 390 400	流动负债合计	47 118 000	61 550 400

(续表)

资产	期末数	年初数	负债和股东权益	期末数	年初数
非流动资产：			非流动负债：		
可供出售金融资产	0	0	长期借款	22 700 000	22 700 000
持有至到期投资	0	0	应付债券	0	0
长期应收款	0	0	长期应付款	0	0
长期股权投资	0	0	专项应付款	0	0
投资性房地产	0	0	预计负债	0	0
固定资产	60 617 000	57 939 500	递延所得税负债	0	0
在建工程	0	3 050 000	其他非流动负债	0	0
工程物资	0	0	非流动负债合计	22 700 000	22 700 000
固定资产清理	0	0	负债合计	69 818 000	84 250 400
无形资产	10 120 000	10 560 000	股东权益：		
开发支出	0	0	股本	70 600 000	70 600 000
商誉	0	0	资本公积	60 000	60 000
长期待摊费用	0	0	减：库存股	0	0
递延所得税资产	450 000	200 000	盈余公积	3 881 500	3 220 750
其他非流动资产	0	0	未分配利润	20 425 500	18 008 750
非流动资产合计	71 187 000	71 749 500	股东权益合计	94 967 000	91 889 500
资产总计	164 785 000	176 139 900	负债和股东权益总计	164 785 000	176 139 900

2. 利泉公司 2010 年度利润表如表 1-9 所示。

表 1-9 利泉公司 2010 年度利润表　　　　　　　　　　（单位：元）

项　　目	本期金额	上期金额
一、营业收入	122 950 000	134 670 000
减：营业成本	103 919 200	113 255 400
营业税金及附加	270 000	300 000
销售费用	1 851 000	1 740 000
管理费用	3 750 400	3 977 500
财务费用	3 089 400	3 627 100
资产减值损失	1 000 000	720 000
加：公允价值变动收益（损失以"-"号填列）	0	0
投资收益（损失以"-"号填列）	0	0
其中：对联营企业和合营企业的投资收益	0	0

（续表）

项　　　　目	本期金额	上期金额
汇兑收益（损失以"－"号填列）	0	0
二、营业利润（亏损以"－"号填列）	9 070 000	11 050 000
加：营业外收入	40 000	0
减：营业外支出	300 000	0
其中：非流动资产处置损失	300 000	0
三、利润总额（亏损总额以"－"号填列）	8 810 000	11 050 000
减：所得税费用	2 202 500	2 762 500
四、净利润（净亏损以"－"号填列）	6 607 500	8 287 500
五、每股收益		
（一）基本每股收益		
（二）稀释每股收益		
六、其他综合收益	0	0
七、综合收益总额	6 607 500	8 287 500

3. 利泉公司2010年度现金流量表如表1－10所示。

表1－10　利泉公司2010年度现金流量表　　　　　　　（单位：元）

项　　　　目	本期金额	上期金额
一、经营活动产生的现金流量		
销售商品、提供劳务收到的现金	146 495 070	150 723 900
收到的税费返还	0	0
收到其他与经营活动有关的现金	1 830 000	1 250 000
经营活动现金流入小计	148 325 070	151 973 900
购买商品、接受劳务支付的现金	112 930 432	128 482 215
支付给职工以及为职工支付的现金	5 830 000	5 920 000
支付的各项税费	11 481 168	12 252 210
支付其他与经营活动有关的现金	3 870 000	3 880 000
经营活动现金流出小计	134 111 600	150 534 425
经营活动产生的现金流量净额	14 213 470	1 439 475
二、投资活动产生的现金流量		
收回投资收到的现金	0	0

(续表)

项 目	本期金额	上期金额
取得投资收益收到的现金	0	0
处置固定资产、无形资产和其他长期资产收回的现金净额	3 115 850	15 000 000
处置子公司及其他营业单位收到的现金净额	0	0
收到其他与投资活动有关的现金	0	0
投资活动现金流入小计	3 115 850	15 000 000
购建固定资产、无形资产和其他长期资产支付的现金	4 763 920	2 200 000
投资支付的现金	0	0
取得子公司及其他营业单位支付的现金净额	0	0
支付其他与投资活动有关的现金	0	0
投资活动现金流出小计	4 763 920	2 200 000
投资活动产生的现金流量净额	−1 648 070	12 800 000
三、筹资活动产生的现金流量		
吸收投资收到的现金	0	0
其中：子公司吸收少数股东投资收到的现金	0	0
取得借款收到的现金	19 900 000	32 000 000
发行债券收到的现金	0	0
收到其他与筹资活动有关的现金	0	0
筹资活动现金流入小计	19 900 000	32 000 000
偿还债务支付的现金	28 700 000	44 840 000
分配股利、利润或偿付利息支付的现金	6 618 800	3 546 600
其中：子公司支付给少数股东的股利、利润	0	0
支付其他与筹资活动有关的现金	0	0
筹资活动现金流出小计	35 318 800	48 386 600
筹资活动产生的现金流量净额	−15 418 800	−16 386 600
四、汇率变动对现金的影响额	0	0
五、现金及现金等价物净增加额	−2 853 400	−2 147 125
加：期初现金及现金等价物余额	14 512 875	16 660 000
六、期末现金及现金等价物余额	11 659 475	14 512 875

4. 利泉公司 2010 年度所有者权益变动表如表 1-11 所示。

表 1-11 利泉公司 2010 年度所有者权益变动表

(单位:元)

项目	本期金额								上年同期金额							
	实收资本(或股本)	资本公积	减:库存股	专项储备	盈余公积	一般风险准备	未分配利润	所有者权益合计	实收资本(或股本)	资本公积	减:库存股	专项储备	盈余公积	一般风险准备	未分配利润	所有者权益合计
一、上年年末余额	70 600 000	60 000			3 220 750		18 008 750	91 889 500	70 600 000	60 000			2 392 000		10 550 000	83 602 000
加:会计政策变更																
前期差错更正																
其他																
二、本年年初余额	70 600 000	60 000			3 220 750		18 008 750	91 889 500	70 600 000	60 000			2 392 000		10 550 000	83 602 000
三、本期增减变动金额(减少以"-"号填列)				660 750		2 416 750	3 077 500					828 750		7 458 750	8 287 500	
(一)净利润						6 607 500	6 607 500							8 287 500	8 287 500	
(二)其他综合收益																
上述(一)和(二)小计						6 607 500	6 607 500							8 287 500	8 287 500	
(三)所有者投入和减少资本																
1. 所有者投入资本																
2. 股份支付计入所有者权益的金额																
3. 其他																
(四)利润分配				660 750		-4 190 750	-3 530 000					828 750		-828 750		
1. 提取盈余公积				660 750		-660 750						828 750		-828 750		
2. 提取一般风险准备																
3. 对所有者(或股东)的分配						-3 530 000	-3 530 000									
4. 其他																
(五)所有者权益内部结转																
1. 资本公积转增资本(或股本)																
2. 盈余公积转增资本(或股本)																
3. 盈余公积弥补亏损																
4. 其他																
(六)专项储备																
(七)其他																
四、本期期末余额	70 600 000	60 000			3 881 500		20 425 500	94 967 000	70 600 000	60 000			3 220 750		18 008 750	91 889 500

(二)申川公司个别财务报表

1. 申川公司2010年12月31日资产负债表如表1-12所示。

表1-12 申川公司2010年12月31日资产负债表 （单位：元）

资产	期末数	期初数(3/1)	负债和股东权益	期末数	期初数(3/1)
流动资产：			流动负债：		
货币资金	2 440 800	1 572 420	短期借款	0	0
交易性金融资产	0	0	应付票据	0	0
应收票据	0	0	应付账款	5 072 500	6 910 000
应收账款	2 497 180	3 392 900	预收款项	4 361 250	5 910 000
预付款项	1 577 500	2 935 080	应付职工薪酬	100 000	140 000
应收利息	0	0	应交税费	160 100	131 300
应收股利	0	0	应付利息	0	0
其他应收款	192 020	164 300	应付股利	0	0
存货	3 010 000	3 240 000	其他应付款	102 000	243 700
一年内到期的非流动资产	0	0	一年内到期的非流动负债	0	0
其他流动资产	0	0	其他流动负债	0	0
流动资产合计	9 717 500	11 304 700	流动负债合计	9 795 850	13 335 000
非流动资产：			非流动负债：		
可供出售金融资产	0	0	长期借款	0	0
持有至到期投资	0	0	应付债券	0	0
长期应收款	0	0	长期应付款	0	0
长期股权投资	0	0	专项应付款	0	0
投资性房地产	0	0	预计负债	0	0
固定资产	23 285 850	22 937 800	递延所得税负债	0	0
在建工程	0	0	其他非流动负债	0	0
工程物资	0	0	非流动负债合计	0	0
固定资产清理			负债合计	9 795 850	13 335 000
无形资产	1 000 000	1 200 000	股东权益：		
开发支出	0	0	股本	10 000 000	10 000 000
商誉	0	0	资本公积	0	0
长期待摊费用	0	0	减：库存股	0	0
递延所得税资产	70 000	32 500	盈余公积	698 750	410 000
其他非流动资产	0	0	未分配利润	13 578 750	11 730 000
非流动资产合计	24 355 850	24 170 300	股东权益合计	24 277 500	22 140 000
资产总计	34 073 350	35 475 000	负债和股东权益总计	34 073 350	35 475 000

2. 申川公司 2010 年 3～12 月利润表如表 1-13 所示。

表 1-13　申川公司 2010 年 3～12 月利润表　　　　　　（单位：元）

项　　目	本　期　金　额
一、营业收入	25 030 000
减：营业成本	19 501 500
营业税金及附加	130 000
销售费用	747 000
管理费用	1 650 000
财务费用	500
资产减值损失	150 000
加：公允价值变动收益（损失以"－"号填列）	0
投资收益（损失以"－"号填列）	0
其中：对联营企业和合营企业的投资收益	0
汇兑收益（损失以"－"号填列）	0
二、营业利润（亏损以"－"号填列）	2 851 000
加：营业外收入	0
减：营业外支出	1 000
其中：非流动资产处置损失	1 000
三、利润总额（亏损总额以"－"号填列）	2 850 000
减：所得税费用	712 500
四、净利润（净亏损以"－"号填列）	2 137 500
五、每股收益	
（一）基本每股收益	
（二）稀释每股收益	
六、其他综合收益	0
七、综合收益总额	2 137 500

3. 申川公司 2010 年 3～12 月现金流量表如表 1-14 所示。

表 1-14　申川公司 2010 年 3～12 月现金流量表　　　　　　（单位：元）

项　　目	本　期　金　额
一、经营活动产生的现金流量	
销售商品、提供劳务收到的现金	29 458 920
收到的税费返还	0
收到其他与经营活动有关的现金	70 000

(续表)

项目	本期金额
经营活动现金流入小计	29 528 920
购买商品、接受劳务支付的现金	23 339 250
支付给职工以及为职工支付的现金	973 000
支付的各项税费	1 838 290
支付其他与经营活动有关的现金	1 450 000
经营活动现金流出小计	27 600 540
经营活动产生的现金流量净额	1 928 380
二、投资活动产生的现金流量	
收回投资收到的现金	0
取得投资收益收到的现金	0
处置固定资产、无形资产和其他长期资产收回的现金净额	0
处置子公司及其他营业单位收到的现金净额	0
收到其他与投资活动有关的现金	0
投资活动现金流入小计	0
购建固定资产、无形资产和其他长期资产支付的现金	1 060 000
投资支付的现金	
质押贷款净增加额	0
取得子公司及其他营业单位支付的现金净额	0
支付其他与投资活动有关的现金	0
投资活动现金流出小计	1 060 000
投资活动产生的现金流量净额	-1 060 000
三、筹资活动产生的现金流量	
吸收投资收到的现金	0
其中:子公司吸收少数股东投资收到的现金	
取得借款收到的现金	0
发行债券收到的现金	0
收到其他与筹资活动有关的现金	0
筹资活动现金流入小计	0
偿还债务支付的现金	0
分配股利、利润或偿付利息支付的现金	0
其中:子公司支付给少数股东的股利、利润	0
支付其他与筹资活动有关的现金	0

（续表）

项 目	本 期 金 额
筹资活动现金流出小计	0
筹资活动产生的现金流量净额	0
四、汇率变动对现金的影响额	0
五、现金及现金等价物净增加额	868 380
加：期初现金及现金等价物余额	1 572 420
六、期末现金及现金等价物余额	2 440 800

4. 申川公司 2010 年 3~12 月所有者权益变动表如表 1-15 所示。

表 1-15　申川公司 2010 年 3~12 月所有者权益变动表　　（单位：元）

项　目	本　期　金　额							
	实收资本（或股本）	资本公积	减：库存股	专项储备	盈余公积	一般风险准备	未分配利润	所有者权益合计
一、上期期末余额	10 000 000				410 000		11 730 000	22 140 000
加：会计政策变更								
前期差错更正								
其他								
二、本期期初余额	10 000 000				410 000		11 730 000	22 140 000
三、本期增减变动金额(减少以"-"号填列)					288 750		1 848 750	2 137 500
（一）净利润							2 137 500	2 137 500
（二）其他综合收益								
上述（一）和（二）小计							2 137 500	2 137 500
（三）所有者投入和减少资本								
1. 所有者投入资本								
2. 股份支付计入所有者权益的金额								
3. 其他								
（四）利润分配					288 750		-288 750	
1. 提取盈余公积					288 750		-288 750	
2. 提取一般风险准备								
3. 对所有者（或股东）的分配								
4. 其他								

（续表）

项 目	本 期 金 额							
	实收资本（或股本）	资本公积	减：库存股	专项储备	盈余公积	一般风险准备	未分配利润	所有者权益合计
（五）所有者权益内部结转								
1. 资本公积转增资本（或股本）								
2. 盈余公积转增资本（或股本）								
3. 盈余公积弥补亏损								
4. 其他								
（六）专项储备								
（七）其他								
四、本期期末余额	10 000 000				698 750		13 578 750	24 277 500

（三）利华公司个别财务报表

1. 利华公司 2010 年 12 月 31 日资产负债表如表 1-16 所示。

表 1-16 利华公司 2010 年 12 月 31 日资产负债表　　　（单位：元）

资　产	期末数	年初数	负债和股东权益	期末数	年初数
流动资产：			流动负债：		
货币资金	218 532 660	226 680 000	短期借款	340 000 000	302 000 000
交易性金融资产	42 000 000	21 160 000	应付票据	80 820 000	132 520 000
应收票据	248 010 000	283 560 000	应付账款	101 490 000	110 886 000
应收账款	100 950 000	109 020 000	预收款项	24 740 000	23 860 000
预付款项	137 950 790	81 748 200	应付职工薪酬	4 840 000	4 900 000
应收利息	0	0	应交税费	4 867 100	4 340 000
应收股利	0	0	应付利息	2 093 000	1 974 000
其他应收款	11 893 400	17 960 000	应付股利	0	0
存货	204 570 000	222 580 000	其他应付款	28 857 000	37 378 000
一年内到期的非流动资产	0	0	一年内到期的非流动负债	131 050 000	0
其他流动资产	0	0	其他流动负债	0	0
流动资产合计	963 906 850	962 708 200	流动负债合计	718 757 100	617 858 000
非流动资产：			非流动负债：		
可供出售金融资产	0	0	长期借款	153 100 000	264 150 000

(续表)

资产	期末数	年初数	负债和股东权益	期末数	年初数
持有至到期投资	0	0	应付债券	0	0
长期应收款	0	0	长期应付款	0	0
长期股权投资	96 401 800	77 401 800	专项应付款	0	0
投资性房地产	6 820 000	7 540 000	预计负债	0	0
固定资产	511 740 000	482 657 000	递延所得税负债	210 000	0
在建工程	32 010 000	31 260 000	其他非流动负债	0	0
工程物资	0	0	非流动负债合计	153 310 000	264 150 000
固定资产清理	0	0	负债合计	872 067 100	882 008 000
无形资产	6 020 000	6 637 300	股东权益：		
开发支出	0	0	股本	500 000 000	500 000 000
商誉	0	0	资本公积	5 020 000	5 020 000
长期待摊费用	0	0	减：库存股	0	0
递延所得税资产	5 082 500	2 627 500	盈余公积	38 966 905	32 857 880
其他非流动资产	0	0	未分配利润	205 927 145	150 945 920
非流动资产合计	658 074 300	608 123 600	股东权益合计	749 914 050	688 823 800
资产总计	1 621 981 150	1 570 831 800	负债和股东权益总计	1 621 981 150	1 570 831 800

2. 利华公司 2010 年度利润表如表 1-17 所示。

表 1-17 利华公司 2010 年度利润表　　　　　　　　（单位：元）

项　　目	本期金额	上期金额
一、营业收入	966 110 000	878 725 000
减：营业成本	740 790 000	670 175 000
营业税金及附加	3 050 000	2 930 000
销售费用	32 101 000	24 792 000
管理费用	69 958 000	66 640 000
财务费用	33 531 000	31 554 800
资产减值损失	9 820 000	8 400 000
加：公允价值变动收益（损失以"-"号填列）	840 000	-110 000
投资收益（损失以"-"号填列）	3 177 000	0
其中：对联营企业和合营企业的投资收益	0	0
汇兑收益（损失以"-"号填列）	0	0

(续表)

项　　　目	本期金额	上期金额
二、营业利润（亏损以"-"号填列）	80 877 000	74 123 200
加：营业外收入	790 000	710 000
减：营业外支出	190 000	460 000
其中：非流动资产处置损失	120 000	410 000
三、利润总额（亏损总额以"-"号填列）	81 477 000	74 373 200
减：所得税费用	20 386 750	18 605 800
四、净利润（净亏损以"-"号填列）	61 090 250	55 767 400
五、每股收益		
（一）基本每股收益		
（二）稀释每股收益		
六、其他综合收益	0	0
七、综合收益总额	61 090 250	55 767 400

3. 利华公司 2010 年度现金流量表如表 1-18 所示。

表 1-18　利华公司 2010 年度现金流量表　　　　（单位：元）

项　　　目	本期金额	上期金额
一、经营活动产生的现金流量		
销售商品、提供劳务收到的现金	1 165 028 700	1 001 220 250
收到的税费返还	0	0
收到其他与经营活动有关的现金	35 543 360	10 910 000
经营活动现金流入小计	1 200 572 060	1 012 130 250
购买商品、接受劳务支付的现金	950 037 180	836 107 860
支付给职工以及为职工支付的现金	60 154 000	58 180 000
支付的各项税费	68 551 850	62 264 390
支付其他与经营活动有关的现金	54 975 160	49 942 050
经营活动现金流出小计	1 133 718 190	1 006 494 300
经营活动产生的现金流量净额	66 853 870	5 635 950
二、投资活动产生的现金流量		
收回投资收到的现金	0	0

(续表)

项　　　　目	本 期 金 额	上 期 金 额
取得投资收益收到的现金	3 177 000	0
处置固定资产、无形资产和其他长期资产收回的现金净额	32 082 000	36 350 000
处置子公司及其他营业单位收到的现金净额	0	0
收到其他与投资活动有关的现金	0	0
投资活动现金流入小计	35 259 000	36 350 000
购建固定资产、无形资产和其他长期资产支付的现金	75 730 000	61 580 000
投资支付的现金	20 000 000	11 000 000
取得子公司及其他营业单位支付的现金净额	19 000 000	77 401 800
支付其他与投资活动有关的现金	0	0
投资活动现金流出小计	114 730 000	149 981 800
投资活动产生的现金流量净额	−79 471 000	−113 631 800
三、筹资活动产生的现金流量		
吸收投资收到的现金	0	0
其中：子公司吸收少数股东投资收到的现金	0	0
取得借款收到的现金	210 000 000	316 830 000
发行债券收到的现金	0	0
收到其他与筹资活动有关的现金	0	0
筹资活动现金流入小计	210 000 000	316 830 000
偿还债务支付的现金	172 000 000	144 260 000
分配股利、利润或偿付利息支付的现金	33 530 210	36 554 150
其中：子公司支付给少数股东的股利、利润	0	0
支付其他与筹资活动有关的现金	0	0
筹资活动现金流出小计	205 530 210	180 814 150
筹资活动产生的现金流量净额	4 469 790	136 015 850
四、汇率变动对现金的影响额	0	0
五、现金及现金等价物净增加额	−8 147 340	28 020 000
加：期初现金及现金等价物余额	226 680 000	198 660 000
六、期末现金及现金等价物余额	218 532 660	226 680 000

4. 利华公司 2010 年度所有者权益变动表如表 1-19 所示。

表 1-19 利华公司 2010 年度所有者权益变动表

(单位：元)

项目	本期金额									上年同期金额								
	实收资本(或股本)	资本公积	减：库存股	专项储备	盈余公积	一般风险准备	未分配利润	所有者权益合计		实收资本(或股本)	资本公积	减：库存股	专项储备	盈余公积	一般风险准备	未分配利润	所有者权益合计
一、上年末余额	500 000 000	5 020 000			32 857 880		150 945 920	688 823 800		500 000 000	5 020 000			27 281 140		105 755 260	638 056 400
加：会计政策变更																	
前期差错更正																	
其他																	
二、本年初余额	500 000 000	5 020 000			32 857 880		150 945 920	688 823 800		500 000 000	5 020 000			27 281 140		105 755 260	638 056 400
三、本期增减变动金额（减少以"-"号填列）					6 109 025		54 981 225	61 090 250						5 576 740		45 190 660	50 767 400
（一）净利润							61 090 250	61 090 250								55 767 400	55 767 400
（二）其他综合收益																	
上述（一）和（二）小计							61 090 250	61 090 250								55 767 400	55 767 400
（三）所有者投入和减少资本																	
1. 所有者投入资本																	
2. 股份支付计入所有者权益的金额																	
3. 其他																	
（四）利润分配					6 109 025		-6 109 025	0						5 576 740		-10 576 740	-5 000 000
1. 提取盈余公积					6 109 025		-6 109 025	0						5 576 740		-5 576 740	
2. 提取一般风险准备																	
3. 对所有者（或股东）的分配								0								-5 000 000	-5 000 000
4. 其他																	
（五）所有者权益内部结转																	
1. 资本公积转增资本（或股本）																	
2. 盈余公积转增资本（或股本）																	
3. 盈余公积弥补亏损																	
4. 其他																	
（六）专项储备																	
（七）其他																	
四、本期期末余额	500 000 000	5 020 000			38 966 905		205 927 145	749 914 050		500 000 000	5 020 000			32 857 880		150 945 920	688 823 800

第六部分 实验要求

一、合并工作底稿

（一）合并工作底稿（资产负债表、利润表和所有者权益变动表）
1. 调整分录表（分别对利泉、申川、利华各公司个别财务报表调整）。
2. 内部抵销分录表。
3. 本年度少数股东损益和少数股东权益调整计算表。
4. 上年度合并工作底稿（资产负债表、利润表和所有者权益变动表项目）。
5. 本年度合并工作底稿（资产负债表、利润表和所有者权益变动表项目）。

（二）合并工作底稿（现金流量表）
1. 内部抵销分录表。
2. 上年度合并工作底稿（现金流量表项目）。
3. 本年度合并工作底稿（现金流量表项目）。

二、合并财务报表

1. 利华公司 2010 年 12 月 31 日合并资产负债表。
2. 利华公司 2010 年度合并利润表。
3. 利华公司 2010 年度合并所有者权益变动表。
4. 利华公司 2010 年度合并现金流量表。

第七部分 案例思考题

1. 为什么在编制合并财务报表时要对利泉公司和申川公司个别财务报表的计量基础进行调整？在本案例中如果不调整将产生什么影响？
2. 为什么本案例中申川公司被收购当年年初至购买日期间形成的利润不能纳入利华公司合并当年的合并利润表？请说明理由和理论依据。
3. 通过本案例实际操作，你认为抵销利华公司、利泉公司和申川公司之间的内部交易，与抵销投资企业与联营企业或合营企业之间的内部交易相比较，抵销的比例与步骤有何不同？试说明理由。
4. 在本案例中，合并方与被合并方在企业购买日（合并日）之前发生的交易是否应在合并当期作为内部交易抵销？是否所有的企业合并对购买日（合并日）之前发生的内部交易均需要作内部抵销或均不需要抵销？为什么？
5. 利华公司编制合并财务报表时，对于内部交易未实现损益按照股权比例在母公司所有者与少数股东之间分摊，请你说明其理论依据。关于内部交易未实现损益的承担，除案例公司的处理方法以外，请设想一下还有哪些不同的处理方法？分析各种方法的利弊，并说明最终对合并财务报表的影响。
6. 为什么本案例中编制合并财务报表时，对个别财务报表调整未涉及递延所得税资产或负债的调整，而抵销内部交易或事项却需要调整递延所得税资产或负债？

7. 请分别比较利华公司调整前个别财务报表中的营业收入、净利润与合并财务报表中的营业收入、归属于母公司股东的净利润,说明编制合并财务报表对上述指标的影响,并具体分析差异的形成原因。

8. 收购申川公司当年,申川公司纳入合并现金流量表中的现金流量是其哪一时间段的现金流量?在合并工作底稿中申川公司个别现金流量表"年初现金及现金等价物余额"项目,应当填列该公司当年年初持有的现金及现金等价物余额还是该公司在购买日持有的现金及现金等价物余额?试比较两者对于合并现金流量表有何不同影响?

9. 通过本案例的实验,你有哪些收获?

实验二
合并财务报表的连续编制

第一部分 实验目的

1. 掌握连续编制合并财务报表关于内部交易的抵销方法。
2. 掌握母公司编制合并财务报表对于子公司前期会计差错的更正方法。
3. 掌握与购买少数股权有关的合并财务报表处理方法。

第二部分 教学内容提要

连续编制合并财务报表时,应考虑以前年度内部交易或合并事项对本期合并财务报表的影响,所以做好股权投资备查登记和内部交易明细记录等基础工作,对于连续编制合并财务报表尤为重要。

▶ 一、内部交易或事项的连续抵销

财务报表的上期期末数与本期期初数存在勾稽关系。

编制合并财务报表抵销以前年度内部交易或事项的影响时,涉及以前年度损益的抵销。例如,抵销以前年度内部资产购销交易中未实现损益、相关折旧或摊销费、坏账损失及所得税影响等,应当抵销对年初未分配利润的影响。

▶ 二、对子公司前期重大会计差错更正的处理

对于子公司发生的前期重大会计差错更正,由于母公司在个别财务报表层面采用成本法进行会计处理未能进行追溯调整,故应当在编制合并财务报表时对子公司该项前期差错进行追溯调整。具体处理如下:

母公司在按权益法计算应享有该子公司净资产和净利润的份额时,应当以子公司更正前期差错后的所有者权益和净利润为基础,并且据此编制对该子公司的合并抵销分录。

对于子公司上年度及上年度之前发生的重大会计差错,经过追溯调整,合并所有者权益变动表"上年金额"部分中"本年年末余额",已经包括重大会计差错的相关调整,无需再对合并所有者权益变动表"本年金额"部分中的"上年年末余额"项目进行调整。

三、对于购买少数股权的处理

购买少数股东权益,属于权益性交易,未发生控制权的转移,只是控制性权益金额与非控制性权益金额发生此增彼减。在合并财务报表中,对于子公司的资产、负债仍应以购买日开始持续计算的金额反映。母公司新取得的长期股权投资成本与按照新增持股比例计算应享有子公司自购买日开始持续计算的可辨认净资产份额之间的差额,不确认损益或商誉,应当调整资本公积(资本溢价或股本溢价),资本公积(资本溢价或股本溢价)的余额不足冲减的,调整留存收益。

第三部分 案例公司概况

一、利华集团各公司经营范围

利华股份有限公司(以下简称利华公司)属于上市公司,以利华公司为母公司的企业集团(以下简称利华集团)是以包装制造为主的大型综合生产企业集团。

利华公司经营范围:生产与销售 PET 瓶及瓶坯。

利泉股份有限公司(以下简称利泉公司)经营范围:生产与销售各种塑料瓶盖、标签等产品。

申川股份有限公司(以下简称申川公司)经营范围:生产与销售果蔬饮料、蛋白饮料、茶饮料、咖啡饮料及相关产品。

二、利华集团有关股权收购事项

(一)以前年度收购利泉公司、申川公司

2009年1月2日,利华公司支付银行存款7 740.18万元从非关联方购入利泉公司90%股权,对其实施控制,通过产权交易所完成该项产权转让交割程序,并于同日完成工商变更登记。截至2009年1月2日,利泉公司可辨认净资产的账面价值为8 360.2万元,交易双方以《利泉股份有限公司股权转让项目股东全部权益价值评估报告》为基础确定的利泉公司可辨认净资产的公允价值为8 600.2万元(详见利华公司收购利泉公司股权登记簿)。

2010年2月28日,利华公司以支付银行存款1 900万元从非关联方购入申川公司80%股权,对其实施控制,通过产权交易所完成该项产权转让交割程序,并于同日完成工商变更登记。截至2010年2月28日,申川公司可辨认净资产的账面价值为2 496.86万元,交易双方以《申川股份有限公司股权转让项目股东全部权益价值评估报告》为基础确定的申川公司可辨认净资产的公允价值为2 244万元(详见利华公司收购申川公司股权登记簿)。

(二)本年(2011年)购买申川公司少数股权

2011年8月31日,利华公司以支付银行存款453万元从非关联方购入申川公司20%股权,通过产权交易所完成产权转让交割程序,并于同日完成工商变更登记。截至2011年8月31日,申川公司可辨认净资产的账面价值为2 496.86万元,《申川股份有限公司股权转让项目股东全部权益价值评估报告》以2011年6月30日为评估基准日确定的申川公司可辨认净资产的公允价值为2 513.16万元。

三、利华集团的股权投资关系

1. 截至 2010 年 12 月 31 日利华集团股权投资关系。

截至 2010 年 12 月 31 日,利华公司分别持有利泉公司和申川公司 90% 和 80% 的表决权股份,均拥有控制权,利华集团股权投资关系如图 2-1 所示。

图 2-1 截至 2010 年 12 月 31 日利华集团股权投资关系

2. 截至 2011 年 12 月 31 日利华集团股权投资关系。

截至 2011 年 12 月 31 日,利华公司分别持有利泉公司和申川公司 90% 和 100% 的表决权股份,均拥有控制权,利华集团股权投资关系如图 2-2。

图 2-2 截至 2011 年 12 月 31 日利华集团股权投资关系

四、利华集团相关会计政策和会计估计(部分)

(一)利华集团有关长期股权投资的会计政策

1. 初始投资成本的确定。购买股权未构成企业合并的,或购买子公司少数股东全部或部分权益的,按照实际支付的购买价款、所发行权益性证券的公允价值或投资合同、协议约定的价值作为初始投资成本,通过非货币性资产交换和债务重组取得的长期股权投资,其初始投资成本分别按照《企业会计准则第 7 号——非货币性资产交换》和《企业会计准则第 12 号——债务重组》的规范确定。

2. 后续计量方法的适用范围。

(1) 对于联营企业及合营企业的投资采用权益法核算。

(2) 对子公司的投资以及对不具有共同控制或重大影响,并且在活跃市场中没有报价、公允价值不能可靠计量的长期股权投资,采用成本法核算。

(二)利华集团有关企业合并的会计政策

1. 非同一控制下企业合并,合并成本包括付出的资产、发生或承担的负债、发行的权益性证券的公允价值之和。

2. 同一控制下企业合并,在合并日按照取得被合并方所有者权益账面价值的份额作为长期股权投资的初始投资成本。长期股权投资初始投资成本与支付的现金、转让的非现金资产以及所承担债务账面价值之间的差额,应当调整资本公积(股本溢价),资本公积(股本溢价)不足冲减的,调整留存收益。

(三)利华集团有关计提坏账准备的会计政策和会计估计

对于单项金额非重大的应收款项与经单独测试后未减值的应收款项,均按信用风险特征之一——账龄进行分类,并以具有类似信用风险特征组合的实际损失率为基础,确定应计提的坏账准备。分类计提比例如表2-1所示。

表2-1 利华集团计提坏账准备的比例

账　　龄	坏账计提比例(%)
6个月以内(含6个月)	5
6个月至1年(含1年)	10
1~2年(含2年)	20
2~4年(含4年)	50
4年以上	100

(四)利华集团有关编制合并财务报表的会计政策

1. 以控制为标准确定合并财务报表的合并范围。

2. 按权益法调整母公司个别财务报表暂不考虑内部未实现损益及其所得税影响。留待合并净利润形成后调整少数股东损益时一并考虑。

3. 合并净利润在母公司所有者与少数股东之间的分拆。将合并净利润在母公司所有者与少数股东之间分拆时,对于逆流内部交易,少数股东应按持股比例分担内部交易未实现损益净额(即按持股比例分担内部交易未实现损益扣除所得税影响后的余额)。

4. 母公司购买少数股权新增的长期股权投资成本与按照新增持股比例计算应享有子公司自购买日(或合并日)开始持续计算的可辨认净资产份额之间的差额,调整合并财务报表中的资本公积(股本溢价),资本公积(股本溢价)的余额不足冲减的,调整留存收益。

五、利华集团的所得税税率

利华公司、利泉公司和申川公司的所得税税率均为25%。假设未来期间均有足够的应纳税所得额可供暂时性差异抵扣。

六、利华集团的利润分配政策

利华公司、利泉公司和申川公司均在年末按照当年实现净利润的10%提取法定盈余公积。

利华公司2009年5月1日宣告每10股分派现金股利0.1元,并于2009年6月28日实际发放现金股利500万元,2010年及2011年均未对所有者分配利润;利泉公司2010年4月20日宣告每10股分派现金股利0.5元,并于2010年5月28日实际发放现金股利353万元,

2009年、2011年均未对所有者分配利润;申川公司2011年4月15日宣告每10股分派现金股利1元,并于2011年5月20日实际发放现金股利100万元,2009年及2010年均未对所有者分配利润。

第四部分 利华公司购买少数股权(收购申川公司20%股权)的原始凭证

利华公司收购申川公司20%股权的原始凭证主要包括:申川公司股权转让项目股东全部权益价值评估报告,利华公司2011年度第三次临时股东大会决议公告,收购申川公司20%股权的产权交易合同,收购申川公司20%股权的产权交易凭证等。

一、申川公司股权转让项目股东全部权益价值评估报告

申川股份有限公司股权转让项目
股东全部权益价值评估报告
沪银业资评报字(2011)第 A665 号

摘　要

以下内容摘自本评估报告书正文,欲了解本评估项目的详细情况和合理理解评估结论,应认真阅读本评估报告书正文。

项目名称: 申川股份有限公司股权转让全部权益价值评估报告

委托方: 长信股份有限公司

委托方以外的其他评估报告使用者: 除委托方之外,国家法律、法规明确的为实现与本次评估目的相关经济行为而需要使用本评估报告的相关当事方

被评估企业: 申川股份有限公司

评估目的: 股权转让

评估对象: 本次资产评估对象系截至2011年6月30日申川股份有限公司的股东全部权益价值

评估范围: 本次资产评估对象系截至2011年6月30日申川股份有限公司经审计后的全部资产和负债

价值类型: 市场价值

评估基准日: 2011年6月30日

评估方法: 资产基础法和收益法

评估结论及其使用有效期:

1. 资产基础法评估结果。净资产账面值 24 511 600 元,调整后账面值 24 511 600 元,评估值 25 131 600 元(人民币大写:贰仟伍佰壹拾叁万壹仟陆佰元整),评估增值 620 000 元,评估增值率 2.53%。

2. 收益法评估结果。经过收益法评估程序,估算得出申川股份有限公司的评估价值为 25 135 700 元。

3. 评估结论的确定。经分析,资产基础法确定的企业价值为 25 131 600 元,收益法验证的企业价值为 25 135 700 元,两者相差 4 100 元,属于正常范围。结合本次评估目的为股权转让项目,同时考虑到收益法评估结果主观因素较多,评估师认为采用资产基础法的评估结果更为合理。

评估人员最后选择资产基础法评估结果 25 131 600 元(人民币大写:贰仟伍佰壹拾叁万壹仟陆佰元整),作为本次评估结论。

评估结果与调整后账面值的比较变动情况如下表所示。

资产评估结果汇总表

项　　目	账面净值	调整后账面净值	评估值	增减值	增减率
	A	B	C	D=C-B	E=D/B*100%
流动资产	12 900 000	12 900 000	12 900 000		
固定资产	22 353 200	22 353 200	22 973 200	620 000	2.77
其中:管理设备	976 000	976 000	1 196 000	220 000	22.54
机器设备	22 411 500	22 411 500	22 811 500	400 000	1.78
无形资产	1 040 000	1 040 000	1 040 000		
递延所得税资产	120 000	120 000	120 000		
资产总计	36 413 200	36 413 200	37 033 200	620 000	1.70
流动负债	11 901 600	11 901 600	11 901 600		
非流动负债	0	0	0		
负债总计	11 901 600	11 901 600	11 901 600		
净资产总计	24 511 600	24 511 600	25 131 600	620 000	2.53

本评估结论的使用有效期为 2011 年 6 月 30 日至 2012 年 6 月 29 日。

在使用本报告时,应注意评估报告特别事项说明和使用限制。

以上内容摘自评估报告正文,欲了解本评估项目的详细情况和合理理解评估结论,应当阅读评估报告正文。

上海银业资产评估有限公司
2011 年 7 月 30 日

注:由于篇幅限制,此处省略《申川股份有限公司股权转让项目股东全部权益价值评估报告(正文)》。

二、利华公司2011年度第三次临时股东大会决议公告

证券代码：600＊＊＊　　　证券简称：利华公司　　　公告编号：2011-28

利华股份有限公司
2011年度第三次临时股东大会决议公告

本公司及董事会全体成员保证信息披露的内容真实、准确、完整，没有虚假记载、误导性陈述或重大遗漏。

一、重要提示

本次会议召开期间没有增加、否决或变更提案。

二、会议召开的情况

1. 召开时间：2011年8月20日上午10时。
2. 召开地点：上海市浦东区滨江大道50××号。
3. 召开方式：现场投票方式。
4. 召集人：利华股份有限公司董事会。
5. 主持人：宋海波董事长。
6. 会议的召开符合《公司法》、《上市公司股东大会规则》、《上海证券交易所股票上市规则》及《公司章程》的有关规定。

三、会议的出席情况

股东（代理人）7人，代表股份400 000 000股，占上市公司总股份的80%。

公司董事、监事、高级管理人员及公司聘请的见证律师出席了本次股东大会。

四、提案审议和表决情况

与会股东（代理人）以现场记名投票方式，审议表决情况如下：

审议通过了《关于购买申川股份有限公司20%股权的议案》；

同意400 000 000股，占出席会议股东有表决权总数的100%；反对0股；弃权0股。

五、律师出具的法律意见

1. 律师事务所名称：上海劳山律师事务所。
2. 律师姓名：李小鹏、孟小琦。
3. 结论性意见：公司本次股东大会的召集、召开程序符合有关法律、行政法规、《上市公司股东大会规则》及《公司章程》的规定；出席本次股东大会人员的资格、本次股东大会召集人的资格合法有效；本次股东大会的表决程序及表决结果符合法律、行政法规、规章及《公司章程》的规定。

六、备查文件

与本次股东大会相关的股东大会决议、会议原始资料、董事会决议、会议通知、法律意见书等备置于公司董事会秘书办公室，供投资者及有关部门查阅。

特此公告。

利华股份有限公司董事会
2011年8月20日

三、收购申川公司20%股权的产权交易合同

上市挂牌号：G300SH1104＊＊＊
合同编号：11081300

上海市产权交易合同

上海市工商行政管理局
上海市产权交易管理办公室　制定

本合同涉及的当事人和受托人

出让人(以下简称甲方):长信股份有限公司
住所:上海市黄浦区南京东路50×号　　　　电话:021-6266××××
法定代表人:程信　　　　　　　　　　　　职务:董事长
企业类型:股份有限公司(非上市)　　　　　邮编:200002
注册资本:3亿元
开户银行:上海浦东发展银行黄浦支行　　　账号:076431-9814015500000000××
受托经纪组织:上海信达商务咨询有限公司　电话:021-6329××××

受让人(以下简称乙方):利华股份有限公司
住所:上海市浦东区滨江大道50××号　　　电话:021-6755××××
法定代表人:宋海波　　　　　　　　　　　职务:董事长
企业类型:股份有限公司(上市)　　　　　　邮编:200120
注册资本:5亿元
开户银行:中国建设银行浦东支行　　　　　账号:400153140305300××××
受托经纪组织:上海智韵商务咨询有限公司　电话:021-6584××××

根据中华人民共和国法律法规和《上海市产权交易市场管理办法》的有关规定,甲、乙双方遵循自愿、公平、诚实信用的原则订立本合同,以资共同遵守。

鉴于:

1. 申川股份有限公司成立于2000年1月28日,注册资金为人民币1 000万元,系长信股份有限公司出资1 000万元,占注册资本100%。

2. 经评估(审计),截至2011年6月30日,申川股份有限公司资产合计为人民币37 033 500元,负债合计为11 901 600元,净资产为25 131 600元。

3. 本次申川股份有限公司20%股权转让,各方当事人已被授权。

第一条　股权转让的标的
甲方将所拥有(持有)的申川股份有限公司20%股权有偿转让给乙方。

第二条　股权转让的价格
甲方将上述产权以人民币453万元(大写:肆佰伍拾叁万元整)转让给乙方。
乙方受让20%股权的价格为人民币453万元(大写:肆佰伍拾叁万元整)。

第三条　股权转让的方式
上述产权经资产评估确认后,通过上海联合产权交易所上市挂牌,采用协议转让的方式,确定受让人和转让价格,签订产权交易合同,实施产权交易。

第四条　股权转让涉及的企业职工安置
本合同不涉及此条款。

第五条　股权转让涉及的债权、债务的承继和清偿办法
本合同不涉及此条款。

第六条 股权转让中涉及的资产处置

本合同不涉及此条款。

第七条 股权转让总价款的支付方式、期限和付款条件

乙方应在产权交易合同生效之日起5个工作日内,向甲方首付总价款的30%,在完成工商变更登记当日付清余款。

第八条 股权交割事项

双方当事人应于本合同经上海联合产权交易所出具产权交易凭证之日起10日内,完成产权转让的交割。

经甲、乙双方约定,交易基准日为2011年6月30日。由交易基准日起至产权或资产转让的完成日止,期间产生的盈利或亏损及风险由乙方承接。

第九条 权证的变更

经甲、乙双方协商和共同配合,在本合同经上海联合产权交易所出具产权交易凭证之日起30日内,向有关登记机关申请办理权证变更手续。

第十条 股权转让的税收和费用

产权转让中涉及的有关税收,按照国家有关法律规定缴纳。

产权转让中涉及的有关费用,经甲、乙双方当事人共同协商约定,由双方共同承担)支付。

第十一条 违约责任

1. 甲方未能按期完成产权转让的交割,或乙方未能按期支付产权转让的总价款,每逾期1日,应按总价款的0.1%向对方支付违约金。

2. 一方违约给另一方造成经济损失,且违约金不足以补偿其经济损失的,违约需支付违约方其经济损失的差额部分。

第十二条 争议的解决方式

甲、乙双方在履行本合同过程中若发生争议,可向上海联合产权交易所或上海市产权交易管理办公室申请调解;任何一方不愿调解或调解无效的,可向有管辖权的人民法院提起诉讼。

第十三条 合同的变更和解除

发生下列情形的,可以变更或解除合同:

1. 因情况发生变化,双方当事人经过协商同意,且不损害国家和社会公共利益的。
2. 因不可抗力因素致使本合同的全部义务不能履行的。
3. 因一方当事人在合同约定的期限内,因故没有履行合同,另一方当事人予以认可的。
4. 因本合同中约定的变更或解除合同的情况出现的。

甲、乙双方同意解除本合同,甲方应将乙方的已付款项全额返回给乙方。

本合同需变更或解除,甲、乙双方及其委托的产权经纪组织必须签订变更或解除合同的协议,并报上海联合产权交易所备案。

第十四条 甲、乙双方的承诺

1. 甲方向乙方承诺所转让的产权属真实、完整,没有隐匿下列事实:

(1) 执法机构查封资产的情形;

(2) 权益、资产担保的情形;

(3) 资产隐匿的情形;

(4) 诉讼正在进行中的情形;

(5) 影响产权真实、完整的其他事实。

2. 乙方向甲方承诺拥有完全的权利能力和行为能力进行产权受让,无欺诈行为。

3. 未经对方事先书面许可,任何一方不得泄露本合同中的内容。

第十五条　其他

上述条款若有未尽事项,由甲、乙双方协商后另行约定。

本合同由甲、乙双方及执业产权经纪人、产权经纪组织签字盖章,并经上海联合产权交易所审核盖章,出具产权交易凭证。

国家法律、法规对本合同生效另有规定的,从其规定。

"合同使用须知"和本合同所必备的附件,与本合同具有同等的法律效力。

本合同一式柒份,甲、乙双方各执壹份,产权标的方执壹份,产权经纪组织各执壹份,上海联合产权交易所执壹份,上海市工商行政管理部门执壹份。

(以下无正文)

附件:

标的企业:营业执照、税务登记证、机构代码证、章程、验资报告、股东会决议、审计报告、资产评估报告及备案表。

出让人:营业执照、税务登记证、机构代码证、章程、股东会决议、批准文件、转让提示、法律意见书。

受让人:营业执照、税务登记证、机构代码证、章程、股东会决议、资产负债表。

出让人(甲方): 长信股份有限公司
(盖章)

法定代表人(签字): 程信

执业经纪人(签字): 张晓

产权经纪组织(盖章):
　　上海信达商务咨询有限公司

受让人(乙方): 利华股份有限公司
(盖章)

法定代表人(签字): 宋海波

执业经纪人(签字): 王

产权经纪组织(盖章):
　　上海智韵商务咨询有限公司

签约地点: 上海市黄浦区南京东路50×号

签约时间: 2011 年 8 月 15 日

上海联合产权交易所(交易合同审核章)
2011 年 8 月 31 日

四、收购申川公司20%股权的产权交易凭证

上海联合产权交易所
Shanghai united assets and equity exchange
产权交易凭证（A类）
Transaction certificate (Type A) NO. 0008＊＊＊
（2010版）(2010.version)

本凭证内容以产权交易各方主体提供的,并经受托机构核实的有关主体资格、产权归属、机构决策或批准等文件均系真实、合法为前提条件,予以如实、客观记载。

Information contained in this certificate is simply an objective record of and on the base of the fact that all the documents regarding eligibility, proprietary rights, decisions or approvals provided by the parties and verified by their agencies are true, legitimate and valid.

项目编号 Contract No.	G300SH1104＊＊＊	签约日期 Conclusion date	2011年08月15日
转让产权内容 Property rights to be transferred	申川股份有限公司 20%股权		
出让方 Seller	长信股份有限公司	受让方 Buyer	利华股份有限公司
受托机构 Agency	上海联合产权交易所	受托机构 Agency	上海联合产权交易所
转让产权于交易基准日相关指标： Financials as on year month date 负债总额 Total liabilities：	1 190 万元 ten thousand yuan	资产总额 Total assets： 所有者权益 Equity：	3 703 万元 ten thousand yuan 2 513 万元 ten thousand yuan
转让价格 Transfer price	453万元（肆佰伍拾叁万元整）		
支付方式 Mode of Payment	转让价款分期付款　场内结算		
交易机构 审核结论 SUAEE opinion	依据有关法律法规及相关规定,经审核,各方交易主体行使本次产权交易的行为符合交易的程序性规定,特出具产权交易凭证。 According to the relevant laws and regulations, upon reviewing, the whole process of the transaction is in compliance with the procedural requirements and hereby this Transaction Certificate is issued. 上海联合产权交易所 Shanghai United Assets and Equity Exchange 2011年8月31日 Date		
备注 Notes			

制单： 高飞(受理部)　　　　　　　复核： 陆军(受理部)
Prepared by:　　　　　　　　　　Proof Reading：
地址：上海市广东路689号三楼　邮编：200001　电话：(8621)63410000
Address：Floor 3,689 Guangdong Road, Shanghai 200001　Tel(8621)63410000

制单日期：**2011年8月31日**

第五部分　利华公司编制合并财务报表的基础资料

一、利华公司股权投资备查登记簿

1. 利华公司收购利泉公司股权登记簿如表2-2所示。

表2-2　利华公司收购利泉公司股权登记簿　　　　　　　　　　　（单位：元）

购买日：2009年1月2日　　　购买价：77 401 800元　　　本次交易后累计持股：90%

项目	本次购买的股权比例	购买日账面价值	购买日公允价值	公允价值与账面价值的差额	剩余使用年限	合并后折旧起讫期	公允价值增值调整折旧额
被投资方 ——利泉公司	90%						
流动资产		75 112 000	75 112 000				
非流动资产		76 000 000	78 400 000				
其中：无形资产——办公楼土地使用权		8 250 000	10 650 000	2 400 000	25	2009/01~2033/12	96 000（年） 8 000（月）
资产总计		151 112 000	153 512 000				
流动负债		31 510 000	31 510 000				
非流动负债		36 000 000	36 000 000				
负债总计		67 510 000	67 510 000				
股本		70 600 000	70 600 000				
资本公积		60 000	2 460 000	2 400 000			
盈余公积		2 392 000	2 392 000				
未分配利润		10 550 000	10 550 000				
股东权益总计		83 602 000	86 002 000				
负债和股东权益总计		151 112 000	153 512 000				
合并商誉的确认及计量		77 401 800－86 002 000×90%＝77 401 800－77 401 800＝0					

2. 利华公司收购申川公司股权登记簿如表2-3和表2-4所示。

表2-3　利华公司收购申川公司股权登记簿（第1页）　　　　　　（单位：元）

购买日：2010年2月28日　　　购买价：19 000 000元　　　本次交易后累计持股：80%

项目	本次购买的股权比例	购买日账面价值	购买日公允价值	公允价值与账面价值的差额	剩余使用年限	合并后折旧起讫期	公允价值增值调整折旧额
被投资方 ——申川公司	80%						
流动资产		11 304 700	11 304 700				

(续表)

项　　目	本次购买的股权比例	购买日账面价值	购买日公允价值	公允价值与账面价值的差额	剩余使用年限	合并后折旧起讫期	公允价值增值调整折旧额
非流动资产		24 170 300	24 470 300				
其中：固定资产——管理系统		655 900	955 900	300 000	5	2010/03～2015/02	60 000（年）
		预计净残值 40 000					5 000（月）
资产总计		35 475 000	35 775 000				
流动负债		13 335 000	13 335 000				
非流动负债							
负债总计		13 335 000	13 335 000				
股本		10 000 000	10 000 000				
资本公积		0	300 000	300 000			
盈余公积		410 000	410 000				
未分配利润		11 730 000	11 730 000				
股东权益总计		22 140 000	22 440 000				
负债和股东权益总计		35 475 000	35 775 000				
合并商誉的确认及计量	19 000 000－22 440 000×80％＝19 000 000－17 952 000＝1 048 000						

表 2-4　利华公司收购申川公司股权登记簿（第 2 页）　　　　　　（单位：元）

购买少数股权日：2011 年 8 月 31 日　　　购买价：4 530 000 元　　　本次交易后累计持股：100％

项　　目	本次购买股权	购买股权日账面价值	自购买日持续计算的股权公允价值	公允价值与账面价值的差额	剩余使用年限	折旧起讫期	公允价值增值调整折旧额
被投资方——申川公司	20％						
流动资产		15 934 900	15 934 900				
非流动资产		17 500 000	17 818 000				
其中：固定资产——管理系统		471 130	681 130	210 000	3.5	2010/03～2015/02	60 000（年）
		预计净残值 40 000					5 000（月）
资产总计		33 434 900	33 644 900				
流动负债		8 466 300	8 466 300				
非流动负债							
负债总计		8 466 300	8 466 300				
股本		10 000 000	10 000 000				
资本公积		0	300 000	300 000			

（续表）

项目	本次购买股权	购买股权日账面价值	自购买日持续计算的股权公允价值	公允价值与账面价值的差额	剩余使用年限	折旧起讫期	公允价值增值调整折旧额
盈余公积		698 750	698 750				
未分配利润		14 269 850	14 179 850	−90 000			
股东权益总计		24 968 600	25 178 600				
负债和股东权益总计		33 434 900	33 644 900				
合并商誉的确认及计量			1 048 000				

二、合并财务报表范围内部交易及往来明细表

1. 2010~2011年利华集团内部存货购销明细表如表 2-5 所示。

表 2-5　2010~2011 年利华集团内部存货购销明细表　　（单位：元）

日期	销售单位	收入类别	结算方式	品名	营业收入	营业成本	购货单位	购入用途	2010年对外销售	2011年对外销售	购货单位2011年年末结存
2010/05/15	利泉公司	主营业务	赊销	瓶盖、标签	2 000 000	1 600 000	利华公司	存货	0	2 000 000	0
2010/09/21	利华公司	主营业务	支票	PET瓶	1 000 000	700 000	申川公司	存货	0	500 000	500 000
2011/10/12	利泉公司	主营业务	赊销	瓶盖、标签	1 600 000	1 350 000	利华公司	存货	0	0	1 600 000

2. 2010~2011年利华集团内部固定资产交易明细表如表 2-6 所示。

表 2-6　2010~2011 年利华集团内部固定资产交易明细表　　（单位：元）

日期	转让单位	结算方式	资产名称	资产原值	账面价值	转让价格	接收单位	购入用途	剩余使用年限	折旧方法
2010/06/30	利华公司	支票	仓库	2 000 000	1 200 000	1 830 000	申川公司	固定资产	15年	直线法

3. 2010~2011年利华集团内部租赁交易明细表如表 2-7 所示。

表 2-7　2010~2011 年利华集团内部租赁交易明细表　　（单位：元）

交易性质	租赁合同期限	出租单位	结算方式	资产名称	数量	账面原值	资产购入日期	预计净残值	预计使用年限	折旧方法	年租赁收入	承租单位	租入用途
经营租赁	2010/01/01~2010/12/31	利华公司	支票	轿车	2辆	620 000	2009/07/01	20 000	10年	直线法	80 000	利泉公司	管理部门使用

(续表)

交易性质	租赁合同期限	出租单位	结算方式	资产名称	数量	账面原值	资产购入日期	预计净残值	预计使用年限	折旧方法	年租赁收入	承租单位	租入用途
经营租赁	2011/01/01~2012/12/31	利华公司	支票	房屋	1幢	9 700 000	2000/12/09	100 000	40年	直线法	300 000	申川公司	作为仓库使用

注：利华公司董事会决议，上述原出租给集团以外单位使用的房屋，从2011年起改为出租给子公司使用。

4. 2010~2011年利华集团内部往来明细表如表2-8所示。

表2-8　2010~2011年利华集团内部往来明细表　　　　　　　（单位：元）

债权人	对方单位	账户	2011年年初			2011年年末		
			账户余额	账龄	坏账准备	账户余额	账龄	坏账准备
利泉公司	利华公司	应收账款	2 340 000	—	234 000	2 872 000	—	387 200
		其中：	2 340 000	6个月~1年	234 000	1 872 000	6个月~1年	187 200
			—	—	—	1 000 000	1~2年	200 000

三、利泉公司的前期重大会计差错

利泉公司于2011年11月发现一项重大会计差错：2009年漏计了固定资产折旧1 500 000元。利泉公司已在2011年个别报表将该项会计差错作为前期会计差错进行了更正，该前期会计差错更正分录如表2-9所示。

表2-9　利泉公司2011年个别报表对前期会计差错的更正分录　　　　（单位：元）

摘要	报表项目	借方	贷方
对上年度数据进行更正：			
更正漏计的一项新增管理用设备折旧1 500 000元	盈余公积——前期差错更正	112 500	
	未分配利润——前期差错更正	1 012 500	
	应交税费	375 000	
	固定资产		1 500 000
对本年度数据进行更正：			
更正上年度漏计的一项新增管理用固定资产折旧1 500 000元	盈余公积——年初	112 500	
	未分配利润——年初	1 012 500	
	应交税费	375 000	
	固定资产		1 500 000

四、利泉公司、申川公司及利华公司的个别财务报表

本实验项目不要求编制现金流量表,因此所提供的利泉公司、申川公司及利华公司各公司的个别财务报表不包括现金流量表。

(一) 利泉公司个别财务报表

1. 利泉公司 2011 年 12 月 31 日资产负债表如表 2-10 所示。

表 2-10　利泉公司 2011 年 12 月 31 日资产负债表　　　　　　　(单位:元)

资　产	期末数	年初数	负债和股东权益	期末数	年初数
流动资产:			流动负债:		
货币资金	16 222 525	11 659 475	短期借款	23 200 000	33 200 000
交易性金融资产	0	0	应付票据	0	0
应收票据	18 320 000	15 900 000	应付账款	16 300 000	10 520 000
应收账款	15 520 000	12 031 000	预收款项	2 700 000	1 100 000
预付款项	7 248 000	12 777 000	应付职工薪酬	230 000	220 000
应收利息	0	0	应交税费	312 000	226 400
应收股利	0	0	应付利息	178 000	187 000
其他应收款	1 694 100	1 020 525	应付股利	0	0
存货	36 400 000	40 210 000	其他应付款	2 063 375	1 289 600
一年内到期的非流动资产	0	0	一年内到期的非流动负债	10 000 000	0
其他流动资产	0	0	其他流动负债	0	0
流动资产合计	95 404 625	93 598 000	流动负债合计	54 983 375	46 743 000
非流动资产:			非流动负债:		
可供出售金融资产	0	0	长期借款	12 700 000	22 700 000
持有至到期投资	0	0	应付债券	0	0
长期应收款	0	0	长期应付款	0	0
长期股权投资	0	0	专项应付款	0	0
投资性房地产	0	0	预计负债		
固定资产	61 887 500	59 117 000	递延所得税负债	0	0
在建工程	2 500 000	0	其他非流动负债	0	0
工程物资	0	0	非流动负债合计	12 700 000	22 700 000
固定资产清理	0	0	负债合计	67 683 375	69 443 000
无形资产	9 108 000	10 120 000	股东权益:		
开发支出	0	0	股本	70 600 000	70 600 000
商誉	0	0	资本公积	60 000	60 000

(续表)

资　产	期末数	年初数	负债和股东权益	期末数	年初数
长期待摊费用	0	0	减：库存股	0	0
递延所得税资产	840 000	450 000	盈余公积	4 590 475	3 769 000
其他非流动资产	0	0	未分配利润	26 806 275	19 413 000
非流动资产合计	74 335 500	69 687 000	股东权益合计	102 056 750	93 842 000
资产总计	169 740 125	163 285 000	负债和股东权益总计	169 740 125	163 285 000

2. 利泉公司 2011 年度利润表如表 2 - 11 所示。

表 2 - 11　利泉公司 2011 年度利润表　　　　　　　　（单位：元）

项　　目	本期金额	上期金额
一、营业收入	135 770 000	122 950 000
减：营业成本	113 680 000	103 919 200
营业税金及附加	390 000	270 000
销售费用	2 040 000	1 851 000
管理费用	4 060 000	3 750 400
财务费用	2 937 000	3 089 400
资产减值损失	1 560 000	1 000 000
加：公允价值变动收益（损失以"－"号填列）	0	0
投资收益（损失以"－"号填列）	0	0
其中：对联营企业和合营企业的投资收益	0	0
汇兑收益（损失以"－"号填列）	0	0
二、营业利润（亏损以"－"号填列）	11 103 000	9 070 000
加：营业外收入	60 000	40 000
减：营业外支出	210 000	300 000
其中：非流动资产处置损失	210 000	300 000
三、利润总额（亏损以"－"号填列）	10 953 000	8 810 000
减：所得税费用	2 738 250	2 202 500
四、净利润（亏损以"－"号填列）	8 214 750	6 607 500
五、每股收益		
（一）基本每股收益		
（二）稀释每股收益		
六、其他综合收益	0	0
七、综合收益总额	8 214 750	6 607 500

3. 利泉公司 2011 年度所有者权益变动表如表 2-12 所示。

表 2-12 利泉公司 2011 年度所有者权益变动表

(单位：元)

项目	本期金额							上年同期金额						
	实收资本(或股本)	资本公积	减：库存股	专项储备	盈余公积	一般风险准备	未分配利润	所有者权益合计	实收资本(或股本)	资本公积	减：库存股	专项储备	盈余公积	一般风险准备	未分配利润	所有者权益合计
一、上年末余额	70 600 000	60 000			3 769 000		19 413 000	93 842 000	70 600 000	60 000			3 220 750		18 008 750	91 889 500
加：会计政策变更																
前期差错更正													-112 500		-1 012 500	-112 500
其他																
二、本年初余额	70 600 000	60 000			3 769 000		19 413 000	93 842 000	70 600 000	60 000			3 108 250		16 996 250	90 764 500
三、本期增减变动金额(减少以"-"号填列)					821 475		7 393 275	8 214 750					660 750		2 416 750	3 077 500
(一) 净利润							8 214 750	8 214 750							6 607 500	6 607 500
(二) 其他综合收益																
上述(一)和(二)小计							8 214 750	8 214 750							6 607 500	6 607 500
(三) 所有者投入和减少资本																
1. 所有者投入资本																
2. 股份支付计入所有者权益的金额																
3. 其他																
(四) 利润分配					821 475		-821 475	0					660 750		-4 190 750	-3 530 000
1. 提取盈余公积					821 475		-821 475	0					660 750		-660 750	
2. 提取一般风险准备																
3. 对所有者(或股东)的分配															-3 530 000	-3 530 000
4. 其他																
(五) 所有者权益内部结转																
1. 资本公积转增资本(或股本)																
2. 盈余公积转增资本(或股本)																
3. 盈余公积弥补亏损																
4. 其他																
(六) 专项储备																
(七) 其他																
四、本期期末余额	70 600 000	60 000			4 590 475		26 806 275	102 056 750	70 600 000	60 000			3 769 000		19 413 000	93 842 000

(二) 申川公司个别财务报表

1. 申川公司 2011 年 12 月 31 日资产负债表如表 2-13 所示。

表 2-13　申川公司 2011 年 12 月 31 日资产负债表　　　　　　　（单位：元）

资产	期末数	年初数	负债和股东权益	期末数	年初数
流动资产：			流动负债：		
货币资金	1 457 900	2 440 800	短期借款	3 000 000	0
交易性金融资产	0	0	应付票据	0	0
应收票据	0	0	应付账款	6 026 250	5 072 500
应收账款	3 820 000	2 497 180	预收款项	2 311 250	4 361 250
预付款项	4 270 000	1 577 500	应付职工薪酬	160 000	100 000
应收利息	0	0	应交税费	200 500	160 100
应收股利	0	0	应付利息	13 000	0
其他应收款	209 000	192 020	应付股利	0	0
存货	2 320 000	3 010 000	其他应付款	536 000	102 000
一年内到期的非流动资产	0	0	一年内到期的非流动负债	0	0
其他流动资产	0	0	其他流动负债	0	0
流动资产合计	12 076 900	9 717 500	流动负债合计	12 247 000	9 795 850
非流动资产：			非流动负债：		
可供出售金融资产	0	0	长期借款	0	0
持有至到期投资	0	0	应付债券	0	0
长期应收款	0	0	长期应付款	0	0
长期股权投资	0	0	专项应付款	0	0
投资性房地产	0	0	预计负债	0	0
固定资产	24 558 200	23 285 850	递延所得税负债	0	0
在建工程	0	0	其他非流动负债	0	0
工程物资	0	0	非流动负债合计	0	0
固定资产清理	0	0	负债合计	9 234 000	9 795 850
无形资产	900 000	1 000 000	股东权益：		
开发支出	0	0	股本	10 000 000	10 000 000
商誉	0	0	资本公积	0	0
长期待摊费用	0	0	减：库存股	0	0
递延所得税资产	150 000	70 000	盈余公积	914 810	698 750
其他非流动资产	0	0	未分配利润	14 523 290	13 578 750
非流动资产合计	25 608 200	24 355 850	股东权益合计	25 438 100	24 277 500
资产总计	37 685 100	34 073 350	负债和股东权益总计	37 685 100	34 073 350

2. 申川公司 2011 年度利润表如表 2-14 所示。

表 2-14 申川公司 2011 年度利润表 （单位：元）

项目	本期金额	其中：2011 年 1~8 月	上期金额（2010 年 3~12 月）
一、营业收入	25 410 000	18 840 000	25 030 000
减：营业成本	19 660 000	14 630 000	19 501 500
营业税金及附加	139 000	93 000	130 000
销售费用	710 250	481 400	747 000
管理费用	1 680 000	1 155 000	1 650 000
财务费用	18 750	12 000	500
资产减值损失	320 000	213 000	150 000
加：公允价值变动收益（损失以"－"号填列）	0	0	0
投资收益（损失以"－"号填列）	0	0	0
其中：对联营企业和合营企业的投资收益	0	0	0
汇兑收益（损失以"－"号填列）	0	0	0
二、营业利润（亏损以"－"号填列）	2 882 000	2 255 600	2 851 000
加：营业外收入	0	0	0
减：营业外支出	1 200	800	1 000
其中：非流动资产处置损失	1 200	800	1 000
三、利润总额（亏损以"－"号填列）	2 880 800	2 254 800	2 850 000
减：所得税费用	720 200	563 700	712 500
四、净利润（亏损以"－"号填列）	2 160 600	1 691 100	2 137 500
五、每股收益			
（一）基本每股收益			
（二）稀释每股收益			
六、其他综合收益	0	0	0
七、综合收益总额	2 160 600	1 691 100	2 137 500

3. 申川公司2011年度所有者权益变动表如表2-15所示。

表2-15 申川公司2011年度所有者权益变动表

(单位:元)

项目	本期金额								上期金额(2010年3~12月)							
	实收资本(或股本)	资本公积	减:库存股	专项储备	盈余公积	一般风险准备	未分配利润	所有者权益合计	实收资本(或股本)	资本公积	减:库存股	专项储备	盈余公积	一般风险准备	未分配利润	所有者权益合计
一、上年年末余额	10 000 000				698 750		13 578 750	24 277 500	10 000 000				410 000		11 730 000	22 140 000
加:会计政策变更																
前期差错更正																
其他																
二、本年年初余额	10 000 000				698 750		13 578 750	24 277 500	10 000 000				410 000		11 730 000	22 140 000
三、本期增减变动金额(减少以"-"号填列)					216 060		944 540	1 160 600					288 750		1 848 750	2 137 500
(一)净利润							2 160 600	2 160 600							2 137 500	2 137 500
(二)其他综合收益																
上述(一)和(二)小计							2 160 600	2 160 600							2 137 500	2 137 500
(三)所有者投入和减少资本																
1. 所有者投入资本																
2. 股份支付计入所有者权益的金额																
3. 其他																
(四)利润分配					216 060		-1 216 060	-1 000 000					288 750		-288 750	
1. 提取盈余公积					216 060		-216 060						288 750		-288 750	
2. 提取一般风险准备																
3. 对所有者(或股东)的分配							-1 000 000	-1 000 000								
4. 其他																
(五)所有者权益内部结转																
1. 资本公积转增资本(或股本)																
2. 盈余公积转增资本(或股本)																
3. 盈余公积弥补亏损																
4. 其他																
(六)专项储备																
(七)其他																
四、本期期末余额	10 000 000				914 810		14 523 290	25 438 100	10 000 000				698 750		13 578 750	24 277 500

(三) 利华公司个别财务报表

1. 利华公司 2011 年 12 月 31 日资产负债表如表 2 – 16 所示。

表 2 – 16 利华公司 2011 年 12 月 31 日资产负债表　　　　　　（单位：元）

资　产	期末数	年初数	负债和股东权益	期末数	年初数
流动资产：			流动负债：		
货币资金	160 671 850	218 532 660	短期借款	480 000 000	340 000 000
交易性金融资产	42 420 000	42 000 000	应付票据	105 700 000	80 820 000
应收票据	311 200 000	248 010 000	应付账款	95 490 000	101 490 000
应收账款	129 670 000	100 950 000	预收款项	51 570 000	24 740 000
预付款项	112 794 400	137 950 790	应付职工薪酬	5 760 000	4 840 000
应收利息	0	0	应交税费	4 468 700	4 867 100
应收股利	0	0	应付利息	2 486 500	2 093 000
其他应收款	15 461 000	11 893 400	应付股利	0	0
存货	275 560 000	204 570 000	其他应付款	30 231 000	28 857 000
一年内到期的非流动资产	0	0	一年内到期的非流动负债	0	131 050 000
其他流动资产	0	0	其他流动负债	0	0
流动资产合计	1 047 777 250	963 906 850	流动负债合计	775 706 200	718 757 100
非流动资产：			非流动负债：		
可供出售金融资产	0	0	长期借款	153 100 000	153 100 000
持有至到期投资	0	0	应付债券	0	0
长期应收款	0	0	长期应付款	0	0
长期股权投资	100 931 800	96 401 800	专项应付款		
投资性房地产	7 060 000	6 820 000	预计负债		
固定资产	559 475 700	511 740 000	递延所得税负债	315 000	210 000
在建工程	1 010 000	32 010 000	其他非流动负债	0	0
工程物资	0	0	非流动负债合计	153 415 000	153 310 000
固定资产清理	0	0	负债合计	929 121 200	872 067 100
无形资产	15 910 000	6 020 000	股东权益：		
开发支出	0	0	股本	500 000 000	500 000 000
商誉	0	0	资本公积	5 020 000	5 020 000
长期待摊费用	0	0	减：库存股	0	0
递延所得税资产	7 742 500	5 082 500	盈余公积	46 054 105	38 966 905
其他非流动资产	0	0	未分配利润	259 711 945	205 927 145
非流动资产合计	692 130 000	658 074 300	股东权益合计	810 786 050	749 914 050
资产总计	1 739 907 251	1 621 981 150	负债和股东权益总计	1 739 907 250	1 621 981 150

2. 利华公司 2011 年度利润表如表 2-17 所示。

表 2-17　2011 年度利华公司利润表　　　　　　　　　　（单位：元）

项　　目	本 期 金 额	上 期 金 额
一、营业收入	1 016 540 000	966 110 000
其中：营业成本	775 450 000	740 790 000
营业税金及附加	2 410 000	3 050 000
销售费用	30 520 000	32 101 000
管理费用	65 720 000	69 958 000
财务费用	39 214 000	33 531 000
资产减值损失	10 640 000	9 820 000
加：公允价值变动收益（损失以"－"号填列）	420 000	840 000
投资收益（损失以"－"号填列）	800 000	3 177 000
其中：对联营企业和合营企业的投资收益		
汇兑收益（损失以"－"号填列）		
二、营业利润（亏损以"－"号填列）	93 806 000	80 877 000
加：营业外收入	910 000	790 000
减：营业外支出	210 000	190 000
其中：非流动资产处置损失	180 000	120 000
三、利润总额（亏损以"－"号填列）	94 506 000	81 477 000
减：所得税费用	23 634 000	20 386 750
四、净利润（亏损以"－"号填列）	70 872 000	61 090 250
五、每股收益		
（一）基本每股收益		
（二）稀释每股收益		
六、其他综合收益		
七、综合收益总额	70 872 000	61 090 250

3. 利华公司2011年度所有者权益变动表如表2-18所示。

表2-18 利华公司2011年度所有者权益变动表

(单位: 元)

项 目	本 期 金 额								上 年 同 期 金 额							
	实收资本(或股本)	资本公积	减:库存股	专项储备	盈余公积	一般风险准备	未分配利润	所有者权益合计	实收资本(或股本)	资本公积	减:库存股	专项储备	盈余公积	一般风险准备	未分配利润	所有者权益合计
一、上年末余额	500 000 000	5 020 000			38 966 905		205 927 145	749 914 050	500 000 000	5 020 000			32 857 880		150 945 920	688 823 800
加: 会计政策变更																
前期差错更正																
其他																
二、本年年初余额	500 000 000	5 020 000			38 966 905		205 927 145	749 914 050	500 000 000	5 020 000			32 857 880		150 945 920	688 823 800
三、本期增减变动金额(减少以"-"号填列)					7 087 200		53 784 800	60 872 000					6 109 025		54 981 225	61 090 250
(一) 净利润							70 872 000	70 872 000							61 090 250	61 090 250
(二) 其他综合收益																
上述(一)和(二)小计							70 872 000	70 872 000							61 090 250	61 090 250
(三) 所有者投入和减少资本																
1. 所有者投入资本																
2. 股份支付计入所有者权益的金额																
3. 其他																
(四) 利润分配					7 087 200		-17 087 200	-10 000 000					6 109 025		-6 109 025	0
1. 提取盈余公积					7 087 200		-7 087 200						6 109 025		-6 109 025	0
2. 提取一般风险准备																
3. 对所有者(或股东)的分配							-10 000 000	-10 000 000								0
4. 其他																
(五) 所有者权益内部结转							0	0								0
1. 资本公积转增资本(或股本)																
2. 盈余公积转增资本(或股本)																
3. 盈余公积弥补亏损																
4. 其他																
(六) 专项储备																
(七) 其他																
四、本期末余额	500 000 000	5 020 000			46 054 105		259 711 945	810 786 050	500 000 000	5 020 000			38 966 905		205 927 145	749 914 050

第六部分 实 验 要 求

▶▶ 一、合并工作底稿(资产负债表、利润表和所有者权益变动表)

1. 调整分录表(分别对利泉、申川、利华各公司个别财务报表调整)。
2. 内部抵销分录表。
3. 上年度少数股东损益和少数股东权益调整计算表。
4. 本年度少数股东损益和少数股东权益调整计算表。
5. 上年度合并工作底稿(资产负债表、利润表和所有者权益变动表项目)。
6. 本年度合并工作底稿(资产负债表、利润表和所有者权益变动表项目)。

▶▶ 二、合并财务报表

1. 利华公司 2011 年 12 月 31 日合并资产负债表。
2. 利华公司 2011 年度合并利润表。
3. 利华公司 2011 年度合并所有者权益变动表。

第七部分 案 例 思 考 题

1. 你认为本案例中的内部交易明细表和长期股权投资备查登记簿对于连续编制合并财务报表有何用途?你对做好编制合并财务报表的基础工作有何建议?
2. 结合本案例,分析报告年度哪些类型的内部交易会对以后年度编制合并财务报表带来影响?为什么?
3. 结合本案例,说明内部交易中顺流交易与逆流交易有何差异?顺流交易与逆流交易的抵销对少数股东权益与少数股东损益有何不同影响?
4. 结合本案例,分析利泉公司前期会计差错的更正对于母公司个别财务报表、合并财务报表的不同影响,并说明理由。
5. 结合本案例,说明收购少数股权是否应当改变合并财务报表中对于申川公司净资产的计量基础?合并财务报表中商誉的金额是否应当有所变化?利华公司购买少数股权新增的长期股权投资成本与按照新增持股比例计算应享有申川公司自购买日(或合并日)开始持续计算的可辨认净资产份额之间的差额,是否会影响当期的合并利润表损益?请分析收购少数股权这一交易的实质,试用有关会计理论支持你对上述问题的观点。
6. 结合本案例,分析"合并所有者权益变动表"中"少数股东损益"栏目本期增减变动的各项具体原因。
7. 利华公司股东与少数股东在按持股比例分摊内部交易未实现损益时,为什么需要区分顺流交易与逆流交易并予以不同处理?
8. 通过本案例的实验,你有哪些收获?

实验三
合并财务报表的编制方法——层层合并法与一次合并法

第一部分 实验目的

1. 熟悉层层合并与一次合并编制合并财务报表的不同顺序。
2. 掌握存在收购少数股权、内部逆流交易情况下采用层层合并法与一次合并法编制合并财务报表的方法。
3. 掌握层层合并法与一次合并法的适用性。
4. 比较采用层层合并与一次合并两种方法的编制结果,寻求避免产生差异的方法。

第二部分 教学内容提要

实务中,大型企业集团通常存在多层控股关系,企业可根据具体情况选择层层合并法或一次合并法编制合并财务报表。

一、层层合并法与一次合并法的区别与联系

层层合并法是指企业存在多层控股关系时,按照各层次母公司的控股关系自下而上逐层编制合并财务报表的方法,这种方法也称分步合并法。一次合并法是指企业存在多层控股关系时,将母公司个别报表和各层次子公司个别财务报表(即纳入合并报表范围的所有公司个别财务报表)放在同一平台一次完成合并报表编制的方法。虽然层层合并法和一次合并法编制合并财务报表的程序不同,但是不论采用何种方法,合并财务报表的合并结果理应相同。

由于采用一次合并法编制合并财务报表的工作量相对简化,企业采用一次合并法较为普遍。一次合并法适用于存在交叉持股关系且中间层次控股公司不需要编制合并财务报表的企业集团。

在实务中,有些存在多层控股关系的企业,采用一次合并法编制合并财务报表的结果,会出现与采用层层合并法的编制结果存在差异的现象。关键问题是一次合并法下进行有关调整与抵销时如何确定母公司享有间接控制孙公司的份额。

二、一次合并法下对子公司购买孙公司少数股权的处理

一次合并法下,对于子公司购买孙公司少数股权的新增长期股权投资成本减去按照新增持股比例计算应享有孙公司自购买日开始持续计算的可辨认净资产份额的差额,母公司编制合并财务报表时,不应当全额调整归属于母公司所有者的资本公积等权益项目,应当按照持有

子公司的股权比例计算该差额的份额,调整归属于母公司所有者的资本公积等权益项目,该差额的其余部分应当调整少数股东权益。这样处理的结果,与采用层层合并法的编制结果一致。

三、一次合并法下对子公司与孙公司之间逆流交易的处理

一次合并法下,对于子公司和孙公司逆流交易未实现损益,应当按照母公司实际享有孙公司净资产或净损益的比例分摊该项内部交易未实现损益,而非按照子公司持有孙公司的股权比例分摊。这样处理的结果,与采用层层合并法的编制结果相同。

第三部分　案例公司概况

一、申海集团各公司经营范围

申海股份有限公司(以下简称申海公司)为上市公司,以申海股份为母公司的企业集团(以下简称申海集团)是以汽车运输、销售等为主的大型综合服务企业集团。

申海公司经营范围:市内专线客运、出租汽车客运、现代物流、洗车场、停车场、汽车旅馆等。

申江出租汽车有限公司(以下简称申江公司)经营范围:出租运输及出租业务培训等。

江山汽车配件服务有限公司(以下简称江山公司)经营范围:汽车及汽车配件的销售、汽车装潢、汽车修理等。

二、申海集团有关股权收购事项

申海公司与其他投资者于2006年6月30日投资新设申江公司,投资者投入资本即为注册资本。申江公司对于江山公司的股权投资事项如下。

(一)上年(2010年)申江公司收购江山公司60%股权

2010年3月30日,申江公司支付银行存款1 045万元从非关联方购入江山公司60%股权,对其实施控制,通过产权交易所完成该项产权转让交割程序,并于同日完成工商变更登记。截至2010年3月30日,江山公司可辨认净资产的账面价值为1 505万元,交易双方以《江山汽车配件服务有限公司股权转让项目股东全部权益价值评估报告》为基础确定的江山公司可辨认净资产的公允价值为1 536.2万元(详见申江公司收购江山公司股权登记簿)。

(二)本年(2011年)申江公司收购江山公司15%少数股权

2011年1月4日,申江公司以支付银行存款367万元从非关联方购入江山公司15%股权,通过产权交易所完成该项产权转让交割程序,并于同日完成工商变更登记。截至2011年1月4日,江山公司可辨认净资产的账面价值为1 950.5万元,以《江山汽车配件服务有限公司股权转让项目股东全部权益价值评估报告》(以2010年10月31日为评估基准日)确定的江山公司可辨认净资产的公允价值为2 040万元。

三、申海集团的股权投资关系

1. 截至2010年12月31日申海集团股权投资关系。

截至2010年12月31日,申海公司持有申江公司80%的表决权股份,对其拥有控制权;申江公司持有江山公司60%的表决权股份,对其拥有控制权。申海集团股权投资关系如图3-1所示。

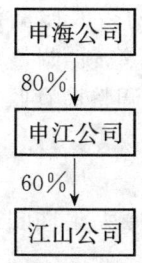

图 3-1 截至 2010 年 12 月 31 日
申海集团股权投资关系

图 3-2 截至 2011 年 12 月 31 日
申海集团股权投资关系

2. 截至 2011 年 12 月 31 日申海集团股权投资关系。

截至 2011 年 12 月 31 日,申海公司持有申江公司 90% 的表决权股份,对其拥有控制权;申江公司持有江山公司 75% 的表决权股份,对其拥有控制权。申海集团股权投资关系如图 3-2 所示。

四、申海集团相关会计政策和会计估计(部分)

(一)申海集团有关长期股权投资的会计政策

1. 初始投资成本的确定。购买股权未构成企业合并的,或购买子公司少数股东全部或部分权益的,按照实际支付的购买价款、所发行权益性证券的公允价值或投资合同、协议约定的价值作为初始投资成本,通过非货币性资产交换和债务重组取得的长期股权投资,其初始投资成本分别按照《企业会计准则第 7 号——非货币性资产交换》和《企业会计准则第 12 号——债务重组》的规范确定。

2. 后续计量方法的适用范围。

(1) 对于联营企业及合营企业的投资采用权益法核算。

(2) 对子公司的投资以及对不具有共同控制或重大影响,并且在活跃市场中没有报价、公允价值不能可靠计量的长期股权投资,采用成本法核算。

(二)申海集团有关企业合并的会计政策

1. 非同一控制下企业合并,合并成本包括付出的资产、发生或承担的负债、发行的权益性证券的公允价值之和。

2. 同一控制下企业合并,在合并日按照取得被合并方所有者权益账面价值的份额作为长期股权投资的初始投资成本。长期股权投资初始投资成本与支付的现金、转让的非现金资产以及所承担债务账面价值之间的差额,应当调整资本公积(股本溢价),资本公积(股本溢价)不足冲减的,调整留存收益。

(三)申海集团有关编制合并财务报表的会计政策

1. 以控制为标准确定合并财务报表的合并范围。

2. 按权益法调整母公司个别财务报表暂不考虑内部未实现损益及其所得税影响。留待合并净利润形成后调整少数股东损益时一并考虑。

3. 存在多层控股关系时,采用层层合并法按照各层次母公司的控股关系自下而上逐层编制集团合并财务报表。

4. 合并净利润在母公司所有者与少数股东之间的分拆。将合并净利润在母公司所有者与少数股东之间分拆时,对于逆流内部交易,少数股东应按持股比例分担内部交易未实现损益净额(即按持股比例分担内部交易未实现损益扣除所得税影响后的余额)。

5. 母公司购买少数股权新增的长期股权投资成本与按照新增持股比例计算应享有子公司自购买日(或合并日)开始持续计算的可辨认净资产份额之间的差额,调整合并财务报表中的资本公积(股本溢价),资本公积(股本溢价)的余额不足冲减的,调整留存收益。

五、申海集团的所得税税率

申海公司、申江公司和江山公司的所得税税率均为25%。假设未来期间均有足够的应纳税所得额可供暂时性差异抵扣。

六、申海集团的利润分配政策

申海公司、申江公司和江山公司均在年末按照当年实现净利润的10%提取法定盈余公积。申海公司2010年4月25日宣告每10股分派现金股利1.25元,并于2010年5月20日实际发放现金股利15 000万元;2011年5月15日宣告每10股分派现金股利1.2元,并于2010年6月28日实际发放现金股利12 000万元;申江公司2010年及2011年均未对所有者分配利润;江山公司2010年5月4日宣告每10股分派现金股利2.7元,并于2010年6月15日实际发放现金股利270万元,2011年未对所有者分配利润。

第四部分 申江公司购买少数股权(收购江山公司15%股权)的原始凭证

申江公司收购江山公司15%股权的原始凭证主要包括:江山公司股权转让项目股东全部权益价值评估报告,申江公司2010年度第四次临时股东大会决议公告,收购江山公司15%股权的产权交易合同,收购江山公司15%股权的产权交易凭证等。

一、江山公司股权转让项目股东全部权益价值评估报告

江山汽车配件服务有限公司股权转让项目
股东全部权益价值评估报告
兴建资评报字(2010)第310号
摘　要

以下内容摘自本评估报告书正文,欲了解本评估项目的详细情况和合理理解评估结论,应认真阅读本评估报告书正文。

项目名称: 江山汽车配件服务有限公司股权转让全部权益价值评估报告
委托方: 智立股份有限公司
委托方以外的其他评估报告使用者: 除委托方之外,国家法律、法规明确的为实现与本次评估目的相关经济行为而需要使用本评估报告的相关当事方
被评估企业: 江山汽车配件服务有限公司
评估目的: 股权转让
评估对象: 本次资产评估对象系截至2010年10月31日江山汽车配件服务有限公司的股东全部权益价值
评估范围: 本次资产评估对象系截至2010年10月31日江山汽车配件服务有限公司

经审计后的全部资产和负债

价值类型：市场价值

评估基准日：2010年10月31日

评估方法：资产基础法和收益法

评估结论及其使用有效期：

1. 资产基础法评估结果。净资产账面值18 368 750元，调整后账面值18 368 750元，评估值18 649 550元（人民币大写：壹仟捌佰陆拾肆万玖仟伍佰伍拾元整）评估增值280 800元，评估增值率1.51%。

2. 收益法评估结果。经过收益法评估程序，估算得出江山汽车配件服务有限公司的评估价值为18 670 750元。

3. 评估结论的确定。经分析，资产基础法确定的企业价值为18 649 550元，收益法验证的企业价值为18 670 750元，两者相差21 200元，属于正常范围。结合本次评估目的为股权转让项目，同时考虑到收益法评估结果主观因素较多，评估师认为采用资产基础法的评估结果更为合理。

评估人员最后选择资产基础法评估结果18 649 550元（人民币大写：壹仟捌佰陆拾肆万玖仟伍佰伍拾元整）作为本次评估结论。

评估结果与调整后账面值的比较变动情况如下表所示。

资产评估结果汇总表

项目	账面净值 A	调整后账面净值 B	评估值 C	增减值 D=C-B	增减率 E=D/B*100%
流动资产	13 805 600	13 805 600	13 805 600		
固定资产	13 425 100	13 425 100	13 705 900	280 800	2.05
其中：管理类设备	976 000	976 000	1 256 800	280 800	22.34
递延所得税资产	8 050	8 050	8 050		
资产总计	27 238 750	27 238 750	27 519 550	280 800	1.02
流动负债	8 870 000	8 870 000	8 870 000		
非流动负债	0	0	0		
负债总计	8 870 000	8 870 000	8 870 000		
净资产总计	18 368 750	18 368 750	18 649 550	280 800	1.51

本评估结论的使用有效期为2010年10月31日至2011年10月30日。

在使用本报告时，应注意评估报告特别事项说明和使用限制。

以上内容摘自评估报告正文，欲了解本评估项目的详细情况和合理理解评估结论，应当阅读评估报告正文。

上海兴建资产评估有限公司

2010年11月30日

注：由于篇幅限制，此处省略《江山汽车配件服务有限公司股权转让项目股东全部权益价值评估报告（正文）》。

二、申江公司2010年度第四次临时股东大会决议公告

证券代码：600＊＊＊　　　　证券简称：申海公司　　　　公告编号：2010-56

申海股份有限公司
2010年度第四次临时股东大会决议公告

　　本公司及董事会全体成员保证信息披露的内容真实、准确、完整，没有虚假记载、误导性陈述或重大遗漏。

一、重要提示

本次会议召开期间没有增加、否决或变更提案。

二、会议召开的情况

1. 召开时间：2010年12月8日上午10时。
2. 召开地点：上海市黄浦区人民路4×× 号。
3. 召开方式：现场投票方式。
4. 召集人：申海股份有限公司董事会。
5. 主持人：吴江董事长。
6. 会议的召开符合《公司法》、《上市公司股东大会规则》、《上海证券交易所股票上市规则》及《公司章程》的有关规定。

三、会议的出席情况

股东（代理人）11人，代表股份1 013 000 000股，占上市公司总股份的77.92%。

公司董事、监事、高级管理人员及公司聘请的见证律师出席了本次股东大会。

四、提案审议和表决情况

与会股东（代理人）以现场记名投票方式，审议表决情况如下：

审议通过了《关于购买江山汽车配件服务有限公司15%股权的议案》；

同意1 013 000 000股，占出席会议股东有表决权总数的100%；反对0股；弃权0股。

五、律师出具的法律意见

1. 律师事务所名称：上海劳山律师事务所。
2. 律师姓名：唐德、李军。
3. 结论性意见：公司本次股东大会的召集、召开程序符合有关法律、行政法规、《上市公司股东大会规则》及《公司章程》的规定；出席本次股东大会人员的资格、本次股东大会召集人的资格合法有效；本次股东大会的表决程序及表决结果符合法律、行政法规、规章及《公司章程》的规定。

六、备查文件

与本次股东大会相关的股东大会决议、会议原始资料、董事会决议、会议通知、法律意见书等备置于公司董事会秘书办公室，供投资者及有关部门查阅。

特此公告。

申海股份有限公司董事会
2010年12月9日

三、收购江山公司 15%股权的产权交易合同

上市挂牌号：G300SH1004＊＊＊
合同编号：10051298

上海市产权交易合同

上海市工商行政管理局
上海市产权交易管理办公室　制定

本合同涉及的当事人和受托人

出让人（以下简称甲方）：上海华工股份有限公司
住所：上海市浦东区乳山路50×号　　　电话：021-6733××××
法定代表人：何文　　　　　　　　　　职务：董事长
企业类型：股份有限公司（非上市）　　邮编：200120
注册资本：4亿元
开户银行：中国建设银行浦东支行　　　账号：098271-98140155000000000××
受托经纪组织：上海华人商务咨询有限公司　电话：021-6702××××

受让人（以下简称乙方）：申海股份有限公司
住所：上海市黄浦区人民路4××号　　　电话：021-2321××××
法定代表人：吴江　　　　　　　　　　职务：董事长
企业类型：股份有限公司（上市）　　　邮编：200002
注册资本：13亿元
开户银行：上海浦东发展银行黄浦支行　账号：400132140555300××××
受托经纪组织：上海经峰商务咨询有限公司　电话：021-6398××××

根据中华人民共和国法律法规和《上海市产权交易市场管理办法》的有关规定，甲、乙双方遵循自愿、公平、诚实信用的原则订立本合同，以资共同遵守。

鉴于：

1. 江山汽车配件服务有限公司成立于2002年12月1日，注册资金为人民币1000万元，系上海华工股份有限公司出资1000万元，占注册资本100%。

2. 经评估，截至2010年10月31日，江山汽车配件服务有限公司资产合计为人民币27 519 550元，负债合计为8 870 000元，净资产为18 649 550元。

3. 本次江山汽车配件服务有限公司15%股权转让，各方当事人已被授权。

第一条　股权转让的标的

甲方将所持有的江山汽车配件服务有限公司15%股权有偿转让给乙方。

第二条　股权转让的价格

甲方将上述产权以人民币367万元（大写：叁佰陆拾柒万元整）转让给乙方。
乙方受让15%股权的价格为人民币367万元（大写：叁佰陆拾柒万元整）。

第三条　股权转让的方式

上述产权经资产评估确认后，通过上海联合产权交易所上市挂牌，采用协议转让的方式，确定受让人和转让价格，签订产权交易合同，实施产权交易。

第四条　股权转让涉及的企业职工安置

本合同不涉及此条款。

第五条　股权转让涉及的债权、债务的承继和清偿办法

本合同不涉及此条款。

第六条 股权转让中涉及的资产处置

本合同不涉及此条款。

第七条 股权转让总价款的支付方式、期限和付款条件

乙方应在产权交易合同生效之日起5个工作日内,向甲方首付总价款的50%,在完成工商变更登记当日付清余款。

第八条 股权交割事项

双方当事人应于本合同经上海联合产权交易所出具产权交易凭证之日起10日内,完成产权转让的交割。

经甲、乙双方约定,交易基准日为2010年10月31日。由交易基准日起至产权或资产转让的完成日止,期间产生的盈利或亏损及风险由乙方承接。

第九条 权证的变更

经甲、乙双方协商和共同配合,在本合同经上海联合产权交易所出具产权交易凭证之日起30日内,向有关登记机关申请办理权证变更手续。

第十条 股权转让的税收和费用

产权转让中涉及的有关税收,按照国家有关法律规定缴纳。

产权转让中涉及的有关费用,经甲、乙双方当事人共同协商约定,由双方共同承担支付。

第十一条 违约责任

甲方未能按期完成产权转让的交割,或乙方未能按期支付产权转让的总价款,每逾期1日,应按总价款的0.1%向对方支付违约金。

第十二条 争议的解决方式

甲、乙双方在履行本合同过程中若发生争议,可向上海联合产权交易所或上海市产权交易管理办公室申请调解;任何一方不愿调解或调解无效的,可向有管辖权的人民法院提起诉讼。

第十三条 合同的变更和解除

发生下列情形的,可以变更或解除合同:

1. 因情况发生变化,双方当事人经过协商同意,且不损害国家和社会公益利益的。
2. 因不可抗力因素致使本合同的全部义务不能履行的。
3. 因一方当事人在合同约定的期限内,因故没有履行合同,另一方当事人予以认可的。
4. 因本合同中约定的变更或解除合同的情况出现的。

甲、乙双方同意解除本合同,甲方应将乙方的已付款项全额返回给乙方。

本合同需变更或解除,甲、乙双方及其委托的产权经纪组织必须签订变更或解除合同的协议,并报上海联合产权交易所备案。

第十四条 甲、乙双方的承诺

1. 甲方向乙方承诺所转让的产权属真实、完整,没有隐匿下列事实:
(1) 执法机构查封资产的情形;
(2) 权益、资产担保的情形;
(3) 资产隐匿的情形;
(4) 诉讼正在进行中的情形;
(5) 影响产权真实、完整的其他事实。
2. 乙方向甲方承诺拥有完全的权利能力和行为能力进行产权受让,无欺诈行为。

3. 未经对方事先书面许可,任何一方不得泄露本合同中的内容。

第十五条　其他

上述条款若有未尽事项,由甲、乙双方协商后另行约定。

本合同由甲、乙双方及执业产权经纪人、产权经纪组织签字盖章,并经上海联合产权交易所审核盖章,出具产权交易凭证后即生效。

国家法律、法规对本合同生效另有规定的,从其规定。

"合同使用须知"和本合同所必备的附件,与本合同具有同等的法律效力。

本合同一式柒份,甲、乙双方各执壹份,产权标的方执壹份,产权经纪组织各执壹份,上海联合产权交易所执壹份,上海市工商行政管理部门执壹份。

（以下无正文）

附件:

标的企业:营业执照、税务登记证、机构代码证、章程、验资报告、股东会决议、审计报告、资产评估报告及备案表。

出让人:营业执照、税务登记证、机构代码证、章程、股东会决议、批准文件、转让提示、法律意见书。

受让人:营业执照、税务登记证、机构代码证、章程、股东会决议、资产负债表。

出让人(甲方)：上海华工股份有限公司　　　**受让人(乙方)**：申海股份有限公司
(盖章)　　　　　　　　　　　　　　　　　　**(盖章)**

 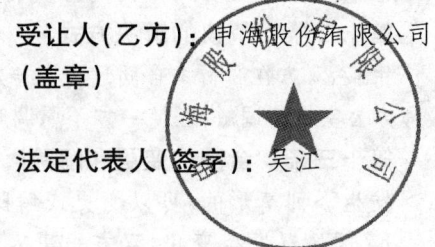

法定代表人(签字)：何文　　　　　　　　　　**法定代表人(签字)**：吴江

执业经纪人(签字)：谷志琦　　　　　　　　　**执业经纪人(签字)**：劳务物

产权经纪组织(盖章)：　　　　　　　　　　　**产权经纪组织(盖章)**：
　　上海华人商务咨询有限公司　　　　　　　　　　上海经峰商务咨询有限公司

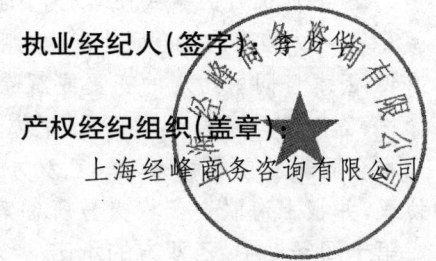

签约地点：上海市黄浦区人民路4×××号

签约时间：2010年12月20日

上海联合产权交易所(交易合同审核章)
2011年1月4日

四、收购江山公司 15% 股权的产权交易凭证

上海联合产权交易所
Shanghai united assets and equity exchange

产权交易凭证（A 类）
Transaction certificate (Type A)
（2010 版）(2010. version)

NO. 0008＊＊＊

本凭证内容以产权交易各方主体提供的、并经受托机构核实的有关主体资格、产权归属、机构决策或批准等文件均系真实、合法为前提条件，予以如实、客观记载。

Information contained in this certificate is simply an objective record of and on the base of the fact that all the documents regarding eligibility, proprietary rights, decisions or approvals provided by the parties and verified by their agencies are true, legitimate and valid.

上海国家税务局 上海地方税务局 监制
Under the supervision of Shanghai National tax Bureau Under the supervision of Shanghai tax Bureau

第三联 出让方留存
The Third Copy Kept by Seller

项目编号 Contract No.	G300SH1104＊＊＊	签约日期 Conclusion date	2010 年 12 月 20 日
转让产权内容 Property rights to be transferred	江山汽车配件服务有限公司 15％股权		
出让方 Seller	上海华工股份有限公司	受让方 Buyer	申海股份有限公司
受托机构 Agency	上海联合产权交易所	受托机构 Agency	上海联合产权交易所
转让产权于交易基准日相关指标： Financials as on year month date		资产总额 Total assets：	2 752 万元 ten thousand yuan
负债总额 Total liabilities：	887 万元 ten thousand yuan	所有者权益 Equity：	1 865 万元 ten thousand yuan
转让价格 Transfer price	**367 万元**（叁佰陆拾柒万元整）		
支付方式 Mode of Payment	转让价款分期付款　场内结算		
交易机构 审核结论 SUAEE opinion	依据有关法律法规及相关规定，经审核，各方交易主体行使本次产权交易的行为符合交易的程序性规定，特出具产权交易凭证。 According to the relevant laws and regulations, upon reviewing, the whole process of the transaction is in compliance with the procedural requirements and hereby this Transaction Certificate is issued. 上海联合产权交易所 Shanghai United Assets and Equity Exchange 2011 年 1 月 4 日 Date		
备注 Notes			

制单： 方飞（受理部）　　　　　　　　　复核： 李立（受理部）
Prepared by：　　　　　　　　　　　　　Proof Reading：
地址：上海市广东路 689 号三楼　邮编：200001　　电话：(8621)63410000
Address：Floor 3, 689 Guangdong Road, Shanghai 200001　Tel(8621)63410000

制单日期：**2011 年 1 月 4 日**

第五部分 申海公司编制合并财务报表的基础资料

一、申海公司股权投资备查登记簿

1. 申海公司持有申江公司股权登记簿如表 3-1 所示。

表 3-1 申海公司持有申江公司股权登记簿　　　　　　　　　　　　（单位：元）

初始投资成本：320 000 000 元　　　　　　　　　　　　　　初始取得股权方式：新设

股权变动日	股权变动比例	变动后持股	投资成本	变动日净资产账面价值	变动日申江公司净资产公允价值	公允价值与账面价值的差额
2006/06/30	80%	80%	320 000 000	400 000 000	400 000 000	0

自取得投资后申江公司净资产具体变动情况：

所属期间	实现净利润	利润分配	其他变动
2006/06/30～2009/12/31	72 600 000	20 000 000	0
2010/01/01～2010/12/31	20 115 000	0	0
2011/01/01～2011/12/31	18 120 000	0	0

2. 申海公司收购江山公司股权登记簿如表 3-2 和表 3-3 所示。

表 3-2 申海公司收购江山公司股权登记簿（第 1 页）　　　　　（单位：元）

购买日：2010 年 3 月 30 日　　购买价：1 045 万元　　本次交易后累计持股：60%

项目	本次购买的股权比例	购买日账面价值	购买日公允价值	公允价值与账面价值的差额	剩余使用年限	合并后折旧起讫期	公允价值增值调整折旧额
被投资方 ——江山公司	60%						
流动资产		16 105 000	16 105 000				
非流动资产		7 925 000	8 237 000				
其中：固定资产 ——车辆管理系统		960 000	1 272 000	312 000	5	2010/04～2015/03	62 400（年） 5 200（月）
资产总计		24 030 000	24 342 000				
流动负债		8 980 000	8 980 000				
非流动负债							
负债总计		8 980 000	8 980 000				
股本		10 000 000	10 000 000				
资本公积			312 000	312 000			
盈余公积		505 000	505 000				

(续表)

项目	本次购买的股权比例	购买日账面价值	购买日公允价值	公允价值与账面价值的差额	剩余使用年限	合并后折旧起讫期	公允价值增值调整折旧额
未分配利润		4 545 000	4 545 000				
股东权益总计		15 050 000	15 362 000				
负债和股东权益总计		24 030 000	24 342 000				

表3-3 申海公司收购江山公司股权登记簿(第2页) (单位:元)

购买少数股权日:2011年1月4日　　　　购买价:367万元　　　　本次交易后累计持股:75%

项目	本次购买股权	购买股权日账面价值	自购买日持续计算的股权公允价值	公允价值与账面价值的差额	剩余使用年限	折旧起讫期	公允价值增值调整折旧额
被投资方 ——江山公司	15%						
流动资产		14 029 550	14 029 550				
非流动资产		13 225 750	13 490 950				
其中:固定资产 ——车辆管理系统		816 000	1 081 200	265 200	4.25	2011/02～2015/03	62 400(年) 5 200(月)
资产总计		27 255 300	27 520 500				
流动负债		7 750 300	7 750 300				
非流动负债		0	0				
负债总计		7 750 300	7 750 300				
股本		10 000 000	10 000 000				
资本公积			265 200	265 200			
盈余公积		1 220 500	1 220 500				
未分配利润		8 284 500	8 284 500				
股东权益总计		19 505 000	19 770 200				
负债和股东权益总计		27 255 300	27 520 500				

二、合并财务报表范围内部交易及往来明细表

2011年申海集团内部交易明细表如表3-4所示。

表3-4　2011年申海集团内部交易明细表　　(单位:元)

时间	提供单位	收入类别	结算方式	业务类型	营业收入	营业成本	接受单位	购入用途	预计剩余使用年限	折旧方法	残值率
2011/03	江山公司	主营业务	支票	轿车销售	1 500 000	700 000	申江公司	作为营运车辆(固定资产)	8年	直线法	4%

注:仅在2011年发生内部交易。

三、江山公司、申江公司及申海公司的个别财务报表

本实验项目不要求编制现金流量表,因此所提供的江山公司、申江公司及申海公司各公司的个别财务报表不包括现金流量表。

（一）江山公司个别财务报表

1. 江山公司 2011 年 12 月 31 日资产负债表如表 3-5 所示。

表 3-5　江山公司 2011 年 12 月 31 日资产负债表　　　（单位：元）

资产	期末数	年初数	负债和股东权益	期末数	年初数
流动资产：			流动负债：		
货币资金	9 229 620	2 330 760	短期借款	0	2 600 000
交易性金融资产	0	0	应付票据	0	0
应收票据	0	0	应付账款	144 700	704 500
应收账款	766 300	581 290	预收款项	4 382 500	3 748 800
预付款项	2 350 800	1 835 800	应付职工薪酬	389 800	424 500
应收利息	0	0	应交税费	788 670	200 700
应收股利	0	0	应付利息	0	0
其他应收款	10 700	27 800	应付股利	0	0
存货	9 878 300	9 253 900	其他应付款	99 900	71 800
一年内到期的非流动资产	0	0	一年内到期的非流动负债	0	0
其他流动资产	0	0	其他流动负债		
流动资产合计	22 235 720	14 029 550	流动负债合计	5 805 570	7 750 300
非流动资产：			非流动负债：		
可供出售金融资产	0	0	长期借款	0	0
持有至到期投资	0	0	应付债券	0	0
长期应收款	0	0	长期应付款	0	0
长期股权投资	0	0	专项应付款	0	0
投资性房地产	0	0	预计负债		
固定资产	12 359 600	13 192 000	递延所得税负债	0	0
在建工程	0	0	其他非流动负债	0	0
工程物资	0	0	非流动负债合计		
固定资产清理	0	0	负债合计	5 805 570	7 750 300
无形资产	0	0	股东权益：		
开发支出	0	0	股本	10 000 000	10 000 000
商誉	0	0	资本公积	0	0

(续表)

资　　产	期末数	年初数	负债和股东权益	期末数	年初数
长期待摊费用	0	0	减：库存股	0	0
递延所得税资产	45 250	33 750	盈余公积	2 153 500	1 220 500
其他非流动资产	0	0	未分配利润	16 681 500	8 284 500
非流动资产合计	12 404 850	13 225 750	股东权益合计	28 835 000	19 505 000
资产总计	34 640 570	27 255 300	负债和股东权益总计	34 640 570	27 255 300

2. 江山公司 2011 年度利润表如表 3-6 所示。

表 3-6　江山公司 2011 年度利润表　　　　　　　　　　（单位：元）

项　　目	本期金额	上期金额（3~12月）
一、营业收入	188 669 700	145 774 600
减：营业成本	169 033 600	130 172 400
营业税金及附加	105 000	103 600
销售费用	5 017 600	4 508 400
管理费用	2 135 300	1 707 200
财务费用	133 600	100 200
资产减值损失	46 000	35 000
加：公允价值变动收益（损失以"一"号填列）	0	0
投资收益（损失以"一"号填列）	0	0
其中：对联营企业和合营企业的投资收益	0	0
汇兑收益（损失以"一"号填列）	0	0
二、营业利润（亏损以"一"号填列）	12 198 600	9 147 800
加：营业外收入	241 400	466 700
减：营业外支出	0	74 500
其中：非流动资产处置损失	0	74 500
三、利润总额（亏损总额以"一"号填列）	12 440 000	9 540 000
减：所得税费用	3 110 000	2 385 000
四、净利润（净亏损以"一"号填列）	9 330 000	7 155 000
五、每股收益		
（一）基本每股收益		
（二）稀释每股收益		
六、其他综合收益	0	0
七、综合收益总额	9 330 000	7 155 000

3. 江山公司2011年度所有者权益变动表如表3-7所示。

表3-7 江山公司2011年度所有者权益变动表

(单位:元)

项目	本期金额								上期金额(3~12月)							
	实收资本(或股本)	资本公积	减:库存股	专项储备	盈余公积	一般风险准备	未分配利润	所有者权益合计	实收资本(或股本)	资本公积	减:库存股	专项储备	盈余公积	一般风险准备	未分配利润	所有者权益合计
一、上年末余额	10 000 000	0	0	0	1 220 500	0	8 284 500	19 505 000	10 000 000	0	0	0	505 000	0	4 545 000	15 050 000
加:会计政策变更								0								
前期差错更正								0								
其他								0								
二、本年年初余额	10 000 000	0	0	0	1 220 500	0	8 284 500	19 505 000	10 000 000	0	0	0	505 000	0	4 545 000	15 050 000
三、本期增减变动金额(减少以"-"号填列)	0	0	0	0	933 000	0	8 397 000	9 330 000	0	0	0	0	715 500	0	3 739 500	4 455 000
(一)净利润							9 330 000	9 330 000							7 155 000	7 155 000
(二)其他综合收益								0								0
上述(一)和(二)小计	0	0	0	0	0	0	9 330 000	9 330 000							7 155 000	7 155 000
(三)所有者投入和减少资本								0								
1. 所有者投入资本								0								
2. 股份支付计入所有者权益的金额								0								
3. 其他								0								
(四)利润分配				933 000		-933 000		0					715 500		-3 415 500	-2 700 000
1. 提取盈余公积				933 000		-933 000		0					715 500		-715 500	0
2. 提取一般风险准备								0								
3. 对所有者(或股东)的分配								0							-2 700 000	-2 700 000
4. 其他								0								
(五)所有者权益内部结转								0								
1. 资本公积转增资本(或股本)								0								
2. 盈余公积转增资本(或股本)								0								
3. 盈余公积弥补亏损								0								
4. 其他								0								
(六)专项储备								0								
(七)其他								0								
四、本期期末余额	10 000 000	0	0	0	2 153 500	0	16 681 500	28 835 000	10 000 000	0	0	0	1 220 500	0	8 284 500	19 505 000

(二) 申江公司个别财务报表

1. 申江公司 2011 年 12 月 31 日资产负债表如表 3-8 所示。

表 3-8　申江公司 2011 年 12 月 31 日资产负债表　（单位：元）

资产	期末数	年初数	负债和股东权益	期末数	年初数
流动资产：			流动负债：		
货币资金	18 389 900	45 388 950	短期借款	209 000 000	237 000 000
交易性金融资产	0	0	应付票据	0	0
应收票据	0	0	应付账款	1 760 000	11 159 000
应收账款	9 163 300	7 581 900	预收款项	16 329 000	16 457 000
预付款项	24 308 500	35 466 900	应付职工薪酬	1 437 900	940 000
应收利息	0	0	应交税费	510 500	958 000
应收股利	0	0	应付利息	0	0
其他应收款	495 800	307 400	应付股利	0	0
存货	182 700	1 004 700	其他应付款	405 000	98 000
一年内到期的非流动资产	0	0	一年内到期的非流动负债	0	5 000 000
其他流动资产	0	0	其他流动负债	0	0
流动资产合计	52 540 200	89 749 850	流动负债合计	229 442 400	271 612 000
非流动资产：			非流动负债：		
可供出售金融资产	0	0	长期借款	50 000 000	0
持有至到期投资	0	0	应付债券	0	0
长期应收款	0	0	长期应付款	0	0
长期股权投资	14 120 000	10 450 000	专项应付款	0	0
投资性房地产	0	0	预计负债	0	0
固定资产	139 637 550	112 193 600	递延所得税负债	0	0
在建工程	165 000	274 400	其他非流动负债	0	0
工程物资	0	0	非流动负债合计	50 000 000	0
固定资产清理	0	0	负债合计	279 442 400	271 612 000
无形资产	563 368 900	531 362 400	股东权益：		
开发支出	0	0	股本	400 000 000	400 000 000
商誉	0	0	资本公积	0	0
长期待摊费用	0	0	减：库存股	0	0
递延所得税资产	445 750	296 750	盈余公积	11 083 500	9 271 500
其他非流动资产	0	0	未分配利润	79 751 500	63 443 500
非流动资产合计	717 737 200	654 577 150	股东权益合计	490 835 000	472 715 000
资产总计	770 277 400	744 327 000	负债和股东权益总计	770 277 400	744 327 000

2. 申江公司 2011 年度利润表如表 3-9 所示。

表 3-9　申江公司 2011 年度利润表　　　　　　　　　　（单位：元）

项　　目	本 期 金 额	上 期 金 额
一、营业收入	194 394 000	185 091 000
减：营业成本	122 571 000	118 909 000
营业税金及附加	5 118 000	4 692 000
销售费用	0	0
管理费用	40 519 000	41 278 000
财务费用	16 471 000	14 075 000
资产减值损失	596 000	787 000
加：公允价值变动收益（损失以"－"号填列）	0	0
投资收益（损失以"－"号填列）	0	1 620 000
其中：对联营企业和合营企业的投资收益	0	0
汇兑收益（损失以"－"号填列）	0	0
二、营业利润（亏损以"－"号填列）	9 119 000	6 970 000
加：营业外收入	15 045 000	19 914 000
减：营业外支出	4 000	64 000
其中：非流动资产处置损失	4 000	64 000
三、利润总额（亏损总额以"－"号填列）	24 160 000	26 820 000
减：所得税费用	6 040 000	6 705 000
四、净利润（净亏损以"－"号填列）	18 120 000	20 115 000
五、每股收益		
（一）基本每股收益		
（二）稀释每股收益		
六、其他综合收益	0	0
七、综合收益总额	18 120 000	20 115 000

3. 申江公司 2011 年度所有者权益变动表如表 3-10 所示。

表 3-10 申江公司 2011 年度所有者权益变动表

(单位：元)

项目	本期金额								上年同期金额							
	实收资本(或股本)	资本公积	减:库存股	专项储备	盈余公积	一般风险准备	未分配利润	所有者权益合计	实收资本(或股本)	资本公积	减:库存股	专项储备	盈余公积	一般风险准备	未分配利润	所有者权益合计
一、上年末余额	400 000 000	0	0	0	9 271 500	0	63 443 500	472 715 000					7 260 000	0	45 340 000	452 600 000
加：会计政策变更								0								
前期差错更正								0								
其他								0								
二、本年年初余额	400 000 000	0	0	0	9 271 500	0	63 443 500	472 715 000					7 260 000	0	45 340 000	452 600 000
三、本期增减变动金额(减少以"-"号填列)	0	0	0	0	1 812 000	0	16 308 000	18 120 000					2 011 500	0	18 103 500	20 115 000
(一) 净利润							18 120 000	18 120 000							20 115 000	20 115 000
(二) 其他综合收益								0								
上述(一)和(二)小计							18 120 000	18 120 000							20 115 000	20 115 000
(三) 所有者投入和减少资本								0								
1. 所有者投入资本								0								
2. 股份支付计入所有者权益的金额								0								
3. 其他								0								
(四) 利润分配					1 812 000		-2 011 500	0					2 011 500		-2 011 500	0
1. 提取盈余公积					1 812 000		-1 812 000	0					2 011 500		-2 011 500	0
2. 提取一般风险准备								0								
3. 对所有者(或股东)的分配								0								
4. 其他								0								
(五) 所有者权益内部结转								0								
1. 资本公积转增资本(或股本)								0								
2. 盈余公积转增资本(或股本)								0								
3. 盈余公积弥补亏损								0								
4. 其他								0								
(六) 专项储备								0								
(七) 其他								0								
四、本期末余额	400 000 000	0	0	0	11 083 500	0	79 751 500	490 835 000	400 000 000				9 271 500	0	63 443 500	472 715 000

(三)申海公司个别财务报表

1. 申海公司2011年12月31日资产负债表如表3-11所示。

表3-11 申海公司2011年12月31日资产负债表 (单位:元)

资产	期末数	年初数	负债和股东权益	期末数	年初数
流动资产:			流动负债:		
货币资金	854 723 540	729 384 805	短期借款	935 000 000	633 000 000
交易性金融资产	0	0	应付票据	0	0
应收票据	0	0	应付账款	11 077 020	3 795 040
应收账款	9 163 300	7 581 900	预收款项	10 265 730	26 618 030
预付款项	39 666 000	51 328 000	应付职工薪酬	15 796 780	16 168 910
应收利息	0	0	应交税费	13 859 950	18 140 450
应收股利	0	0	应付利息	1 695 790	846 640
其他应收款	4 025 000	6 084 000	应付股利	0	0
存货	6 256 500	5 717 100	其他应付款	402 470	523 710
一年内到期的非流动资产	0	0	一年内到期的非流动负债	0	0
其他流动资产	0	0	其他流动负债		
流动资产合计	913 834 340	800 095 805	流动负债合计	988 097 740	699 092 780
非流动资产:			非流动负债:		
可供出售金融资产	50 090 000	43 590 000	长期借款	0	0
持有至到期投资	0	0	应付债券	0	0
长期应收款	0	0	长期应付款	0	0
长期股权投资	320 000 000	320 000 000	专项应付款	0	0
投资性房地产	0	0	预计负债	0	0
固定资产	877 639 000	885 151 000	递延所得税负债	4 095 000	2 470 000
在建工程	60 299 000	49 181 000	其他非流动负债	0	0
工程物资	0	0	非流动负债合计	4 095 000	2 470 000
固定资产清理	0	0	负债合计	992 192 740	701 562 780
无形资产	1 431 364 000	1 326 997 000	股东权益:		
开发支出	0	0	股本	1 300 000 000	1 300 000 000
商誉	0	0	资本公积	494 875 000	490 000 000
长期待摊费用	0	0	减:库存股	0	0
递延所得税资产	358 650	218 725	盈余公积	618 281 725	612 997 075
其他非流动资产	0	0	未分配利润	248 235 525	320 673 675
非流动资产合计	2 739 750 650	2 625 137 725	股东权益合计	2 661 392 250	2 723 670 750
资产总计	3 653 584 990	3 425 233 530	负债和股东权益总计	3 653 584 990	3 425 233 530

2. 申海公司 2011 年度利润表如表 3-12 所示。

表 3-12 申海公司 2011 年度利润表 （单位：元）

项　　目	本期金额	上期金额
一、营业收入	539 758 000	493 152 000
减：营业成本	401 009 000	366 854 000
营业税金及附加	15 900 600	14 655 300
销售费用	1 731 700	2 484 100
管理费用	50 968 800	43 502 900
财务费用	55 269 800	36 211 500
资产减值损失	559 700	474 900
加：公允价值变动收益（损失以"-"号填列）	0	0
投资收益（损失以"-"号填列）	0	0
其中：对联营企业和合营企业的投资收益	0	0
汇兑收益（损失以"-"号填列）	0	0
二、营业利润（亏损以"-"号填列）	14 318 400	28 969 300
加：营业外收入	71 866 300	50 954 800
减：营业外支出	15 722 700	16 763 100
其中：非流动资产处置损失	15 722 700	16 763 100
三、利润总额（亏损总额以"-"号填列）	70 462 000	63 161 000
减：所得税费用	17 615 500	15 790 250
四、净利润（净亏损以"-"号填列）	52 846 500	47 370 750
五、每股收益		
（一）基本每股收益		
（二）稀释每股收益		
六、其他综合收益	4 875 000	7 410 000
七、综合收益总额	57 721 500	54 780 750

3. 申海公司2011年度所有者权益变动表如表3-13所示。

表3-13 申海公司2011年度所有者权益变动表

(单位：元)

项目	本期金额							上年同期金额						
	实收资本(或股本)	资本公积	减：库存股	专项储备	盈余公积	一般风险准备	未分配利润	所有者权益合计	实收资本(或股本)	资本公积	减：库存股	专项储备	盈余公积	一般风险准备	未分配利润	所有者权益合计
一、上年年末余额	1 300 000 000	490 000 000	0	0	612 997 075	0	320 673 675	2 723 670 750	1 300 000 000	482 590 000			608 260 000		428 040 000	2 818 890 000
加：会计政策变更								0								
前期差错更正								0								
其他								0								
二、本年年初余额	1 300 000 000	490 000 000	0	0	612 997 075	0	320 673 675	2 723 670 750	1 300 000 000	482 590 000			608 260 000	0	428 040 000	2 818 890 000
三、本期增减变动金额(减少以"-"号填列)	0	4 875 000			5 284 650		-72 438 150	-62 278 500	0	7 410 000			4 737 075	0	-107 366 325	-95 219 250
(一)净利润							52 846 500	52 846 500							47 370 750	47 370 750
(二)其他综合收益		4 875 000						4 875 000		7 410 000						7 410 000
上述(一)和(二)小计		4 875 000					52 846 500	57 721 500		7 410 000			0		47 370 750	54 780 750
(三)所有者投入和减少资本								0								
1. 所有者投入资本								0								
2. 股份支付计入所有者权益的金额								0								
3. 其他								0								
(四)利润分配							-125 284 650	-120 000 000					4 737 075		-154 737 075	-150 000 000
1. 提取盈余公积					5 284 650		-5 284 650	0					4 737 075		-4 737 075	0
2. 提取一般风险准备								0								
3. 对所有者(或股东)的分配							-120 000 000	-120 000 000							-150 000 000	-150 000 000
4. 其他								0								
(五)所有者权益内部结转								0								
1. 资本公积转增资本(或股本)								0								
2. 盈余公积转增资本或股本								0								
3. 盈余公积弥补亏损								0								
4. 其他								0								
(六)专项储备								0								
(七)其他								0								
四、本期期末余额	1 300 000 000	494 875 000	0	0	618 281 725	0	248 235 525	2 661 392 250	1 300 000 000	490 000 000			612 997 075	0	320 673 675	2 723 670 750

第六部分　实　验　要　求

一、采用层层合并法需完成的工作底稿和合并财务报表(资产负债表、利润表和所有者权益变动表)

（一）层层合并法下申江公司合并工作底稿
1. 调整分录表（分别对江山、申江各公司个别财务报表调整）。
2. 内部抵销分录表。
3. 本年度少数股东损益和少数股东权益调整计算表。
4. 本年度合并工作底稿（资产负债表、利润表和所有者权益变动表项目）。

（二）层层合并法下申江公司合并财务报表（本项实验只要求填列2011年金额）
1. 申江公司2011年12月31日合并资产负债表。
2. 申江公司2011年度合并利润表。
3. 申江公司2011年度合并所有者权益变动表。

（三）层层合并法下申海公司合并工作底稿
1. 调整分录表（对申海公司个别财务报表调整）。
2. 内部抵销分录表。
3. 本年度少数股东损益和少数股东权益调整计算表。
4. 本年度合并工作底稿（资产负债表、利润表和所有者权益变动表项目）。

（四）层层合并法下申海公司合并财务报表（本项实验只要求填列2011年金额）
1. 申海公司2011年12月31日合并资产负债表。
2. 申海公司2011年度合并利润表。
3. 申海公司2011年度合并所有者权益变动表。

二、采用一次合并法需完成的工作底稿和合并财务报表(资产负债表、利润表和所有者权益变动表)

（一）一次合并法下申海公司合并工作底稿
1. 调整分录表（分别对江山、申江、申海各公司个别财务报表调整）。
2. 内部抵销分录表。
3. 本年度少数股东损益和少数股东权益调整计算表。
4. 本年度合并工作底稿（资产负债表、利润表和所有者权益变动表项目）。

（二）一次合并法下申海公司合并财务报表（本项实验只要求填列2011年金额）
1. 申海公司2011年12月31日合并资产负债表。
2. 申海公司2011年度合并利润表。
3. 申海公司2011年度合并所有者权益变动表。

第七部分　案　例　思　考　题

1. 比较本案例采用层层合并法与一次合并法的合并结果，是否存在差异？若存在，分析产生差异的原因。

2. 申江公司发生收购少数股权的交易，比较本案例采用层层合并法与一次合并法编制合并财务报表的结果，是否存在差异？为什么？

3. 试从内部交易类型和未实现损益分析方法的角度，分析采用层层合并法与一次合并法编制合并财务报表可能产生差异的原因。

4. 江山公司向申江公司出售轿车产生的未实现损益 800 000 元，如果不在"归属于母公司股东的净利润"与"少数股东损益"之间拆分，即在层层合并法下由申江公司承担，在一次合并法下由申海公司承担，比较本案例采用层层合并法与一次合并法的合并结果，是否存在差异？为什么？

5. 试分析还有哪些经济业务或事项的发生，会导致采用层层合并法与一次合并法的合并结果可能产生差异及其原因。

6. 针对本案例中采用层层合并法与采用一次合并法可能产生的差异，说明避免差异的具体方法。

7. 如果请你作出选择，对于本案例合并财务报表的编制，你会选择采用层层合并法还是一次合并法？请说明你作出选择的理由，并分析两者的适用性。

8. 通过本案例的实验，你有哪些收获？

实验四
分步实现企业合并及其合并财务报表

第一部分 实验目的

1. 熟悉通过多次交易分步实现的非同一控制下企业合并交易的有关原始凭证,熟悉编制合并财务报表的基础资料。
2. 掌握通过多次交易分步实现的非同一控制下企业合并交易中对被合并方资产、负债的计量基础。
3. 掌握编制合并财务报表的基本方法,掌握实务中工作底稿的编制与运用。

第二部分 教学内容提要

对于分步实现的企业合并,应当区分个别财务报表与合并财务报表进行相关会计处理。

▶▶ 一、分步实现企业合并在个别财务报表层面的处理

在个别财务报表层面,对于购买日之前所持被购买方的股权投资,购买日之前仍按原核算方法进行核算。如根据持有该项投资的目的原列入其他项目列报的,则应在购买日重分类至"长期股权投资"项目。

购买日该项投资的初始投资成本,应当以购买日之前所持被购买方的股权投资的账面价值与购买日新增投资成本之和确定。与购买日之前持有的被购买方的股权相关的其他综合收益,在购买日不作处理,而应当在处置该项投资时转入投资收益。

购买日后,应对该项股权投资采用成本法核算。

▶▶ 二、分步实现企业合并在合并财务报表层面的处理

在合并财务报表层面,对于购买日之前持有的被购买方的股权,视同新购资产,应当按照该股权在购买日的公允价值进行重新计量,公允价值与其账面价值的差额计入购买日当期的投资收益。

购买日之前所持股权的购买日公允价值与购买日新增投资成本之和,在购买日如大于享有被收购方可辨认净资产公允价值份额的,其差额确认为商誉;如小于享有被收购方可辨认净资产公允价值份额的,应对合并中取得的各项可辨认资产、负债的公允价值、作为合并对价的非现金资产或发行的权益性证券等的公允价值进行复核,复核结果表明所确定的各项可辨认资产、负债的公允价值及企业合并成本是恰当的,应将该差额确认为购买日当期的营业外

收入。

与购买日之前持有的被购买方的股权相关的其他综合收益,应当转为购买日所属当期投资收益。

第三部分 案例公司概况

一、申光集团经营范围

以申光股份有限公司(以下简称申光股份)为母公司的企业集团(以下简称申光集团)是一家以各类印刷、包装机械设备及配件制造为主的生产型企业集团。

申光股份经营范围:各类印刷、包装机械设备及备品配件的生产、销售。

启明机械有限公司(以下简称启明机械)经营范围:设计、生产、修理装订机械、包装机械、印刷机械及其他机械和有关备品配件。

二、申光集团有关企业合并事项

2011年8月31日,申光股份以支付银行存款8 000万元从非关联方购入启明机械46%股权,对其实施控制,通过产权交易所完成该项产权转让交割程序,并于同日完成工商变更登记。截至2011年8月31日,启明机械可辨认净资产的账面价值为9 667.10万元,交易双方以《启明机械有限公司股权转让项目股东全部权益价值评估报告》为基础确定的启明机械可辨认净资产的公允价值为15 567.10万元(详见申光股份收购启明机械股权登记簿)。

三、申光集团的股权投资关系

1. 截至2010年12月31日申光股份的股权投资关系。

截至2010年12月31日,申光股份持有启明机械49%的表决权股份,对其具有重大影响,申光股份的股权投资关系如图4-1所示。

图4-1 截至2010年12月31日　　图4-2 截至2011年12月31日
　　申光股份股权投资关系　　　　　　申光股份股权投资关系

2. 截至2011年12月31日申光股份的股权投资关系。

截至2011年12月31日,申光股份持有启明机械95%的表决权股份,对其拥有控制权,申光股份股权投资关系如图4-2所示。

四、申光集团相关会计政策和会计估计(部分)

(一)申光集团有关长期股权投资的会计政策

1. 初始投资成本的确定。购买股权未构成企业合并的,按照实际支付的购买价款、所发行权益性证券的公允价值或投资合同、协议约定的价值作为初始投资成本,通过非货币性资产交换和债务重组取得的长期股权投资,其初始投资成本分别按照《企业会计准则第7号——非货币性资产交换》和《企业会计准则第12号——债务重组》的规范确定。

2. 后续计量方法的适用范围。

(1) 对于联营企业及合营企业的投资采用权益法核算。

(2) 对子公司的投资以及对不具有共同控制或重大影响,并且在活跃市场中没有报价、公允价值不能可靠计量的长期股权投资,采用成本法核算。

(二) 申光集团有关企业合并的会计政策

非同一控制下企业合并,合并成本包括付出的资产、发生或承担的负债、发行的权益性证券的公允价值之和。

在购买日对合并成本进行分配,确认所取得的被购买方各项可辨认资产、负债及或有负债的公允价值。

对合并成本大于合并中取得的被购买方可辨认净资产公允价值份额的差额,确认为商誉;合并成本小于合并中取得的被购买方可辨认净资产公允价值份额的差额,经复核后,计入当期损益。

通过多次交易分步实现的非同一控制下企业合并:

在个别财务报表中,应当以购买日之前所持被购买方的股权投资的账面价值与购买日新增投资成本之和,作为该项投资的初始投资成本;购买日之前持有的被购买方的股权涉及其他综合收益的,应当在处置该项投资时将与其相关的其他综合收益转入当期投资收益。

在合并财务报表中,对于购买日之前持有的被购买方的股权,应当按照该股权在购买日的公允价值进行重新计量,公允价值与其账面价值的差额计入当期投资收益;购买日之前持有的被购买方的股权涉及其他综合收益的,与其相关的其他综合收益应当转为购买日所属当期投资收益。购买方应当在附注中披露其在购买日之前持有的被购买方的股权在购买日的公允价值、按照公允价值重新计量产生的相关利得或损失的金额。

(三) 申光集团有关编制合并财务报表的会计政策

1. 以控制为标准确定合并财务报表的合并范围。

2. 按权益法调整母公司个别财务报表时考虑内部未实现损益及其所得税影响。

五、申光集团的所得税税率

申光股份和启明机械的所得税税率均为25%。假设未来期间各公司均有足够的应纳税所得额可供暂时性差异抵扣。

六、申光集团的利润分配

申光股份在年末按当年实现净利润的10%提取法定盈余公积;启明机械的法定盈余公积累计额已达到注册资本的50%,不再提取。

第四部分 申光股份企业合并(收购启明机械46%股权)的原始凭证

申光股份收购启明机械46%股权的原始凭证主要包括:启明机械股权转让项目股东全部权益价值评估报告、申光股份2011年度第三次临时股东大会决议公告、收购启明机械46%股权的股权转让合同等。

一、启明机械股权转让项目股东全部权益价值评估报告

启明机械有限公司股权转让项目
股东全部权益价值评估报告
信中资评报字(2011)第 026 号

摘 要

以下内容摘自本评估报告书正文,欲了解本评估项目的详细情况和合理理解评估结论,应认真阅读本评估报告书正文。

项目名称: 启明机械股东全部权益价值评估报告
委托方: 启星投资有限公司
委托方以外的其他评估报告使用者: 除委托方之外,国家法律、法规明确的为实现与本次评估目的相关经济行为而需要使用本评估报告的相关当事方
被评估企业: 启明机械有限公司
评估目的: 股权转让
评估对象: 本次资产评估对象系截至 2011 年 3 月 31 日启明机械的股东全部权益价值
评估范围: 本次资产评估对象系截至 2011 年 3 月 31 日启明机械经审计后的全部资产和负债
价值类型: 市场价值
评估基准日: 2011 年 3 月 31 日
评估方法: 资产基础法和收益法
评估结论及其使用有效期:

1. 资产基础法评估结果。净资产账面值 95 117 000 元,调整后账面值 95 117 000 元,评估值 155 117 000 元(人民币大写:壹亿伍仟伍佰壹拾壹万柒仟元整),评估增值 60 000 000 元,评估增值率 63.08%。

评估结果与调整后账面值的比较变动情况如下表所示。

资产评估结果汇总表

项 目	账面净值	调整后账面净值	评估值	增减值	增减率
	A	B	C	D=C−B	E=D/B*100%
流动资产	102 199 000	102 199 000	102 199 000		
非流动资产	33 570 000	33 570 000	93 570 000	60 000 000	178.73
其中:投资性房地产	12 955 000	12 955 000	72 955 000	60 000 000	463.14
资产总计	135 769 000	135 769 000	195 769 000		
流动负债	39 652 000	39 652 000	39 652 000		
非流动负债	1 000 000	1 000 000	1 000 000		
负债总计	40 652 000	40 652 000	40 652 000		
净资产总计	95 117 000	95 117 000	155 117 000	60 000 000	63.08

2. 收益法评估结果。经过收益法评估程序，估算得出启明机械的评估价值为 173 913 000 元。

3. 评估结论的确定。经分析，资产基础法确定的企业价值为 155 117 000 元，收益法评估的企业价值为 173 913 000 元，两者相差 18 796 000 元，属于正常范围。结合本次评估目的为股权转让项目，评估师认为采用收益法的评估结果更为合理。

评估人员最后选择收益法评估结果 173 913 000 元（人民币大写：壹亿柒仟叁佰玖拾壹万叁仟元整）作为本次评估结论。

本评估结论的使用有效期为 2011 年 3 月 31 日至 2012 年 3 月 30 日。

在使用本报告时，应注意评估报告特别事项说明和使用限制。

以上内容摘自评估报告正文，欲了解本评估项目的详细情况和合理理解评估结论，应当阅读评估报告正文。

上海信中资产评估有限公司
2011 年 4 月 25 日

注：由于篇幅限制，此处省略《启明机械股权转让项目股东全部权益价值评估报告（正文）》。

二、申光股份 2011 年度第三次临时股东大会决议公告

申光股份有限公司
2011 年度第三次临时股东大会决议公告

本公司及董事会全体成员保证信息披露的内容真实、准确、完整，没有虚假记载、误导性陈述或重大遗漏。

一、重要提示

本次会议召开期间没有增加、否决或变更提案。

二、会议召开的情况

1. 召开时间：2011 年 4 月 29 日上午 10 时。
2. 召开地点：上海市浦东区滨江大道 50××号。
3. 召开方式：现场投票方式。
4. 召集人：申光股份有限公司董事会。
5. 主持人：颜颖董事长。
6. 会议的召开符合《公司法》及《公司章程》的有关规定。

三、会议的出席情况

股东（代理人）7 人，代表股份 209 880 000 股，占上市公司总股份的 80%。

公司董事、监事、高级管理人员及公司聘请的见证律师出席了本次股东大会。

四、提案审议和表决情况

与会股东（代理人）以现场记名投票方式，审议表决情况如下：

审议通过了《关于购买启明机械有限公司 46% 股权的议案》；

同意 209 880 000 股，占出席会议股东有表决权总数的 100%；反对 0 股；弃权 0 股。

五、律师出具的法律意见
　　1. 律师事务所名称：上海骏马律师事务所。
　　2. 律师姓名：陈辰、许奕。
　　3. 结论性意见：公司本次股东大会的召集、召开程序符合有关法律、行政法规及《公司章程》的规定；出席本次股东大会人员的资格、本次股东大会召集人的资格合法有效；本次股东大会的表决程序及表决结果符合法律、行政法规、规章及《公司章程》的规定。
　　六、备查文件
　　与本次股东大会相关的股东大会决议、会议原始资料、董事会决议、会议通知、法律意见书等备置于公司董事会秘书办公室，供投资者及有关部门查阅。
　　特此公告。

申光股份有限公司董事会
2011 年 4 月 30 日

三、收购启明机械 46%股权的股权转让合同

股权转让合同

　　本合同由启星投资有限公司（以下简称"甲方"）和申光股份有限公司（以下简称"乙方"）在中国上海市签订。

　　鉴于：

　　启明机械有限公司（以下简称"启明机械"）的注册资本为 4 880 万元，其中甲方出资额为 2 488.8 万元，占注册资本的 51%，乙方出资额为 2 391.2 万元，占注册资本的 49%。

　　甲方愿意将其所持有的启明机械 2 244.8 万元的注册资本和 46%的股权转让给乙方。乙方根据本合同规定的所有商务条件和法律条件受让甲方所持有的启明机械 2 244.8 万元的注册资本和 46%的股权。

　　启明机械董事会已根据公司章程的规定召开了会议并作出决议批准本合同及本合同所述之股权转让交易。

　　根据中华人民共和国其他有关法律、法规，就甲方对启明机械的股权转让事宜，甲、乙双方本着平等互利的原则，通过友好协商，签订本合同。

　　一、合同双方
　　启星投资有限公司（"甲方"）
　　代表：陈赢
　　申光股份有限公司（"乙方"）
　　代表：欧阳瑜
　　二、股权转让
　　2.1　甲方愿意根据本合同规定的所有条件将其愿意将其所持有的启明机械 2 244.8

万元的注册资本和46％的股权转让给乙方。

2.2　在变更登记完成后,乙方拥有启明机械2 244.8万元的注册资本和46％的股权。

三、转让价格

3.1　甲方转让启明机械2 244.8万元的注册资本和46％的股权(以下简称"股权")的转让价款为捌仟万元人民币(RMB 8 000万元)。

3.2　本合同签署后7个工作日内,乙方将40％的股权转让款,即叁仟贰佰万元人民币(RMB 3 200万元)支付至甲方指定的下列账户,作为乙方购买股权之定金:

中国银行上海市泰康路支行账号：044201-8200-0774472＊＊＊＊＊＊＊

3.3　在甲方收到乙方支付的定金后,甲方和乙方应配合启明机械办理审批和工商变更登记手续及其他相关政府审批程序,在工商登记手续完成后30个工作日内,向乙方支付剩余股权转让价款肆仟捌百万元人民币(RMB 4 800万元)。

四、债权债务和员工安排

4.1　甲、乙双方同意,对于本合同签署前和签署后启明机械的债权债务,均由启明机械承担,甲方对此不承担法律责任。

4.2　在股权转让完成后,甲、乙双方同意启明机械现有的员工继续由启明机械按照相关的劳动合同进行安排。

五、变更手续

5.1　在本合同签署后3个月内,启明机械应完成办理有关股权转让的工商变更登记手续,并且合同双方完成本合同项下的权利义务。

5.2　股权转让的登记手续完成后10个工作日内,由启明机械发出新的出资证明书给乙方。

5.3　本合同签署后,甲方和乙方按中国法律及有关政府部门的要求,协助启明机械办理有关股权转让的全部文件和手续。

六、保证和陈述

6.1　甲方承诺、保证和声明：

(1) 甲方合法持有启明机械46％的股权,且该等股权不存在任何质押权、抵押权、留置权或优先购买权或负有任何第三方权益的限制或影响,甲方对该等股权拥有独立的、排他性的处置权。

(2) 根据本合同进行的股权转让行为不会违反启明机械公司章程、组织文件或启明机械已签订的有关合同,也不违反现行适用的有关法律、法规和规范性文件。

(3) 根据本合同约定甲方向乙方及审计或评估单位提供的账册和记录均是客观的,准确的和完整的。且不存在账册和记录以外与启明机械有关的任何或有债务、诉讼、仲裁或行政处罚。

6.2　乙方的承诺、保证和声明：

乙方系合法成立的股份有限公司,具有签订本合同的完全法律权利、能力和内部授权。本合同构成乙方合法、有效、有法律约束力的义务。

七、费用负担

合同双方各自承担有关股权转让的费用和税款。

八、保密义务

除法律另有规定,合同双方不得以任何形式向与本次股权转让无关的任何其他方泄露与本次股权转让有关的任何信息。

九、不可抗力

9.1 不可抗力指任何一方无法预见、不可避免、且无法抗拒的事件。

9.2 本合同一方由于不可抗力造成的不能履行本合同之全部或部分义务将不视为违约,但应在条件允许下采取一切必要的补救措施,以减少因不可抗力造成的损失并继续履行本合同项下之义务直至本合同终止。

9.3 遇有不可抗力的一方应尽快将事件的情况以传真或电报通知协议另一方,并在事件发生后15日内,向协议另一方提交不能履行本合同全部或部分义务以及需要延期履行的证明文件,该文件应由时间发生地的公证机关公证。

十、违约责任

10.1 除依本合同之规定外,如果任何一方未履行基于本合同项下的任何义务,或如果任何一方在本合同项下的声明或保证不真实或实质上不正确,严重损害或会严重损害启明机械或其他另外一方利益,该方应被视为违反本合同。

10.2 除本合同另有规定外,违约方收到另一方具体说明违约情况的通知后应有30日的时间纠正违约。如在30日期限后仍未纠正违约,守约方有权追究违约方的法律责任。违约方有责任向守约方赔偿因违约引起的一切损失。

十一、合同的变更和解除

对本合同的任何修改必须经合同双方共同签订书面协议才能生效。生效的修改应构成本合同不可分割的部分,与本合同具有同等法律效力。如果因为不可抗力原因,本合同最终无法获得外资审批部门批准,则本合同解除,且双方都不因此承担违约责任,甲方将安排甲方关联公司将定金返还给乙方。

十二、一般规定

12.1 本合同包括了合同双方之间的有关股权转让的全部协商内容并取代在此之前有关股权转让的所有意向及协议或补充协议。

12.2 如本合同的任何条款或规定被判定为无效、非法或不可执行,则双方一致同意接受该等无效、非法或不可执行的条款或规定应被视为双方的错误并应被排除而不构成本合同条款,且本合同所有其他部分或条款应被视为具有完整的可执行性。

十三、争议的解决

凡因履行本合同所发生的争议,合同双方应友好协商解决。如协商不成,任何一方可向被告所在地或合同履行地人民法院起诉。

十四、适用法律

本合同的订立、效力、解释、履行和争议的解决均受中华人民共和国法律的管辖。

十五、通知

本合同发出的任何通知应采用书面形式,可以通过挂号信邮寄或传真发出。挂号信在投递7天后视为送达;传真则在发送当日视为送达。

十六、协议生效

本合同经合同双方代表签字,经审批部门批准后生效。

十七、其他

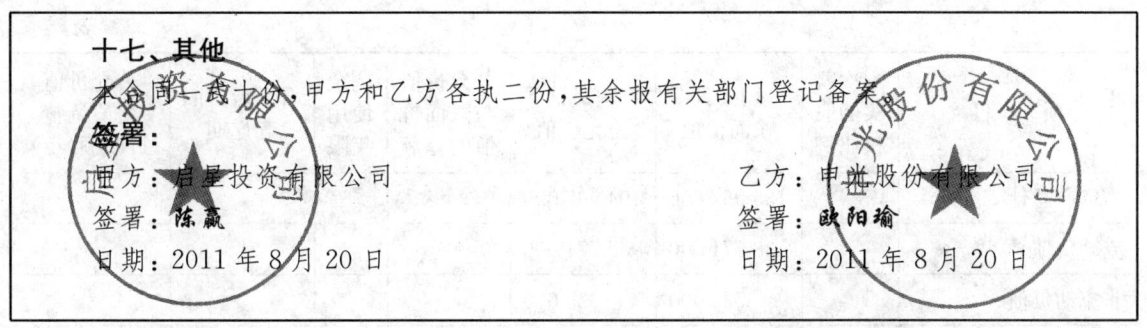

本合同一式十份,甲方和乙方各执二份,其余报有关部门登记备案。

签署:

甲方:启星投资有限公司　　　　　　　　乙方:申光股份有限公司

签署:陈嬴　　　　　　　　　　　　　　签署:欧阳瑜

日期:2011 年 8 月 20 日　　　　　　　日期:2011 年 8 月 20 日

第五部分　申光股份编制合并财务报表的基础资料

一、申光股份股权投资备查登记簿

1. 申光股份长期股权投资(启明机械49%股权)变动情况表如表4-1所示。

表4-1　申光股份长期股权投资(启明机械49%股权)变动情况表　　　(单位:元)

项目	初始投资	2011年8月31日之前变动				2011年8月末长期股权投资余额
		2010年前	2010年	2011年1~8月	合计	
投资成本	33 573 820					33 573 820
商誉	7 426 180					7 426 180
其他综合收益		661 500	61 740	48 510	771 750	771 750
股权投资准备						
损益调整		7 503 370	4 301 710	875 140	12 680 220	12 680 220
合计	41 000 000	8 164 870	4 363 450	923 650	13 451 970	54 451 970

2. 申光股份收购启明机械股权登记簿如表4-2所示。

表4-2　申光股份收购启明机械股权登记簿　　　(单位:元)

购买日:2011 年 8 月 31 日　　　购买价:8 000 万元　　　本次交易后累计持股:95%

项目	本次购买的股权比例	购买日账面价值	购买日公允价值	公允价值与账面价值的差额	剩余使用年限	合并后折旧起讫期	公允价值增值调整折旧额(年)
被投资方 ——启明机械	46%						
流动资产		103 477 000	103 477 000				
非流动资产		32 490 000	91 490 000				
其中:投资性房地产		12 613 000	71 613 000	59 000 000	24年7个月	2011/09~2035/03	2 400 000(年) 200 000(月)

(续表)

项目	本次购买的股权比例	购买日账面价值	购买日公允价值	公允价值与账面价值的差额	剩余使用年限	合并后折旧起讫期	公允价值增值调整折旧额(年)
资产总计		135 967 000	194 967 000				
流动负债		38 771 000	38 771 000				
非流动负债		525 000	525 000				
负债总计		39 296 000	39 296 000				
股本		48 800 000	48 800 000				
资本公积		5 148 000	64 148 000	59 000 000			
盈余公积		24 400 000	24 400 000				
未分配利润		18 323 000	18 323 000				
股东权益总计		96 671 000	155 671 000				
负债和股东权益总计		135 967 000	194 967 000				

二、合并财务报表范围内部交易及往来明细表

2011年申光股份内部存货购销明细表如表4-3所示。

表4-3 2011年申光股份内部存货购销明细表 (单位：元)

日期	销售单位	收入类别	结算方式	品名	营业收入	营业成本	购货单位	购入用途	购货单位8月末结存	购货单位12月末结存
08/18	启明机械	主营业务	支票	配件	2 000 000	1 300 000	申光股份	存货	2 000 000	600 000

三、启明机械及申光股份的个别财务报表

本实验项目不要求编制现金流量表，因此所提供的启明机械及申光股份的个别财务报表不包括现金流量表。

(一)启明机械个别财务报表

1. 启明机械2011年12月31日资产负债表如表4-4所示。

表4-4 启明机械2011年12月31日资产负债表 (单位：元)

资产	期末数	期初数(08/31)	负债和股东权益	期末数	期初数(08/31)
流动资产：			流动负债：		
货币资金	30 911 000	20 369 000	短期借款	0	5 000 000
交易性金融资产	0	0	应付票据	0	0

(续表)

资产	期末数	期初数(08/31)	负债和股东权益	期末数	期初数(08/31)
应收票据	3 803 000	5 541 000	应付账款	20 733 000	19 970 000
应收账款	25 215 000	26 269 000	预收款项	3 868 000	3 616 000
预付款项	841 000	1 090 000	应付职工薪酬	1 938 000	1 354 000
应收利息	0	0	应交税费	1 696 000	406 000
应收股利	0	0	应付利息	0	0
其他应收款	2 798 000	3 110 000	应付股利	0	0
存货	41 712 000	47 098 000	其他应付款	9 227 000	7 720 000
一年内到期的非流动资产	0	0	一年内到期的非流动负债	0	0
其他流动资产	0	0	其他流动负债	406 000	705 000
流动资产合计	105 280 000	103 477 000	流动负债合计	37 868 000	38 771 000
非流动资产:			非流动负债:		
可供出售金融资产	5 000 000	5 100 000	长期借款	0	0
持有至到期投资	0	0	应付债券	0	0
长期应收款	0	0	长期应付款	0	0
长期股权投资	0	0	专项应付款	0	0
投资性房地产	12 305 000	12 613 000	预计负债	0	0
固定资产	8 718 000	9 253 000	递延所得税负债	500 000	525 000
在建工程	0	0	其他非流动负债	0	0
工程物资	0	0	非流动负债合计	500 000	525 000
固定资产清理	0	0	负债合计	38 368 000	39 296 000
无形资产	36 000	43 000	股东权益:		
开发支出	0	0	股本	48 800 000	48 800 000
商誉	0	0	资本公积	5 073 000	5 148 000
长期待摊费用	3 602 000	3 887 000	减:库存股	0	0
递延所得税资产	1 658 000	1 594 000	盈余公积	24 400 000	24 400 000
其他非流动资产	0	0	未分配利润	19 958 000	18 323 000
非流动资产合计	31 319 000	32 490 000	股东权益合计	98 231 000	96 671 000
资产总计	136 599 000	135 967 000	负债和股东权益总计	136 599 000	135 967 000

2. 启明机械 2011 年 9～12 月利润表如表 4-5 所示。

表 4-5　启明机械 2011 年 9～12 月利润表　　　　　　　　　　（单位：元）

项　　目	本 期 金 额
一、营业收入	41 285 000
减：营业成本	28 613 000
营业税金及附加	107 000
销售费用	4 609 000
管理费用	7 005 000
财务费用	−45 000
资产减值损失	254 000
加：公允价值变动收益（损失以"−"号填列）	0
投资收益（损失以"−"号填列）	0
其中：对联营企业和合营企业的投资收益	0
汇兑收益（损失以"−"号填列）	0
二、营业利润（亏损以"−"号填列）	742 000
加：营业外收入	1 450 000
减：营业外支出	13 000
其中：非流动资产处置损失	0
三、利润总额（亏损总额以"−"号填列）	2 179 000
减：所得税费用	544 000
四、净利润（净亏损以"−"号填列）	1 635 000
五、每股收益	
（一）基本每股收益	
（二）稀释每股收益	
六、其他综合收益	−75 000
七、综合收益总额	1 560 000

3. 启明机械 2011 年 9～12 月所有者权益变动表如表 4-6 所示。

表 4-6　启明机械 2011 年 9～12 月所有者权益变动表　　　　　　（单位：元）

项　目	本 期 金 额							
	实收资本（或股本）	资本公积	减：库存股	专项储备	盈余公积	一般风险准备	未分配利润	所有者权益合计
一、上期期末余额	48 800 000	5 148 000			24 400 000		18 323 000	96 671 000
加：会计政策变更								
前期差错更正								

(续表)

项　目	本期金额							
	实收资本（或股本）	资本公积	减：库存股	专项储备	盈余公积	一般风险准备	未分配利润	所有者权益合计
其他								
二、本期期初余额	48 800 000	5 148 000			24 400 000		18 323 000	96 671 000
三、本期增减变动金额（减少以"－"号填列）		－75 000					1 635 000	1 560 000
（一）净利润							1 635 000	1 635 000
（二）其他综合收益		－75 000						－75 000
上述（一）和（二）小计		－75 000					1 635 000	1 560 000
（三）所有者投入和减少资本								
1. 所有者投入资本								
2. 股份支付计入所有者权益的金额								
3. 其他								
（四）利润分配								
1. 提取盈余公积								
2. 提取一般风险准备								
3. 对所有者（或股东）的分配								
4. 其他								
（五）所有者权益内部结转								
1. 资本公积转增资本（或股本）								
2. 盈余公积转增资本（或股本）								
3. 盈余公积弥补亏损								
4. 其他								
（六）专项储备								
（七）其他								
四、本期期末余额	48 800 000	5 073 000			24 400 000		19 958 000	98 231 000

(二) 申光股份个别财务报表

1. 申光股份 2011 年 12 月 31 日资产负债表如表 4-7 所示。

表 4-7　申光股份 2011 年 12 月 31 日资产负债表　　　　　　　　（单位：元）

资产	期末数	年初数	负债和股东权益	期末数	年初数
流动资产：			流动负债：		
货币资金	9 672 000	53 452 000	短期借款	0	0
交易性金融资产	0	0	应付票据	0	0
应收票据	0	0	应付账款	10 572 000	11 465 000
应收账款	8 588 300	10 550 000	预收款项	9 613 000	17 374 000
预付款项	29 054 000	35 307 000	应付职工薪酬	5 030 000	5 942 000
应收利息	3 485 000	940 000	应交税费	477 000	547 000
应收股利	0	0	应付利息	0	0
其他应收款	5 170 000	6 126 000	应付股利	0	0
存货	44 613 000	53 974 000	其他应付款	11 539 000	9 086 000
一年内到期的非流动资产	0	0	一年内到期的非流动负债	0	0
其他流动资产	0	0	其他流动负债	4 494 000	3 797 000
流动资产合计	100 582 300	160 349 000	流动负债合计	41 725 000	48 211 000
非流动资产：			非流动负债：		
可供出售金融资产	0	0	长期借款	0	0
持有至到期投资	0	0	应付债券	0	0
长期应收款	0	0	长期应付款	0	0
长期股权投资	134 451 970	53 528 320	专项应付款	0	0
投资性房地产	0	0	预计负债	0	0
固定资产	163 274 000	167 717 000	递延所得税负债	0	0
在建工程	0	0	其他非流动负债	0	0
工程物资	0	0	非流动负债合计	0	0
固定资产清理	0	0	负债合计	41 725 000	48 211 000
无形资产	32 025 000	33 581 000	股东权益：		
开发支出	0	0	股本	262 350 000	262 350 000
商誉	0	0	资本公积	2 492 510	2 444 000
长期待摊费用	9 699 000	10 958 000	减：库存股	0	0
递延所得税资产	2 484 700	2 179 000	盈余公积	44 648 214	42 584 000
其他非流动资产	0	0	未分配利润	91 301 246	72 723 320
非流动资产合计	341 934 670	267 963 320	股东权益合计	400 791 970	380 101 320
资产总计	442 516 970	428 312 320	负债和股东权益总计	442 516 970	428 312 320

2. 申光股份 2011 年度利润表如表 4-8 所示。

表 4-8 申光股份 2011 年度利润表　　　　　　　　　　（单位：元）

项目	本期金额	上期金额
一、营业收入	112 646 000	134 738 000
减：营业成本	53 836 000	61 329 000
营业税金及附加	712 000	82 000
销售费用	8 409 000	12 496 000
管理费用	21 783 000	27 432 000
财务费用	200 000	121 000
资产减值损失	1 223 000	7 365 000
加：公允价值变动收益（损失以"－"号填列）	0	0
投资收益（损失以"－"号填列）	875 140	4 301 710
其中：对联营企业和合营企业的投资收益	0	0
汇兑收益（损失以"－"号填列）	0	0
二、营业利润（亏损以"－"号填列）	27 358 140	30 214 710
加：营业外收入	77 000	383 000
减：营业外支出	204 000	292 000
其中：非流动资产处置损失		
三、利润总额（亏损总额以"－"号填列）	27 231 140	30 305 710
减：所得税费用	6 589 000	6 501 000
四、净利润（净亏损以"－"号填列）	20 642 140	23 804 710
五、每股收益		
（一）基本每股收益		
（二）稀释每股收益		
六、其他综合收益	48 510	61 740
七、综合收益总额	20 690 650	23 866 450

3. 申光股份 2011 年度所有者权益变动表如表 4-9 所示。

表 4-9 申光股份 2011 年度所有者权益变动表　　　　　　　　　　（单位：元）

项目	本期金额							
	实收资本（或股本）	资本公积	减：库存股	专项储备	盈余公积	一般风险准备	未分配利润	所有者权益合计
一、上年年末余额	262 350 000	2 444 000			42 584 000		72 723 320	380 101 320
加：会计政策变更								
前期差错更正								

(续表)

项 目	本 期 金 额							
	实收资本（或股本）	资本公积	减：库存股	专项储备	盈余公积	一般风险准备	未分配利润	所有者权益合计
其他								
二、本年年初余额	262 350 000	2 444 000			42 584 000		72 723 320	380 101 320
三、本期增减变动金额（减少以"-"号填列）		48 510			2 064 214		18 577 926	20 690 650
（一）净利润							20 642 140	20 642 140
（二）其他综合收益		48 510						48 510
上述（一）和（二）小计		48 510					20 642 140	20 690 650
（三）所有者投入和减少资本								
1. 所有者投入资本								
2. 股份支付计入所有者权益的金额								
3. 其他								
（四）利润分配					2 064 214		-2 064 214	
1. 提取盈余公积					2 064 214		-2 064 214	
2. 提取一般风险准备								
3. 对所有者（或股东）的分配								
4. 其他								
（五）所有者权益内部结转								
1. 资本公积转增资本（或股本）								
2. 盈余公积转增资本（或股本）								
3. 盈余公积弥补亏损								
4. 其他								
（六）专项储备								
（七）其他								
四、本期期末余额	262 350 000	2 492 510			44 648 214		91 301 246	400 791 970

第六部分 实验要求

一、合并工作底稿(资产负债表、利润表和所有者权益变动表)

1. 初次投资账面价值与购买日公允价值的差额计算表。
2. 调整分录表(分别对启明机械、申光股份个别财务报表调整)。
3. 通过多次交易分步实现非同一控制下企业合并的商誉计算表。
4. 内部抵销分录表。
5. 本年度合并工作底稿(资产负债表、利润表和所有者权益变动表项目)。

二、合并财务报表

1. 申光股份 2011 年 12 月 31 日合并资产负债表。
2. 申光股份 2011 年度合并利润表。
3. 申光股份 2011 年度合并所有者权益变动表。

第七部分 案例思考题

1. 本案例中,购买日对于购买日之前申光股份持有的启明机械 49% 股权,从计量基础方面考虑,申光股份个别财务报表和合并财务报表有何区别?请说明理由。

2. 本案例中,申光股份原持有启明机械 49% 股权的购买日公允价值,为何不能按享有启明机械可辨认净资产公允价值的份额确定?实务中,对于原持有的被购买方股权,其购买日公允价值有的可直接取得,有的无法直接取得。针对不同的情况,购买日公允价值获取的有效途径有哪些?如何判断其是否公允?

3. 在合并报表层面,购买日申光股份将原持有启明机械 49% 股权涉及的其他综合收益转入投资收益,申光股份个别财务报表是否也要采用同样的处理方法?请说明理由。

4. 本案例中,合并前后申光股份个别财务报表对启明机械的长期股权投资的后续核算方法是否发生改变?请说明理由。

5. 长期股权投资在持有期间,因各方面情况的变化,可能导致其核算方法发生改变,如成本法转换为权益法、权益法转换为成本法。核算方法转换时,是否需要对母公司个别财务报表中长期股权投资账面价值进行调整?

6. 结合本案例,在合并报表层面,对原持有启明机械 49% 股权按购买日公允价值重新计量,根据启明机械可辨认净资产公允价值计算购买日形成的商誉时,在公允价值的基础上是否应考虑其他调整因素?

7. 对联营、合营企业的长期股权投资权益法核算时,以及合并报表层面对子公司长期股权投资权益法核算时,为何要扣除内部未实现利润?请说明其基于何种理论?该权益法的理论与其他理论有何区别?

8. 通过本案例的实验,你有哪些收获?

实验五
同一控制下企业合并及其合并财务报表

第一部分 实验目的

1. 掌握同一控制下企业合并交易中对被合并方资产、负债的计量基础。
2. 掌握同一控制下企业合并编制企业合并财务报表的基本方法,掌握实务中工作底稿的编制与运用。
3. 掌握同一控制下企业合并编制合并财务报表所涉及的递延所得税会计处理。
4. 掌握内部交易未实现损益的分摊方法,掌握合并净利润在母公司所有者与少数股东之间的分拆计算。

第二部分 教学内容提要

一、同一控制下企业合并的界定

同一控制下的企业合并,是指参与合并的企业在合并前后均受同一方或相同的多方最终控制且该控制并非暂时性的。通常情况下,同一控制下的企业合并是指发生在同一企业集团内部企业之间的合并。

能够对参与合并各方在合并前后均实施最终控制的一方通常指企业集团的母公司。因为该类合并从本质上是集团内部企业之间的资产或权益的转移,能够对参与合并企业在合并前后均实施最终控制的一方为集团的母公司。

能够对参与合并的企业在合并前后均实施最终控制的相同多方,是指根据合同或协议的约定,拥有最终决定参与合并企业的财务和经营政策,并从中获取利益的投资者群体。

实施控制的时间性非暂时性,是指参与合并各方在合并前后较长时间内为最终控制方所控制。具体是指在企业合并之前,参与合并各方受最终控制方的控制时间一般在1年以上(含1年),企业合并后所形成的报告主体受最终控制方的控制时间也应达到1年以上(含1年)。

企业之间的合并是否属于同一控制下的企业合并,应综合构成企业合并交易的各方面情况,按照实质重于形式的原则进行判断。同受国家控制的企业之间发生的合并,不应仅仅因为参与合并各方在合并前后均受国家控制而将其作为同一控制下的企业合并。

二、被合并方在合并财务报表中的计量基础

由于同一控制下的企业合并,缺乏形成公允的合并对价的机制,所以,在编制合并资产负

债表时,对于被合并方的各项资产、负债,应当按账面价值计量。如果该项同一控制下企业合并符合财政部财税〔2009〕59号文"关于企业重组业务企业所得税处理若干问题的通知"规定的特殊性税务处理条件,可以选择以被收购股权的原有计税基础,来确定取得被合并方股权的计税基础,则该项同一控制下企业合并可能不会发生暂时性差异,无需为此确认递延所得税资产或递延所得税负债。如果该项同一控制下企业合并不符合特殊性税务处理条件,税收上按照公允价值作为取得被合并方的各项资产、负债的计税基础,可能产生暂时性差异,则会计上应当确认相应的递延所得税影响。

三、对于被合并方在合并前实现净利润的列报

编制合并财务报表时,无论该项同一控制下合并发生在报告期的任一时点,合并利润表、合并现金流量表均分别反映由母子公司构成的报告主体,自合并当年年初至期末实现的损益和现金流量。

按照我国现行企业会计准则规定,对于同一控制下被合并方自合并当年年初至合并日的净损益,应该在合并利润表中的"被合并方在合并前实现的净利润"项目单独列报。该项目金额应当列报被合并方从合并当年年初至合并日的全部净损益,包括归属于母公司所有者与少数股东的份额。被合并方在企业合并前实现的留存收益中归属于合并方的部分,由合并方的资本公积转入盈余公积和未分配利润。

四、同一控制下企业合并编制比较报表的调整

对于同一控制下的控股合并,在合并当期编制合并财务报表时,应当对期初数进行调整,同时对比较报表的相关项目进行调整,视同合并后的报告主体自最终控制方开始实施控制时一直为一体化存续。

对于上述后两个问题的处理存在不同观点,认为虚拟调整的方法容易被利用进行盈余管理。

第三部分 案例公司概况

一、运通集团各公司经营范围

运通股份有限公司(以下简称运通股份)属于上市公司,以运通股份为母公司的企业集团(以下简称运通集团)是以金属工具制造为主的大型综合生产企业集团。

运通股份经营范围:金属工具箱柜、钢制办公家具的生产及相关产品的科技开发。

金龙汽配有限公司(以下简称金龙汽配)经营范围:汽车零部件加工与销售。

万达电器有限公司(以下简称万达电器)经营范围:设计、制造高低压开关柜、电器元件产品。

二、运通集团有关股权收购事项

(一)上年(2010年)收购金龙汽配

2010年12月31日,运通股份支付银行存款110 267 400元从非关联方购入金龙汽配60%股权,对其实施控制,通过产权交易所完成该项产权转让交割程序,并于同日完成工商变

更登记。截至 2010 年 12 月 31 日,金龙汽配可辨认净资产的账面价值为 183 779 000 元,与其公允价值一致。

(二) 本年(2011 年)合并万达电器

2011 年 2 月 18 日运通股份与控股股东巨人股份有限公司(以下简称巨人股份)签订《股权转让协议》,拟以新增 21 051 000 股股票作为对价,受让巨人股份持有的万达电器 90% 的股权。本次新增股份的价格为 5 元/股,为运通股份停牌公告日前 20 个交易日均价。根据评估基准日为 2010 年 12 月 31 日的《资产评估报告》,万达电器净资产的评估值为 116 950 000 元,万达电器 90% 股权本次交易作价确定为 105 255 000 元。2011 年 6 月 30 日,万达电器完成了相应的工商变更登记,运通股份向巨人股份定向发行 21 051 000 股股票,运通股份股票当日收盘价为 6.25 元,万达电器当日的净资产账面价值为 100 870 000 元。

三、与运通集团有关的股权投资关系

(一) 截至 2010 年 12 月 31 日与运通集团有关的股权投资关系

从 2008 年 10 月 1 日起,运通股份的母公司巨人股份直接持有万达电器 90% 的表决权股份,对其拥有控制权;从 2010 年 12 月 31 日起,运通股份持有金龙汽配 60% 的表决权股份,对其拥有控制权。与运通集团有关的股权投资关系如图 5-1 所示。

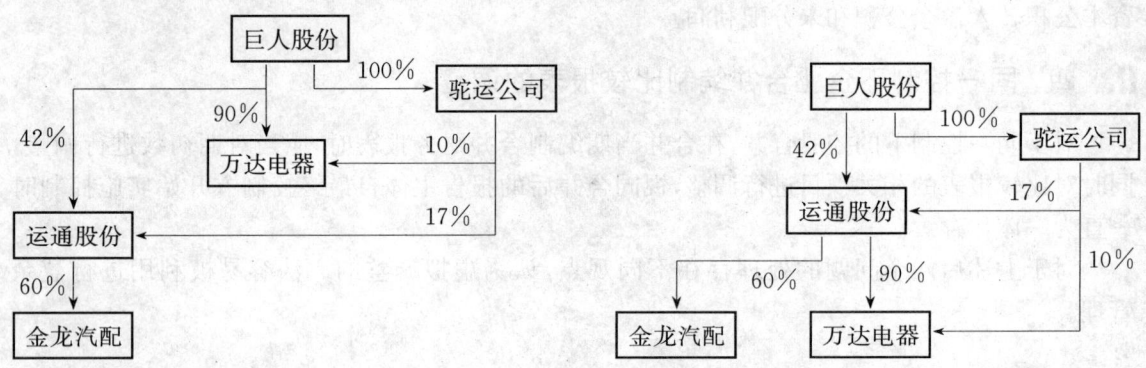

图 5-1 截至 2010 年 12 月 31 日与运通集团有关的股权投资关系

图 5-2 截至 2011 年 12 月 31 日与运通集团有关的股权投资关系

(二) 截至 2011 年 12 月 31 日与运通集团有关的股权投资关系

截至 2011 年 12 月 31 日,运通股份分别持有金龙汽配 60% 与万达电器 90% 的表决权股份,均拥有控制权,与运通集团有关的股权投资关系如图 5-2 所示。

四、运通集团相关会计政策和会计估计(部分)

(一) 运通集团有关长期股权投资的会计政策

1. 初始投资成本的确定。

(1) 非同一控制下企业合并,合并成本包括付出的资产、发生或承担的负债、发行的权益性证券的公允价值之和。

(2) 同一控制下企业合并,在合并日按照取得被合并方所有者权益账面价值的份额作为长期股权投资的初始投资成本。长期股权投资初始投资成本与支付的现金、转让的非现金资产以及所承担债务账面价值之间的差额,应当调整资本公积(股本溢价),资本公积(股本溢价)不足冲减的,调整留存收益。

2. 后续计量方法的适用范围。

（1）对于联营企业及合营企业的投资采用权益法核算。

（2）对子公司的投资以及对不具有共同控制或重大影响，并且在活跃市场中没有报价、公允价值不能可靠计量的长期股权投资，采用成本法核算。

（二）运通集团有关企业合并的会计政策

同一控制下企业合并，在合并日按照取得被合并方所有者权益账面价值的份额作为长期股权投资的初始投资成本。长期股权投资初始投资成本与支付的现金、转让的非现金资产以及所承担债务账面价值之间的差额，应当调整资本公积（股本溢价），资本公积（股本溢价）不足冲减的，调整留存收益。

（三）运通集团有关计提坏账准备的会计政策和会计估计

对于单项金额非重大的应收款项与经单独测试后未减值的应收款项，均按信用风险特征之一——账龄进行分类，并以具有类似信用风险特征组合的实际损失率为基础，确定应计提的坏账准备。分类计提比例如表5-1所示。

表5-1 运通集团计提坏账准备的比例

账　　龄	坏账计提比例(%)
0～1年(含1年)	5
1～2年(含2年)	20
2～3年(含3年)	40
3年以上	100

（四）运通集团有关编制合并财务报表的会计政策

1. 以控制为标准确定合并财务报表的合并范围。

2. 按权益法调整母公司个别财务报表暂不考虑内部未实现损益及其所得税影响。留待合并净利润形成后调整少数股东损益时一并考虑。

3. 合并净利润在母公司所有者与少数股东之间的分拆。将合并净利润在母公司所有者与少数股东之间分拆时，对于逆流内部交易，少数股东应按持股比例分担内部交易未实现损益净额（即应分担内部交易未实现损益扣除所得税影响后的余额）。

五、运通集团的所得税税率和计税基础

各相关公司的所得税税率均为25%。假设未来期间各公司均有足够的应纳税所得额可供暂时性差异抵扣。根据财政部财税〔2009〕59号文"关于企业重组业务企业所得税处理若干问题的通知"的相关规定，运通股份取得万达电器股权的计税基础，以受让股权的原有计税基础确定。

六、运通集团的利润分配

各相关公司均在年末按当年实现净利润的10%提取法定盈余公积。

运通股份与万达电器2011年均未对所有者分配利润。金龙汽配于2011年12月31日实际发放现金股利7 060 000元。

第四部分 运通股份受让万达电器 90%股权的原始凭证

运通股份合并万达电器的原始凭证主要包括：万达电器资产评估报告、运通股份合并万达电器的股权转让协议、运通股份2011年度第五次临时股东大会决议公告等。

一、万达电器资产评估报告

万达电器有限公司
股东全部权益价值评估项目
资产评估报告
沪东资评报字〔2011〕10号
摘　要

以下内容摘自评估报告正文，欲了解本评估项目的详细情况和合理理解评估结论，应当认真阅读评估报告正文。

一、委托方和被评估单位及其他评估报告使用者

本次资产评估的委托方为巨人股份有限公司（以下简称巨人股份），本次资产评估的被评估单位为万达电器有限公司（以下简称万达电器）。根据《资产评估业务约定书》，本评估报告使用者为委托方、被评估单位及本次拟实施经济行为所涉各相关当事方。

二、评估目的

因运通股份有限公司（以下简称运通股份）拟向巨人股份有限公司非公开发行股票收购资产，为此委托上海东山资产评估有限公司对该行为涉及的万达电器股东全部权益价值进行评估。

本次评估目的是为该经济行为提供万达电器股东全部权益价值的参考依据。

三、评估对象和评估范围

评估对象为涉及上述经济行为的万达电器股东全部权益。

评估范围为万达电器的全部资产及相关负债，包括流动资产、非流动资产和流动负债。按照万达电器提供的2010年12月31日的财务报表，万达电器的资产为196 974 000元，负债为101 024 000元，股东权益为95 950 000元。

四、价值类型及其定义

本次评估的价值类型为市场价值。

市场价值是指自愿买方和自愿卖方在各自理性行事且未受任何强迫的情况下，评估对象在评估基准日进行正常公平交易的价值估计数额。

五、评估基准日

评估基准日为2010年12月31日。

六、评估方法

根据评估对象、价值类型、资料收集情况等相关条件，本次分别采用资产基础法和收益法进行评估。

七、评估结论

1. 资产基础法评估结果。在本报告所揭示的假设前提条件基础上，万达电器的资产、负债及股东权益在2010年12月31日的评估结果为：

资产账面价值 196 974 000 元,评估价值 217 974 000 元,评估增值 21 000 000 元,增值率为 10.66%;

负债账面价值 101 024 000 元,评估价值 101 024 000 元;

股东权益账面价值 95 950 000 元,评估价值 116 950 000 元,评估增值 21 000 000 元,增值率为 21.89%。

项　目	账面价值	评估价值	增减值	增值率
	A	B	C=B-A	D=C/A*100%
一、流动资产	165 581 000	165 581 000		
二、非流动资产	31 393 000	52 393 000	21 000 000	66.89
其中:固定资产	6 960 000	6 960 000		
无形资产	21 073 000	42 073 000	21 000 000	99.65
长期待摊费用	11 000	11 000		
递延所得税资产	3 349 000	3 349 000		
资产总计	196 974 000	217 974 000	21 000 000	10.66
三、流动负债	101 024 000	101 024 000		
四、非流动负债	0	0		
负债总计	101 024 000	101 024 000		
股东权益总计	95 950 000	116 950 000	21 000 000	21.89

评估结论详细情况见评估明细表。

2. 收益法评估结果。在本报告所揭示的假设前提条件基础上,采用收益法对万达电器股东全部权益价值在 2010 年 12 月 31 日的评估结果为 120 000 000 元。

3. 两种方法评估结果的比较分析和评估价值的确定。万达电器资产基础法下股东全部权益价值的评估结果为 116 950 000 元,收益法下股东全部权益价值的评估结果为 120 000 000 元,两者相差 3 050 000 元,差异率为 2.6%。

经综合分析,我们认为上述两种评估方法的实施情况正常,参数选取合理。鉴于本次评估目的是为运通股份非公开发行股票收购资产提供价值参考依据,而收益预测是基于对未来宏观政策和房地产市场的预期及判断的基础上进行的,由于现行经济及市场环境的不确定因素较多,因此我们认为,本次采用资产基础法的评估结果更能准确揭示万达电器截至评估基准日的股东全部权益价值,故取资产基础法的评估结果 116 950 000 元为万达电器股东全部权益的评估值。

八、评估报告的使用有效期

本评估报告的使用有效期为一年,即自评估基准日 2010 年 12 月 31 日起至 2011 年 12 月 30 日止。

上海东山资产评估有限公司
2011 年 1 月 20 日

注:由于篇幅限制,此处省略《万达电器有限公司股东全部权益价值项目资产评估报告(正文)》。

二、运通股份合并万达电器的股权转让协议

股权转让协议

本《股权转让协议》由以下双方当事人于 2011 年 2 月 18 日在中国苏州签署：

甲方（出让方）：巨人股份有限公司　　　　乙方（受让方）：运通股份有限公司

住所：江苏省苏州市经济开发区××工业园　住所：江苏省苏州市××路北

法定代表人：杨斌　　　　　　　　　　　　法定代表人：江振

　　　　　　　　　　　　　　　　　　　　股票代码：600＊＊＊

鉴于：

1. 万达电器有限公司（以下简称万达电器）系依据中华人民共和国法律在中国境内注册成立并依法存续的有限公司，注册资本为 7 700 万元人民币。截至本协议签署之日，巨人股份出资 6 030 万元，持有万达电器 90％的股权。

2. 运通股份系依法注册成立并有效存续的股份有限公司，注册资本为 10 420 万元人民币，公司 A 股于 2001 年 2 月 5 日在上海证券交易所上市交易，股票简称运通股份，股票代码 600＊＊＊。截至本协议签署之日，巨人股份直接持有运通股份 43 764 000 元股票，持股比例为 42％，巨人股份全资子公司驼运公司持有运通股份 17 714 000 元股票，持股比例为 17％。

3. 巨人股份拟以其持有的万达电器 90％的股权认购乙方向其发行的人民币普通股（A 股）。

4. 万达电器另一股东欧力股份有限公司持有其 10％的股权，已同意此次股权转让并承诺放弃优先购买权。

甲、乙双方依据中华人民共和国有关法律、法规的规定，经友好协商，就乙方向甲方收购其持有的上述股权事宜，达成如下条款，以资共同遵守：

第一条　交易内容

1.1　乙方拟向甲方发行股份，购买甲方持有的万达电器 90％股权。根据《上市公司重大资产重组管理办法》之有关规定，本次交易构成重大资产重组暨关联交易事项。

1.2　本次交易的标的资产为甲方所持有的万达电器 90％股权，标的资产的交易价格以《资产评估报告》记载的评估结果为定价依据，并充分考虑包括中小股东在内的各方股东的利益，双方协商确定的万达电器 90％股权交易作价为 105 255 000 元。

1.3　本次发行的股份为境内上市的人民币普通股（A 股），每股面值为人民币 1.00 元，发行方式为向特定对象非公开发行。

1.4　本次发行的发行价格应不低于定价基准日前 20 个交易日乙方股票交易的均价，经双方协商，发行价格确定为 5 元/股；如定价基准日至本次发行的股票发行日期间，乙方发生派息、送股、转增股本、增发新股或配股等除权除息行为，将对发行价格作相应调整，具体调整方法如下：

假设调整前发行价格为 P_0，每股送股或转增股本数为 N，每股增发新股或配股数为 K，增发新股或配股价为 A，每股派息为 D，调整后发行价格为 P_1，则：

派息：$P_1 = P_0 - D$；

送股或转增股本：$P_1 = P_0/(1+N)$；

增发新股或配股：$P_1 = (P_0 + A \times K)/(1+K)$；

三项同时进行：$P_1=(P_0-D+A\times K)/(1+K+N)$。

1.5　根据发行价格以及标的资产的交易价格确定的本次发行数量为 21 051 000 股。

1.6　甲方在本次发行中认购的股份自本次发行结束之日起 36 个月内不得转让，在上述锁定期届满后，其转让和交易按照届时有效的法律、法规和上交所的规则办理。

1.7　本次发行完成后，由甲方全体股东按其持股比例共同享有本次发行前滚存的未分配利润。

第二条　生效日期

本次交易及本协议以下述条件为生效前提条件，并自下列条件全部成就之日中孰晚日期为生效日期：

（1）甲乙双方董事会和股东大会决议审议通过本次交易；

（2）本次交易取得中国证监会核准；

（3）要约豁免申请取得中国证监会核准。

第三条　交割手续

3.1　本协议生效后，双方应按下列规定办理标的资产的交割手续：于生效日后 30 日内，甲方应采取一切所需的措施以协助万达电器办理完毕将 90% 股权转让给乙方的工商变更登记手续，并向乙方提供上述工商变更登记文件。上述股权工商变更登记完成之日为万达电器标的资产交割完成日。

3.2　本协议生效后，且乙方按上述第 3.1 款完成上述标的资产的交割手续之日（以孰晚之日为准）后 30 日内，乙方应通过甲方在股份登记机构开立的股票账户向甲方交付本次发行的全部股份，并向甲方提供由股份登记机构出具的反映该等股份已完成登记的证明文件。上述股份登记完成之日为本次发行交割完成日。

第四条　税费承担

甲、乙双方一致同意，双方各自依法承担标的股权收购所发生的相关税费（包括但不限于：印花税、审计评估费、咨询费等）。

第五条　违约责任

5.1　如果甲方违反其在本协议项下做出的陈述与保证，或者存在其他不履行或者延迟履行本协议项下义务的情形，视为甲方违约，在乙方发出违约通知后 15 日内，违约情形没有得到改善，乙方有权要求甲方赔偿因违约给乙方造成的全部直接经济损失。

5.2　如果乙方违反其在本协议项下做出的陈述均保证，或者存在其他不履行或者延迟履行本协议项下义务的情形，视为乙方违约，在甲方发出违约通知后 15 日内，违约情形没有得到改善，乙方应向甲方赔偿因违约给甲方造成的全部直接经济损失。

5.3　甲、乙双方同意，如在本协议签署之日起至股权收购完成之日（即股权变更工商登记办理完毕之日）的期间内，发生了标的股权被有关机关（包括法院、检察院、公安、税务等）查封、冻结或强制执行的情况，不视为违约。但甲方应在上述情况发生之日起 45 个工作日内采取有效手段予以排除；否则，视为甲方违约，乙方有权解除本协议并追究其违约责任。

第六条　陈述和保证

一方向另一方声明、保证及承诺如下：

（一）其为依法设立并合法存续的独立法人，能以自己的名义起诉、应诉并独立承担民事责任。

（二）其签署、交付和履行本协议在任何方面均不会违反在本协议签署之时任何法律、法规或任何法院或政府机构发出的任何判决或命令或其章程，不会违反其为缔约一方或对其任何资产有约束力的任何合约、其他承诺或文件。

（三）其已获得签署本协议所需的一切批准、许可和授权，有权签署本协议，其将依法办理及协助另一方获得本协议生效所需的一切批准和同意文件。

（四）其将严格履行其本协议项下的所有义务和责任。

（五）资产交割前，就一方董事、高级管理人员已尽勤勉尽责义务，善意经营、决策该方公司业务或/及善意管理、处置该方公司资产的行为或事项，另一方同意：

1. 不再召开董事会、股东大会审议相关行为或事项，也不再另行就相关行为或事项履行信息披露程序；

2. 该方可依据其适用的公司章程、董事会议事规则、股东大会议事规则以及相关法律法规，就相关行为或事项履行相应审议程序和信息披露程序。

第七条 协议解除

协议任何一方违约，守约方有权书面通知对方解除协议（协议自书面通知到达对方时解除），并按协议第五条的约定，追究对方的违约责任。

第八条 保密事项

8.1 在本协议签署之日起至股权转让完成之日的期间内，甲、乙双方应将因签署、履行本协议而知悉对方、万达电器、标的股权转让的相关信息的人员，限定在与本协议签署或履行直接相关的人员、双方聘请的中介服务人员的范围内。所有知情人员在任何时候均不得向审批主管部门以外的任何单位或个人泄露标的股权转让的相关信息和资料，但有关司法或行政执法机关依法要求披露的除外。

8.2 甲、乙双方一致同意，协议的终止不影响本条款的适用。

第九条 争议解决

因履行本协议所发生的争议，应本着诚实守信，友好协商的原则解决。在协商不能解决或者一方不愿通过协商解决时，双方同意将该争议提交标的股权所在地有管辖权的人民法院通过诉讼方式解决。

第十条 其他

10.1 本协议一式六份，双方各执一份，另四分供审批登记使用，每份具有同等法律效力。

10.2 本协议经双方协商一致，可以用书面形式修订和补充，修订或补充的书面内容，可以作为本协议的附件，与本协议具有同等法律效力。

10.3 本协议中使用之标题仅为检索之便，并非为本协议之条款作定义或予以限制。

甲方：巨人股份有限公司（公章）

法定代表人活授权代表（签字）：杨斌

乙方：运通股份有限公司（公章）

法定代表人活授权代表（签字）：汪振

2011 年 2 月 18 日

三、运通股份2011年度第五次临时股东大会决议公告

证券代码：600＊＊＊　　　　　证券简称：运通股份　　　　公告编号：2011-32

运通股份有限公司
2011年度第五次临时股东大会决议公告

本公司及董事会全体成员保证信息披露的内容真实、准确、完整，没有虚假记载、误导性陈述或重大遗漏。

一、重要提示

本次会议召开期间没有增加、否决或变更提案。

二、会议召开的情况

1. 召开时间：2011年6月20日上午10时。
2. 召开地点：江苏省苏州市××路北。
3. 召开方式：现场投票方式。
4. 召集人：运通股份有限公司。
5. 主持人：江振董事长。
6. 会议的召开符合《公司法》、《上市公司股东大会规则》、《上海证券交易所股票上市规则》及《公司章程》的有关规定。

三、会议的出席情况

股东（代理人）11人，代表股份78 150 000股，占上市公司总股份的75％。

公司董事、监事、高级管理人员及公司聘请的见证律师出席了本次股东大会。

四、提案审议和表决情况

与会股东（代理人）以现场记名投票方式，审议表决情况如下：

审议通过了《关于受让万达电器有限公司90％股权的议案》；

同意78 150 000股，占出席会议股东有表决权总数的100％；反对0股；弃权0股。

五、律师出具的法律意见

1. 律师事务所名称：上海劳山律师事务所。
2. 律师姓名：万惠、蒋岳。
3. 结论性意见：公司本次股东大会的召集、召开程序符合有关法律、行政法规、《上市公司股东大会规则》及《公司章程》的规定；出席本次股东大会人员的资格、本次股东大会召集人的资格合法有效；本次股东大会的表决程序及表决结果符合法律、行政法规、规章及《公司章程》的规定。

六、备查文件

与本次股东大会相关的股东大会决议、会议原始资料、董事会决议、会议通知、法律意见书等备置于公司董事会秘书办公室，供投资者及有关部门查阅。

特此公告。

运通股份有限公司
2011年6月20日

第五部分　运通股份编制合并财务报表的基础资料

一、运通股份股权投资备查登记簿

1. 运通股份收购金龙汽配股权登记簿如表5-2所示。

表5-2　运通股份收购金龙汽配股权登记簿　　　　　　　　　　　　（单位：元）

初始投资成本：110 267 400元　　　　　　　　　　　　　　　初始取得股权方式：自非关联方购买

股权变动日	股权变动比例	变动后持股	投资成本	变动日净资产账面价值	变动日金龙汽配净资产公允价值	公允价值与账面价值的差额
2010/12/31	60%	60%	110 267 400	183 779 000	183 779 000	0

自取得投资后金龙汽配净资产具体变动情况：

所属期间	实现净利润	利润分配	其他变动
2011/01/01~2011/12/31	13 215 000	7 060 000	0

2. 运通股份持有万达电器股权登记簿如表5-3所示。

表5-3　运通股份持有万达电器股权登记簿　　　　　　　　　　　　（单位：元）

初始投资成本：105 255 000元　　　　　　　　　　　　　　　初始取得股权方式：自母公司购买

股权变动日	股权变动比例	变动后持股	投资成本	变动日净资产账面价值	变动日万达电器净资产公允价值	公允价值与账面价值的差额
2011/06/30	90%	90%	105 255 000	100 870 000	—	—

自取得投资后万达电器净资产具体变动情况：

所属期间	实现净利润	利润分配	其他变动
2011/07/01~2011/12/31	10 029 000	0	0

二、合并财务报表范围内部交易及往来明细表

1. 2011年运通集团内部存货购销明细表如表5-4所示。

表5-4　2011年运通集团内部存货购销明细表　　　　　　　　　　　（单位：元）

日期	销售单位	收入类别	结算方式	品名	营业收入	营业成本	购货单位	购入用途	对外销售	购货单位期末结存
03/02	万达电器	主营业务	支票	电器	200 000	140 000	运通股份	存货	150 000 (06/20)	50 000
09/20	运通股份	主营业务	赊销	工具箱柜	1 000 000	800 000	万达电器	存货	100 000	900 000

2. 2011年运通集团内部固定资产交易明细表如表5-5所示。

表5-5　　2011年运通集团内部固定资产交易明细表　　（单位：元）

日期	转让单位	结算方式	资产名称	资产原值	账面价值	转让价格	接收单位	购入用途	预计剩余使用年限	折旧方法
03/30	运通股份	支票	仓库	150 000	100 000	160 000	万达电器	固定资产	10年	直线法

3. 2011年运通集团内部往来明细表如表5-6所示。

表5-6　　2011年运通集团内部往来明细表　　（单位：元）

债权人	对方单位	账户	2011年年初			2011年年末		
			账户余额	账龄	坏账准备	账户余额	账龄	坏账准备
运通股份	万达电器	应收账款	0		0	1 000 000	0~1年	50 000

三、金龙汽配、万达电器及运通股份的个别财务报表

（一）金龙汽配个别财务报表

1. 金龙汽配2011年12月31日资产负债表如表5-7所示。

表5-7　　金龙汽配2010年12月31日资产负债表　　（单位：元）

资　　产	期末数	年初数	负债和股东权益	期末数	年初数
流动资产：			流动负债：		
货币资金	23 318 950	29 025 750	短期借款	66 400 000	84 000 000
交易性金融资产	0	0	应付票据	0	0
应收票据	31 800 000	40 400 000	应付账款	21 040 000	21 520 000
应收账款	24 062 000	20 140 000	预收款项	2 200 000	4 800 000
预付款项	25 554 000	24 508 000	应付职工薪酬	440 000	460 000
应收利息	0	0	应交税费	1 202 800	1 240 400
应收股利	0	0	应付利息	374 000	428 000
其他应收款	2 041 050	2 747 050	应付股利	0	0
存货	80 420 000	91 960 000	其他应付款	2 579 200	10 652 400
一年内到期的非流动资产	0	0	一年内到期的非流动负债	0	0
其他流动资产	0	0	其他流动负债	0	0
流动资产合计	187 196 000	208 780 800	流动负债合计	94 236 000	123 100 800

(续表)

资产	期末数	年初数	负债和股东权益	期末数	年初数
非流动资产：			非流动负债：		
可供出售金融资产	0	0	长期借款	45 400 000	45 400 000
持有至到期投资	0	0	应付债券	0	0
长期应收款	0	0	长期应付款	0	0
长期股权投资	0	0	专项应付款	0	0
投资性房地产	0	0	预计负债	0	0
固定资产	121 234 000	115 879 000	递延所得税负债	0	0
在建工程	0	6 100 000	其他非流动负债	0	0
工程物资	0	0	非流动负债合计	45 400 000	45 400 000
固定资产清理	0	0	负债合计	139 636 000	168 500 800
无形资产	20 240 000	21 120 000	股东权益：		
开发支出	0	0	股本	141 200 000	141 200 000
商誉	0	0	资本公积	120 000	120 000
长期待摊费用	0	0	减：库存股	0	0
递延所得税资产	900 000	400 000	盈余公积	7 763 000	6 441 500
其他非流动资产	0	0	未分配利润	40 851 000	36 017 500
非流动资产合计	142 374 000	143 499 000	股东权益合计	189 934 000	183 779 000
资产总计	329 570 000	352 279 800	负债和股东权益总计	329 570 000	352 279 800

2. 金龙汽配 2011 年度利润表如表 5-8 所示。

表 5-8　金龙汽配 2011 年度利润表　　　　　　　　　　　　　（单位：元）

项目	本期金额	上期金额
一、营业收入	245 900 000	269 340 000
减：营业成本	207 838 400	226 510 800
营业税金及附加	540 000	600 000
销售费用	3 702 000	3 480 000
管理费用	7 500 800	7 955 000
财务费用	6 178 800	7 254 200
资产减值损失	2 000 000	1 440 000
加：公允价值变动收益（损失以"-"号填列）	0	0

(续表)

项目	本期金额	上期金额
投资收益(损失以"-"号填列)	0	0
其中：对联营企业和合营企业的投资收益	0	0
汇兑收益(损失以"-"号填列)	0	0
二、营业利润(亏损以"-"号填列)	18 140 000	22 100 000
加：营业外收入	80 000	0
减：营业外支出	600 000	0
其中：非流动资产处置损失	600 000	0
三、利润总额(亏损总额以"-"号填列)	17 620 000	22 100 000
减：所得税费用	4 405 000	5 525 000
四、净利润(净亏损以"-"号填列)	13 215 000	16 575 000
五、每股收益		
（一）基本每股收益		
（二）稀释每股收益		
六、其他综合收益		
七、综合收益总额	13 215 000	16 575 000

3. 金龙汽配2011年度现金流量表如表5-9所示。

表5-9 金龙汽配2011年度现金流量表 （单位：元）

项目	本年金额	上年金额
一、经营活动产生的现金流量		
销售商品、提供劳务收到的现金	292 990 140	301 447 800
收到的税费返还	0	0
收到其他与经营活动有关的现金	3 660 000	2 500 000
经营活动现金流入小计	296 650 140	303 947 800
购买商品、接受劳务支付的现金	225 860 864	256 964 430
支付给职工以及为职工支付的现金	11 660 000	11 840 000
支付的各项税费	22 962 336	24 504 420
支付其他与经营活动有关的现金	7 740 000	7 760 000
经营活动现金流出小计	268 223 200	301 068 850
经营活动产生的现金流量净额	28 426 940	2 878 950

(续表)

项　　目	本年金额	上年金额
二、投资活动产生的现金流量	0	0
收回投资收到的现金	0	0
取得投资收益收到的现金	0	0
处置固定资产、无形资产和其他长期资产收回的现金净额	6 231 700	30 000 000
处置子公司及其他营业单位收到的现金净额	0	0
收到其他与投资活动有关的现金	0	0
投资活动现金流入小计	6 231 700	30 000 000
购建固定资产、无形资产和其他长期资产支付的现金	9 527 840	4 400 000
投资支付的现金	0	0
取得子公司及其他营业单位支付的现金净额	0	0
支付其他与投资活动有关的现金	0	0
投资活动现金流出小计	9 527 840	4 400 000
投资活动产生的现金流量净额	−3 296 140	25 600 000
三、筹资活动产生的现金流量	0	0
吸收投资收到的现金	0	0
其中：子公司吸收少数股东投资收到的现金	0	0
取得借款收到的现金	39 800 000	64 000 000
发行债券收到的现金	0	0
收到其他与筹资活动有关的现金	0	0
筹资活动现金流入小计	39 800 000	64 000 000
偿还债务支付的现金	57 400 000	89 680 000
分配股利、利润或偿付利息支付的现金	13 237 600	7 093 200
支付其他与筹资活动有关的现金	0	0
筹资活动现金流出小计	70 637 600	96 773 200
筹资活动产生的现金流量净额	−30 837 600	−32 773 200
四、汇率变动对现金的影响额	0	0
五、现金及现金等价物净增加额	−5 706 800	−4 294 250
加：期初现金及现金等价物余额	29 025 750	33 320 000
六、期末现金及现金等价物余额	23 318 950	29 025 750

4. 金龙汽配 2011 年度所有者权益变动表如表 5-10 所示。

表 5-10 金龙汽配 2011 年度所有者权益变动表

(单位：元)

项　目	本期金额							上年同期金额						
	实收资本(或股本)	资本公积	减:库存股	专项储备	盈余公积	一般风险准备	未分配利润	所有者权益合计	实收资本(或股本)	资本公积	减:库存股	专项储备	盈余公积	一般风险准备	未分配利润	所有者权益合计
一、上年末余额	141 200 000	120 000	0	0	6 441 500	0	36 017 500	183 779 000	141 200 000	120 000	0	0	4 784 000	0	21 100 000	167 204 000
加：会计政策变更								0								
前期差错更正								0								
其他								0								
二、本年年初余额	141 200 000	120 000	0	0	6 441 500	0	36 017 500	183 779 000	141 200 000	120 000	0	0	4 784 000	0	21 100 000	167 204 000
三、本期增减变动金额（减少以"–"号填列）	0	0	0	0	1 321 500	0	4 833 500	6 155 000	0	0	0	0	1 657 500	0	14 917 500	16 575 000
（一）净利润							13 215 000	13 215 000							16 575 000	16 575 000
（二）其他综合收益								0								0
上述（一）和（二）小计							13 215 000	13 215 000							16 575 000	16 575 000
（三）所有者投入和减少资本								0								0
1. 所有者投入资本								0								0
2. 股份支付计入所有者权益的金额								0								0
3. 其他								0								0
（四）利润分配					1 321 500	0	–8 381 500	–7 060 000					1 657 500		–1 657 500	0
1. 提取盈余公积					1 321 500		–1 321 500	0					1 657 500		–1 657 500	0
2. 提取一般风险准备								0								0
3. 对所有者（或股东）的分配							–7 060 000	–7 060 000								0
4. 其他								0								0
（五）所有者权益内部结转								0								0
1. 资本公积转增资本（或股本）								0								0
2. 盈余公积转增资本（或股本）								0								0
3. 盈余公积弥补亏损								0								0
4. 其他								0								0
（六）专项储备								0								0
（七）其他								0								0
四、本期期末余额	141 200 000	120 000	0	0	7 763 000	0	40 851 000	189 934 000	141 200 000	120 000	0	0	6 441 500	0	36 017 500	183 779 000

(二)万达电器个别财务报表

1. 万达电器 2011 年 12 月 31 日资产负债表如表 5-11 所示。

表 5-11　万达电器 2011 年 12 月 31 日资产负债表　　　　（单位：元）

资产	期末数	期初数（06/30）	年初数	负债和股东权益	期末数	期初数（06/30）	年初数
流动资产：				流动负债：			
货币资金	31 236 500	32 640 000	27 810 000	短期借款	17 761 000	30 650 000	30 850 000
交易性金融资产	0	0	0	应付票据	0	4 000 000	4 000 000
应收票据	13 628 000	0	8 440 000	应付账款	34 683 000	44 773 000	42 449 000
应收账款	65 034 000	57 764 000	58 416 000	预收款项	9 634 000	16 661 000	11 031 000
预付款项	2 888 000	10 152 000	3 814 000	应付职工薪酬	2 768 000	791 000	2 953 000
应收利息	0	0	0	应交税费	3 386 000	3 341 000	2 635 000
应收股利	0	0	0	应付利息	9 000	54 000	53 000
其他应收款	1 030 000	2 227 000	3 390 000	应付股利	0	0	0
存货	46 584 000	75 862 000	63 711 000	其他应付款	38 628 000	38 666 000	7 053 000
一年内到期的非流动资产	0	0	0	一年内到期的非流动负债	0	0	0
其他流动资产	0	0	0	其他流动负债	0	0	0
流动资产合计	160 400 500	178 645 000	165 581 000	流动负债合计	106 869 000	138 936 000	101 024 000
非流动资产：	0	0	0	非流动负债：	0	0	0
可供出售金融资产	0	0	0	长期借款	0	0	0
持有至到期投资	0	0	0	应付债券	0	0	0
长期应收款	0	0	0	长期应付款	0	0	0
长期股权投资	0	0	0	专项应付款	0	0	0
投资性房地产	0	0	0	预计负债	0	0	0
固定资产	32 338 000	36 452 000	6 960 000	递延所得税负债	0	0	0
在建工程	0	0	0	其他非流动负债	0	0	0
工程物资	0	0	0	非流动负债合计	0	0	0
固定资产清理	0	0	0	负债合计	106 869 000	138 936 000	101 024 000
无形资产	20 705 000	20 889 000	21 073 000	股东权益：			
开发支出	0	0	0	股本	77 000 000	77 000 000	77 000 000
商誉	0	0	0	资本公积	0	0	0
长期待摊费用	0	60 000	11 000	减：库存股	0	0	0
递延所得税资产	4 324 500	3 760 000	3 349 000	盈余公积	4 179 900	2 685 000	2 685 000
其他非流动资产	0	0	0	未分配利润	29 719 100	21 185 000	16 265 000
非流动资产合计	57 367 500	61 161 000	31 393 000	股东权益合计	110 899 000	100 870 000	95 950 000
资产总计	217 768 000	239 806 000	196 974 000	负债和股东权益总计	217 768 000	239 806 000	196 974 000

2. 万达电器 2011 年度利润表如表 5-12 所示。

表 5-12 万达电器 2011 年度利润表　　　　　　　　　　（单位：元）

项　　目	本 期 金 额	其中：2011年 7～12月	上 期 金 额
一、营业收入	207 175 000	123 102 000	204 240 000
减：营业成本	153 021 000	89 127 000	146 456 000
营业税金及附加	106 000	84 000	117 000
销售费用	16 365 000	9 805 000	17 555 000
管理费用	12 098 000	7 597 000	10 915 000
财务费用	1 741 000	848 000	2 160 000
资产减值损失	3 902 000	2 258 000	3 504 000
加：公允价值变动收益（损失以"－"号填列）	0	0	0
投资收益（损失以"－"号填列）	0	0	0
其中：对联营企业和合营企业的投资收益	0	0	0
汇兑收益（损失以"－"号填列）	0	0	0
二、营业利润（亏损以"－"号填列）	19 942 000	13 383 000	23 533 000
加：营业外收入	143 000	142 000	125 000
减：营业外支出	153 000	153 000	178 000
其中：非流动资产处置损失	153 000	153 000	178 000
三、利润总额（亏损总额以"－"号填列）	19 932 000	13 372 000	23 480 000
减：所得税费用	4 983 000	3 343 000	5 870 000
四、净利润（净亏损以"－"号填列）	14 949 000	10 029 000	17 610 000
五、每股收益			
（一）基本每股收益			
（二）稀释每股收益			
六、其他综合收益	0	0	0
七、综合收益总额	14 949 000	10 029 000	17 610 000

3. 万达电器 2011 年度现金流量表如表 5-13 所示。

表 5-13 万达电器 2011 年度现金流量表　　　　　　　　　（单位：元）

项　　目	本 期 金 额	上 期 金 额
一、经营活动产生的现金流量		
销售商品、提供劳务收到的现金	221 459 000	242 932 000
收到的税费返还	0	0
收到其他与经营活动有关的现金	3 173 000	1 737 000
经营活动现金流入小计	224 632 000	244 669 000

（续表）

项　　　目	本期金额	上期金额
购买商品、接受劳务支付的现金	163 392 000	178 684 000
支付给职工以及为职工支付的现金	12 064 000	11 234 000
支付的各项税费	14 372 000	16 444 000
支付其他与经营活动有关的现金	46 655 000	30 343 000
经营活动现金流出小计	236 483 000	236 705 000
经营活动产生的现金流量净额	−11 851 000	7 964 000
二、投资活动产生的现金流量	0	0
收回投资收到的现金	0	0
取得投资收益收到的现金	0	310 000
处置固定资产、无形资产和其他长期资产收回的现金净额	3 456 000	0
处置子公司及其他营业单位收到的现金净额	0	5 275 000
收到其他与投资活动有关的现金	0	0
投资活动现金流入小计	3 456 000	5 585 000
购建固定资产、无形资产和其他长期资产支付的现金	2 875 000	614 000
投资支付的现金	0	0
取得子公司及其他营业单位支付的现金净额	0	0
支付其他与投资活动有关的现金	0	0
投资活动现金流出小计	2 875 000	614 000
投资活动产生的现金流量净额	581 000	4 971 000
三、筹资活动产生的现金流量	0	0
吸收投资收到的现金	31 778 500	0
其中：子公司吸收少数股东投资收到的现金	0	0
取得借款收到的现金	55 691 000	61 300 000
收到其他与筹资活动有关的现金	0	0
筹资活动现金流入小计	87 469 500	61 300 000
偿还债务支付的现金	71 045 000	74 376 000
分配股利、利润或偿付利息支付的现金	1 728 000	2 265 000
其中：子公司支付给少数股东的股利、利润	0	0
支付其他与筹资活动有关的现金	0	0
筹资活动现金流出小计	72 773 000	76 641 000
筹资活动产生的现金流量净额	14 696 500	−15 341 000
四、汇率变动对现金的影响额	0	0
五、现金及现金等价物净增加额	3 426 500	−2 406 000
加：期初现金及现金等价物余额	27 810 000	30 216 000
六、期末现金及现金等价物余额	31 236 500	27 810 000

4. 万达电器 2011 年度所有者权益变动表如表 5-14 所示。

表 5-14 万达电器 2011 年度所有者权益变动表

(单位：元)

项目	本期金额								上年同期金额							
	实收资本(或股本)	资本公积	减：库存股	专项储备	盈余公积	一般风险准备	未分配利润	所有者权益合计	实收资本(或股本)	资本公积	减：库存股	专项储备	盈余公积	一般风险准备	未分配利润	所有者权益合计
一、上年年末余额	77 000 000	0	0	0	2 685 000	0	16 265 000	95 950 000	77 000 000	0	0	0	924 000	0	416 000	78 340 000
加：会计政策变更							0	0								
前期差错更正							0	0								
其他							0	0								
二、本年年初余额	77 000 000	0	0	0	2 685 000	0	16 265 000	95 950 000	77 000 000	0	0	0	924 000	0	416 000	78 340 000
三、本期增减变动金额(减少以"-"号填列)	0	0	0	0	1 494 900	0	13 454 100	14 949 000	0	0	0	0	1 761 000	0	15 849 000	17 610 000
(一) 净利润							14 949 000	14 949 000							17 610 000	17 610 000
(二) 其他综合收益								0								
上述(一)和(二)小计	0	0	0	0	0	0	14 949 000	14 949 000							17 610 000	17 610 000
(三) 所有者投入和减少资本								0								
1. 所有者投入资本																
2. 股份支付计入所有者权益的金额																
3. 其他																
(四) 利润分配					1 494 900		-1 494 900	0					1 761 000		-1 761 000	0
1. 提取盈余公积					1 494 900		-1 494 900	0					1 761 000		-1 761 000	0
2. 提取一般风险准备																
3. 对所有者(或股东)的分配																
4. 其他																
(五) 所有者权益内部结转								0								
1. 资本公积转增资本(或股本)																
2. 盈余公积转增资本(或股本)																
3. 盈余公积弥补亏损																
4. 其他																
(六) 专项储备								0								
(七) 其他								0								
四、本期期末余额	77 000 000	0	0	0	4 179 900	0	29 719 100	110 899 000	77 000 000	0	0	0	2 685 000	0	16 265 000	95 950 000

(三)运通股份个别财务报表

1. 运通股份2011年12月31日资产负债表如表5-15所示。

表5-15 运通股份2011年12月31日资产负债表 (单位:元)

资产	期末数	年初数	负债和股东权益	期末数	年初数
流动资产:			流动负债:		
货币资金	165 927 950	146 915 000	短期借款	15 000 000	0
交易性金融资产	0	0	应付票据	0	0
应收票据	4 230 000	6 005 000	应付账款	37 008 000	41 783 000
应收账款	35 898 000	33 190 000	预收款项	2 593 000	2 197 000
预付款项	4 534 000	2 893 000	应付职工薪酬	6 179 000	6 029 000
应收利息	823 000	573 000	应交税费	2 393 000	748 000
应收股利	0	0	应付利息	20 000	0
其他应收款	213 000	478 000	应付股利	0	0
存货	21 753 000	34 306 000	其他应付款	1 335 000	3 955 000
一年内到期的非流动资产	0	0	一年内到期的非流动负债	0	0
其他流动资产	0	0	其他流动负债	0	0
流动资产合计	233 378 950	224 360 000	流动负债合计	64 528 000	54 712 000
非流动资产:	0	0	非流动负债:		
可供出售金融资产	0	0	长期借款	0	0
持有至到期投资	0	0	应付债券	0	0
长期应收款	0	0	长期应付款	0	0
长期股权投资	201 050 400	110 267 400	专项应付款	0	0
投资性房地产	0	0	预计负债	0	0
固定资产	141 016 600	106 563 600	递延所得税负债	0	0
在建工程	867 000	0	其他非流动负债	0	0
工程物资			非流动负债合计	0	0
固定资产清理	0	0	负债合计	64 528 000	54 712 000
无形资产	31 311 000	31 997 000	股东权益:		
开发支出	0	0	股本	125 251 000	104 200 000
商誉	0	0	资本公积	258 213 000	188 481 000
长期待摊费用			减:库存股	0	0
递延所得税资产	1 987 500	1 856 000	盈余公积	30 709 845	27 313 000
其他非流动资产	0	0	未分配利润	130 909 605	100 338 000
非流动资产合计	376 232 500	250 684 000	股东权益合计	545 083 450	420 332 000
资产总计	609 611 450	475 044 000	负债和股东权益总计	609 611 450	475 044 000

2. 运通股份 2011 年度利润表如表 5-16 所示。

表 5-16 运通股份 2011 年度利润表　　　　　　　　（单位：元）

项　　目	本期金额	上期金额
一、营业收入	340 762 000	452 775 000
减：营业成本	266 688 000	362 129 000
营业税金及附加	253 000	373 000
销售费用	11 067 000	11 873 000
管理费用	21 091 000	25 448 000
财务费用	197 400	－702 500
资产减值损失	526 000	－426 000
加：公允价值变动收益（损失以"－"号填列）	0	0
投资收益（损失以"－"号填列）	4 236 000	0
其中：对联营企业和合营企业的投资收益	0	0
汇兑收益（损失以"－"号填列）	0	0
二、营业利润（亏损以"－"号填列）	45 175 600	54 080 500
加：营业外收入	392 000	3 100 000
减：营业外支出	255 000	300 000
其中：非流动资产处置损失	191 000	300 000
三、利润总额（亏损总额以"－"号填列）	45 312 600	56 880 500
减：所得税费用	11 344 150	14 220 125
四、净利润（净亏损以"－"号填列）	33 968 450	42 660 375
五、每股收益		
（一）基本每股收益		
（二）稀释每股收益		
六、其他综合收益		
七、综合收益总额	33 968 450	42 660 375

3. 运通股份 2011 年度现金流量表如表 5-17 所示。

表 5-17 运通股份 2011 年度现金流量表　　　　　　　　（单位：元）

项　　目	本期金额	上期金额
一、经营活动产生的现金流量		
销售商品、提供劳务收到的现金	353 610 000	490 222 000
收到的税费返还	14 486 000	4 020 000
收到其他与经营活动有关的现金	4 245 000	9 499 000
经营活动现金流入小计	372 341 000	503 741 000
购买商品、接受劳务支付的现金	259 797 000	373 352 000

(续表)

项　　目	本期金额	上期金额
支付给职工以及为职工支付的现金	31 844 000	29 323 000
支付的各项税费	10 570 000	22 144 000
支付其他与经营活动有关的现金	13 516 000	8 859 000
经营活动现金流出小计	315 727 000	433 678 000
经营活动产生的现金流量净额	56 614 000	70 063 000
二、投资活动产生的现金流量	0	0
收回投资收到的现金	0	0
取得投资收益收到的现金	4 236 000	0
处置固定资产、无形资产和其他长期资产收回的现金净额	168 000	0
处置子公司及其他营业单位收到的现金净额	0	0
收到其他与投资活动有关的现金	0	0
投资活动现金流入小计	4 404 000	0
购建固定资产、无形资产和其他长期资产支付的现金	24 885 000	80 907 000
投资支付的现金	0	0
取得子公司及其他营业单位支付的现金净额	88 736 000	110 267 400
支付其他与投资活动有关的现金	0	0
投资活动现金流出小计	113 621 000	191 174 400
投资活动产生的现金流量净额	−109 217 000	−191 174 400
三、筹资活动产生的现金流量	0	0
吸收投资收到的现金	25 347 950	105 999 400
其中：子公司吸收少数股东投资收到的现金	0	0
取得借款收到的现金	79 800 000	60 000 000
收到其他与筹资活动有关的现金	0	0
筹资活动现金流入小计	105 147 950	165 999 400
偿还债务支付的现金	64 800 000	80 000 000
分配股利、利润或偿付利息支付的现金	21 732 000	22 251 000
其中：子公司支付给少数股东的股利、利润	0	0
支付其他与筹资活动有关的现金	0	0
筹资活动现金流出小计	86 532 000	102 251 000
筹资活动产生的现金流量净额	18 615 950	63 748 400
四、汇率变动对现金的影响额	0	0
五、现金及现金等价物净增加额	−33 987 050	−57 363 000
加：期初现金及现金等价物余额	146 915 000	204 278 000
六、期末现金及现金等价物余额	112 927 950	146 915 000

4. 运通股份 2011 年度所有者权益变动表如表 5-18 所示。

表 5-18 运通股份 2011 年度所有者权益变动表

(单位：元)

项目	本期金额								上年同期金额							
	实收资本（或股本）	资本公积	减：库存股	专项储备	盈余公积	一般风险准备	未分配利润	所有者权益合计	实收资本（或股本）	资本公积	减：库存股	专项储备	盈余公积	一般风险准备	未分配利润	所有者权益合计
一、上年末余额	104 200 000	188 481 000		0	27 313 000	0	100 338 000	420 332 000	104 200 000	188 481 000		0	23 046 962	0	61 943 663	377 671 625
加：会计政策变更								0								
前期差错更正								0								
其他								0								
二、本年年初余额	104 200 000	188 481 000		0	27 313 000	0	100 338 000	420 332 000	104 200 000	188 481 000		0	23 046 962	0	61 943 663	377 671 625
三、本期增减变动金额（减少以"一"号填列）	21 051 000	69 732 000		0	3 396 845	0	30 571 605	124 751 450	0	0			4 266 038	0	38 394 337	42 660 375
（一）净利润							33 968 450	33 968 450							42 660 375	42 660 375
（二）其他综合收益								0								
上述（一）减（二）小计	0	0		0	0		33 968 450	33 968 450							42 660 375	42 660 375
（三）所有者投入和减少资本	21 051 000	69 732 000						90 783 000								
1. 所有者投入资本	21 051 000	69 732 000						90 783 000								
2. 股份支付计入所有者权益的金额								0								
3. 其他								0								
（四）利润分配					3 396 845		-3 396 845	0					4 266 038		-4 266 038	0
1. 提取盈余公积					3 396 845		-3 396 845	0					4 266 038		-4 266 038	0
2. 提取一般风险准备								0								
3. 对所有者（或股东）的分配								0								
4. 其他								0								
（五）所有者权益内部结转								0								
1. 资本公积转增资本（或股本）								0								
2. 盈余公积转增资本（或股本）								0								
3. 盈余公积弥补亏损								0								
4. 其他								0								
（六）专项储备								0								
（七）其他								0								
四、本期期末余额	125 251 000	258 213 000		0	30 709 845	0	130 909 605	545 083 450	104 200 000	188 481 000		0	27 313 000	0	100 338 000	420 332 000

第六部分 实验要求

▶▶ **一、合并工作底稿(资产负债表、利润表和所有者权益变动表)**

1. 调整分录表(对运通个别财务报表)。
2. 内部抵销分录表。
3. 本年度少数股东损益和少数股东权益调整计算表。
4. 上年度合并工作底稿(资产负债表、利润表和所有者权益变动表项目)。
5. 本年度合并工作底稿(资产负债表、利润表和所有者权益变动表项目)。

▶▶ **二、合并工作底稿(现金流量表)**

1. 内部抵销分录表。
2. 上年度合并工作底稿(现金流量表项目)。
3. 本年度合并工作底稿(现金流量表项目)。

▶▶ **三、合并财务报表**

1. 运通股份 2011 年 12 月 31 日合并资产负债表。
2. 运通股份 2011 年度合并利润表。
3. 运通股份 2011 年度合并现金流量表。
4. 运通股份 2011 年度合并所有者权益变动表。

第七部分 案例思考题

1. 运通股份在同一控制下控股合并万达电器,其在当年合并利润表中按规定披露的"被合并方在合并前实现的净利润"信息有何作用?

2. 发生同一控制下企业控股合并,运通股份在编制合并资产负债表时,对于企业合并前万达电器实现的留存收益中归属于运通股份的份额,需要进行重分类调整,为什么要进行该项调整?

3. 在本案例中,运通股份与被合并方万达电器在合并日之前发生的交易是否应在合并当期作为内部交易抵销?为什么?

4. 对照财政部财税〔2009〕59 号文"关于企业重组业务企业所得税处理若干问题的通知",根据本案例所提供资料,你认为运通股份在同一控制下合并万达电器是否符合特殊性税务处理规定?为什么?

5. 根据你对于运通股份合并万达电器是否符合特殊性税务处理规定的判断,请分析该项合并是否会产生暂时性差异?为什么?

6. 根据《企业会计准则解释第 5 号(征求意见稿)》,合并资产负债表中被合并方的各项资产、负债,应当按账面价值计量,被合并方在企业合并前实现的留存收益中归属于合并方的部分,不再由合并方的资本公积转入盈余公积和未分配利润;合并利润表应合并被合并方从合并日开始实现的净利润;合并现金流量表应当合并被合并方从合并日开始形成的现金流量。

合并方在编制合并当期期末的比较报表时,不应将合并取得的被合并方前期有关财务状况、经营成果和现金流量等并入前期合并财务报表。

这与《企业会计准则讲解2010》有关处理不一致,你认为哪种处理方法更好?为什么?

7. 结合本案例所提供资料,说明运通股份在同一控制下控股合并万达电器,与非同一控制下企业合并相比,对合并当年与未来期间有何不同影响?

8. 通过本案例的实验,你有哪些收获?

第二篇

特殊业务

实验六
仅依据合同达成企业合并及其合并财务报表

第一部分 实验目的

1. 熟悉无转移对价实现企业合并的一种形式——仅依据合同达成企业合并的有关原始依据,熟悉合并财务报表的编制基础以及相关资料。
2. 掌握仅依据合同达成企业合并的合并财务报表编制方法。
3. 掌握仅依据合同达成企业合并所编制合并财务报表的特点。

第二部分 教学内容提要

一、无转移对价取得控制权的界定

购买方有时没有转移对价就取得了对被购买方的控制权,例如:

被购买方为使现有投资者(购买方)获得控制权而回购了足够数量的自身股份;

少数股东丧失否决权,而购买方之前虽拥有多数投票权,但因少数否决权的存在而无法控制被购买方;

购买方和被购买方仅依据合同达成合并协议,即仅通过合同而不是所有权份额将两个或者两个以上单独的企业(或特殊目的主体)合并形成一个报告主体的企业合并,无论在购买日当天还是在购买日之前,购买方都未为换取对被购买方的控制权而转移对价,也未持有被购买方的任何权益。

不能仅仅因为承包、托管就将被承包方、被托管方纳入合并财务报表范围。对于没有股权投资关系的被托管方、被承包方,应根据承包合同、托管协议等约定的承包方、托管方承担或享有的整体风险和收益,判断是否能够对其实施控制,确定是否在承包、托管期间将其纳入合并财务报表。

二、无转移对价取得控制权的会计处理原则

没有转移对价就取得了对被购买方的控制权,此类企业合并也应当采用购买法进行会计处理。

在仅依据合同达成的企业合并中,购买方应将根据企业会计准则确认的合并日被购买方净资产的金额归属于被购买方的所有者。由非购买方的其他方持有的被购买方权益在购买方合并财务报表中作为少数股东权益列报,即使被购买方的全部所有者权益都归属于少数股东权益。

由于合并之前购买方对于被购买方没有控制权,它们的会计政策与会计估计很可能有部分不一致,购买方在编制合并财务报表时,首先要根据购买方的会计政策与会计估计调整被购买方的个别财务报表,然后才能根据调整后的被购买方个别财务报表确认购买方应享有或承担的损益。

按购买方的会计政策与会计估计调整被购买方的个别财务报表时,被购买方公司资产、负债的账面价值有可能调整,从而导致其纳入合并财务报表的相关资产、负债列示价值与计税基础产生差异,应当确认相应的递延所得税资产或递延所得税负债。

第三部分 案例公司概况

一、案例公司经营范围

南山农化科技有限公司(以下简称南山公司)是一家外商投资独资企业,主要从事生产和销售自产的复合肥,农业技术咨询服务,国内批发农资。南山公司的投资者在境内累计开设的店铺已经超过 30 家。

广田农业科技有限公司(以下简称广田公司)系广茂科技股份有限公司(以下简称广茂公司)依法设立的全资子公司,经营范围为化肥零售,农药、农膜销售,农业技术咨询等。其经营的商品属于不同的品牌,来自不同的供应商。

注:根据《外商投资商业领域管理办法》(商务部令 2004 年第 8 号)第十八条规定,同一外国投资者在境内累计开设店铺超过 30 家的,如经营商品包括图书、报纸、杂志、汽车(2006 年 12 月 11 日起取消本限制)、药品、农药、农膜、化肥、成品油、粮食、植物油、食糖、棉花等商品,且上述商品属于不同品牌,来自不同供应商的,外国投资者的出资比例不得超过 49%。此后,商务部令 2005 年第 30 号规定,对于上述情况,允许香港、澳门服务提供者控股,出资比例不得超过 51%。商务部令 2006 年第 22 号将此类香港、澳门服务提供者的出资比例上限放宽至 65%。而商务部令 2009 年第 4 号,又进一步允许香港、澳门服务提供者以独资形式经营。

在本案例中,南山公司为外商独资企业,按照当时有关法规规定不能直接经营化肥零售、农药、农膜销售等。

二、案例公司有关企业合并事项

南山公司与广茂公司签订承包经营合同,承包经营期自 2008 年 1 月 1 日至 2012 年 12 月 31 日。南山公司依据该项合同拥有对广茂公司的全资子公司——广田公司的控制权。广田公司系 2007 年 9 月 1 日设立。南山公司与广茂公司之间无关联关系。签订承包经营合同前、后的控制关系分别如图 6-1 和图 6-2。

三、案例公司相关会计政策和会计估计(部分)

(一)南山公司有关企业合并的会计政策

1. 非同一控制下企业控股合并,按照合并成本(包括付出的资产、发生或承担的负债、发行的权益性证券的公允价值之和)作为长期股权投资的初始投资成本。以非货币性资产为支付对价的,其公允价值与账面价值的差额,作为资产处置损益。

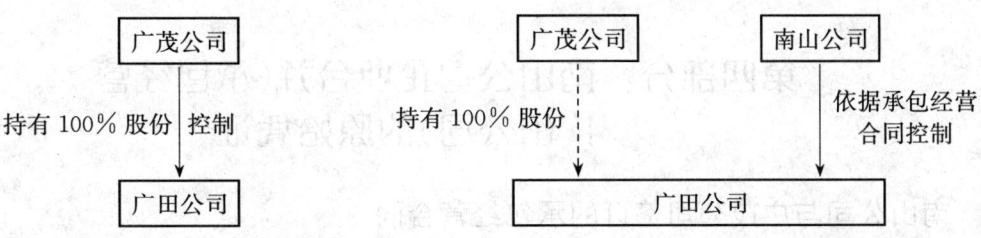

图 6-1　签订承包经营合同前的控制关系　　　图 6-2　签订承包经营合同后的控制关系

2. 同一控制下企业控股合并,按照取得被合并方所有者权益账面价值的份额作为长期股权投资的初始投资成本。长期股权投资初始投资成本与支付的现金、转让的非现金资产以及所承担债务账面价值之间的差额,应当调整资本公积;资本公积不足冲减的,调整留存收益。

(二) 南山公司有关编制合并财务报表的会计政策

1. 以控制为标准确定合并财务报表的合并范围。

2. 仅依据合同达成的企业合并,如果被合并方的会计政策和会计估计与合并方不一致,被合并方的个别财务报表按照合并方的会计政策和会计估计调整以后再纳入合并方的合并财务报表。

3. 仅依据合同达成的企业合并,属于名义股东所享有的权益在合并资产负债表中列为少数股东权益。

4. 内部交易按企业会计准则规定予以抵销。

(三) 南山公司与广田公司有关计提坏账准备的会计政策和会计估计

对于单项金额非重大的应收款项与经单独测试后未减值的应收款项,南山公司和广田公司均按信用风险特征之一——账龄进行分类,并以具有类似信用风险特征组合的实际损失率为基础,确定应计提的坏账准备。分类计提比例如表 6-1 所示。

表 6-1　案例公司应收款项计提坏账准备比例

账　龄	南山公司计提比例(%)	广田公司计提比例(%)
1 年以内(含 1 年)	10	2
1~2 年(含 2 年)	20	10
2~3 年(含 3 年)	50	30
3~4 年(含 4 年)	(即 3 年以上)100	50
4 年以上		100

南山公司与广田公司的其他会计政策和会计估计均相同。

四、案例公司的所得税税率

南山公司、广田公司的所得税税率均为 25%。假设未来期间各公司均有足够的应纳税所得额可供暂时性差异抵扣。

五、案例公司的利润分配

南山公司、广田公司均按当年实现净利润的 10% 提取法定盈余公积,未提取任意盈余公积,也未分派现金股利。

第四部分　南山公司企业合并（承包经营广田公司）的原始凭证

▶南山公司与广茂公司签订的承包经营合同

承包经营合同

承包方：南山农化科技有限公司　　　　　　　　（以下简称甲方）
出包方：广茂科技股份有限公司　　　　　　　　（以下简称乙方）

广田农业科技有限公司（以下简称广田公司）系乙方依法设立的全资子公司，其经营范围为：农业技术咨询、化肥零售、农药、农膜销售等。根据我国《合同法》及《公司法》的相关规定，经甲、乙双方友好协商，就甲方承包经营广田公司事宜达成如下协议：
一、甲方权利和义务：
（一）承包经营期内，甲方负责广田公司的全面生产经营与管理；
（二）承包经营期内，广田公司的所有董事、监事由甲方委派，并依照《公司法》的规定聘用公司经理；
（三）甲方享有并承担承包经营期内广田公司超过合同约定乙方享有利润后的净利润和亏损；
（四）甲方负责处理承包经营期内的各种涉税事项，并承担含企业所得税在内的全部税金；
（五）承包经营期内，广田公司除注册资本金以外的所有经营资金均由甲方负责投入；
（六）甲方负责清偿或清收承包经营广田公司期间形成的债权债务，并承担承包经营期间公司的所有法律责任；
（七）承包经营期内，甲方应自觉遵守国家的法律法规，积极维护乙方的经营形象和商业声誉。
二、乙方权利和义务：
（一）乙方按照本合同拥有优先获得约定利润的权利；
（二）乙方保证将广田公司生产经营证照及其他相关证照完整地移交给甲方；
（三）乙方保证在承包经营期内不干涉甲方正常的生产经营；
（四）乙方应协助甲方办理广田公司生产经营中需要办理的相关事宜。
三、承包经营期限：承包经营期限为5年，即自2008年1月1日至2012年12月31日止。乙方在甲方承包经营期限内无权单方面终止承包经营关系。
四、损益分享或分担：广田公司经审计确定的净利润，若小于或等于人民币贰拾伍万元的，全部归乙方享有，超过人民币贰拾伍万元的，超出部分全部归甲方享有；广田公司经审计确定的净亏损，全部由甲方承担。
五、本合同未尽事宜及所发生之纠纷由双方协商解决。

六、本合同一式肆份,自双方签字并加盖公章之日起生效,双方各持贰份,具同等法律效力。

甲方:(签章)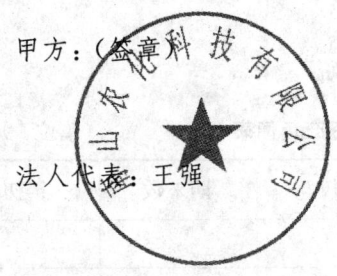

法人代表:王强

乙方:(签章)

法人代表:钱立

签订日期:2007 年 12 月 31 日

第五部分 南山公司编制合并财务报表的基础资料

一、案例公司 2008 年年末应收款项账户余额及账龄

南山公司和广田公司应收账款及其他应收款 2008 年年末账户余额及账龄如表 6-2 所示。

表 6-2 案例公司应收款项 2008 年年末账户余额及账龄 (单位:万元)

账 龄	南山公司账户余额		广田公司账户余额	
	应收账款	其他应收款	应收账款	其他应收款
1 年以内(含 1 年)	900	300	500	0
1~2 年(含 2 年)	400	200	0	0
2~3 年(含 3 年)	30	14	0	0
3~4 年(含 4 年)	50	0	0	0
4 年以上			0	0

广田公司 2008 年年初应收账款及其他应收款账户余额为零。

二、合并财务报表范围内部交易明细表

2008 年南山公司与广田公司的存货购销明细表如表 6-3 所示。

表 6-3 2008 年南山公司与广田公司的存货购销明细表 (单位:元)

日期	销售单位	收入类别	结算方式	品名	营业收入	营业成本	购货单位	购入用途	对外销售	购货单位期末结存
10/25	广田公司	主营业务	支票	化肥	1 000 000	640 000	南山公司	存货	0	1 000 000

三、广田公司与南山公司的个别财务报表

本实验项目不要求编制现金流量表和所有者权益变动表,因此所提供的广田公司与南山公司的个别财务报表不包括现金流量表和所有者权益变动表。

(一)广田公司个别财务报表

1. 广田公司 2008 年 12 月 31 日资产负债表如表 6-4 所示。

表 6-4 广田公司 2008 年 12 月 31 日资产负债表 (单位:元)

资产	期末数	年初数	负债和股东权益	期末数	年初数
流动资产:			流动负债:		
货币资金	1 307 099	789 555	短期借款	9 000 000	2 000 000
交易性金融资产	0	0	应付票据	0	0
应收票据	8 000 000	1 000 000	应付账款	2 266 040	1 721 043
应收账款	4 900 000	0	预收款项	8 654 329	1 222 152
预付款项	6 670 820	2 680 778	应付职工薪酬	116 000	25 000
应收利息	0	0	应交税费	433 980	518
应收股利	0	0	应付利息	0	0
其他应收款	0	0	应付股利	0	0
存货	12 369 800	2 414 390	其他应付款	7 660 411	1 896 317
一年内到期的非流动资产	0	0	一年内到期的非流动负债	0	0
其他流动资产	0	0	其他流动负债	0	0
流动资产合计	33 247 719	6 884 723	流动负债合计	28 130 760	6 865 030
非流动资产:			非流动负债:		
可供出售金融资产	0	0	长期借款	3 000 000	0
持有至到期投资	0	0	应付债券	0	0
长期应收款	0	0	长期应付款	0	0
长期股权投资	0	0	专项应付款	0	0
投资性房地产			预计负债		
固定资产	1 000 281	535 947	递延所得税负债	0	0
在建工程	0	0	其他非流动负债	0	0
工程物资	0	0	非流动负债合计	3 000 000	0
固定资产清理	0	0	负债合计	31 130 760	6 865 030
无形资产	0	0	股东权益:		
开发支出	0	0	股本	1 000 000	1 000 000
商誉	0	0	资本公积	0	0

（续表）

资　　产	期末数	年初数	负债和股东权益	期末数	年初数
长期待摊费用	0	0	减：库存股	0	0
递延所得税资产	25 000	0	盈余公积	258 660	0
其他非流动资产	0	0	未分配利润	1 883 580	−444 360
非流动资产合计	1 025 281	535 947	股东权益合计	3 142 240	555 640
资产总计	34 273 000	7 420 670	负债和股东权益总计	34 273 000	7 420 670

2. 广田公司 2008 年度利润表如表 6-5 所示。

表 6-5　广田公司 2008 年度利润表　　　　　　　　　　　（单位：元）

项　　目	本期金额	上期金额
一、营业收入	97 522 600	1 338 000
减：营业成本	91 330 376	1 280 234
营业税金及附加	0	0
销售费用	1 262 900	286 000
管理费用	960 124	150 000
财务费用	399 600	96 135
资产减值损失	100 000	0
加：公允价值变动收益（损失以"−"号填列）	0	0
投资收益（损失以"−"号填列）	0	0
其中：对联营企业和合营企业的投资收益	0	0
汇兑收益（损失以"−"号填列）	0	0
二、营业利润（亏损以"−"号填列）	3 469 600	−474 369
加：营业外收入	0	30 009
减：营业外支出	20 800	0
其中：非流动资产处置损失	0	0
三、利润总额（亏损总额以"−"号填列）	3 448 800	−444 360
减：所得税费用	862 200	0
四、净利润（净亏损以"−"号填列）	2 586 600	−444 360
五、每股收益		
（一）基本每股收益		
（二）稀释每股收益		
六、其他综合收益	0	0
七、综合收益总额	2 586 600	−444 360

(二) 南山公司个别财务报表

1. 南山公司 2008 年 12 月 31 日资产负债表如表 6-6 所示。

表 6-6　南山公司 2008 年 12 月 31 日资产负债表　　　　　　（单位：元）

资产	期末数	年初数	负债和股东权益	期末数	年初数
流动资产：			流动负债：		
货币资金	2 088 040	3 579 415	短期借款	30 000 000	29 000 000
交易性金融资产	1 236 830	0	应付票据	1 000 000	2 000 000
应收票据	15 400 000	10 000 000	应付账款	2 530 440	2 123 507
应收账款	11 450 000	9 780 000	预收款项	5 089 876	4 000 000
预付款项	5 149 584	7 930 000	应付职工薪酬	506 938	359 800
应收利息	0	0	应交税费	380 000	414 250
应收股利	0	0	应付利息	0	0
其他应收款	4 370 000	3 256 787	应付股利	0	0
存货	18 763 792	17 350 930	其他应付款	963 613	388 574
一年内到期的非流动资产	0	0	一年内到期的非流动负债	0	0
其他流动资产	0	0	其他流动负债	0	0
流动资产合计	58 458 246	51 897 132	流动负债合计	40 470 867	38 286 131
非流动资产：			非流动负债：		
可供出售金融资产	2 340 000	0	长期借款	0	0
持有至到期投资	0	0	应付债券	0	0
长期应收款	0	0	长期应付款	0	0
长期股权投资	0	0	专项应付款	0	0
投资性房地产	0	0	预计负债		
固定资产	13 646 239	12 854 870	递延所得税负债	160 000	
在建工程	1 236 549	2 500 555	其他非流动负债	0	0
工程物资	0	0	非流动负债合计	160 000	0
固定资产清理	0	792 111	负债合计	40 630 867	38 286 131
无形资产	2 573 600	2 320 654	股东权益：		
开发支出	0	0	股本	30 000 000	30 000 000
商誉	0	0	资本公积	560 000	80 000
长期待摊费用	0	0	减：库存股	0	0
递延所得税资产	1 060 500	525 000	盈余公积	1 632 256	1 072 248
其他非流动资产	0	0	未分配利润	6 492 011	1 451 943
非流动资产合计	20 856 888	18 993 190	股东权益合计	38 684 267	32 604 191
资产总计	79 315 134	70 890 322	负债和股东权益总计	79 315 134	70 890 322

2. 南山公司 2008 年度利润表如表 6-7 所示。

表 6-7 南山公司 2008 年度利润表 （单位：元）

项　　目	本期金额	上期金额
一、营业收入	109 420 250	124 666 710
减：营业成本	93 298 655	107 150 000
营业税金及附加	2 053 820	2 208 770
销售费用	1 482 693	2 255 345
管理费用	2 085 930	2 507 248
财务费用	991 252	1 040 000
资产减值损失	1 932 000	2 100 000
加：公允价值变动收益（损失以"－"号填列）	－210 000	0
投资收益（损失以"－"号填列）	0	0
其中：对联营企业和合营企业的投资收益	0	0
汇兑收益（损失以"－"号填列）	0	0
二、营业利润（亏损以"－"号填列）	7 365 900	7 405 347
加：营业外收入	540 000	153 000
减：营业外支出	439 132	1 168 411
其中：非流动资产处置损失	439 132	1 168 411
三、利润总额（亏损总额以"－"号填列）	7 466 768	6 389 936
减：所得税费用	1 866 692	1 597 484
四、净利润（净亏损以"－"号填列）	5 600 076	4 792 452
五、每股收益		
（一）基本每股收益		
（二）稀释每股收益		
六、其他综合收益	480 000	0
七、综合收益总额	6 080 076	4 792 452

第六部分　实　验　要　求

一、合并工作底稿（资产负债表和利润表）

1. 调整分录表（分别对广田、南山各公司个别财务报表调整）。
2. 内部抵销分录表。
3. 本年度合并工作底稿（资产负债表和利润表项目）。

二、合并财务报表(本项实验只要求填列 2008 年年末余额)

1. 南山公司 2008 年 12 月 31 日合并资产负债表。
2. 南山公司 2008 年度合并利润表。

第七部分 案例思考题

1. 试分析南山公司合并广田公司的背景、动机及合规性问题。
2. 根据所提供资料判断南山公司是否控制广田公司,是否应当将其纳入合并范围?请说明理由。
3. 针对南山公司仅依据合同达成企业合并而编制的合并财务报表,分析少数股东权益项目与少数股东损益项目的列报有何特点。
4. 如果本案例中广田公司的资产、负债在合并日账面价值与其公允价值有差异,你认为南山公司将其纳入合并财务报表时应当按照上述哪一种价值?请说明理由,分析两种不同计量基础对财务报表的影响。
5. 如果本案例中广田公司在合并前有应收账款余额,在按照南山公司对坏账损失的会计估计进行调整时,是否需要调整广田公司在合并前计提的坏账准备?请说明理由。
6. 如果本案例中无论广田公司损益如何,南山公司每年均需支付广茂公司 25 万元承包费,你认为该项企业合并是否属于无转移对价的企业合并?若你判断属于有转移对价的企业合并,请说明对该转移对价进行计量的方法和会计处理的原则。
7. 能否根据被合并方调整后的个别财务报表与合并方调整前个别财务报表(未按权益法调整)编制合并财务报表?试结合本案例说明如何在成本法基础上编制合并财务报表,并分析该种方法的适用性。
8. 通过本案例的实验,你有哪些收获?

实验七
超额亏损子公司纳入与退出合并财务报表

第一部分 实验目的

1. 掌握超额亏损子公司的合并财务报表编制方法,掌握子公司超额亏损在母公司所有者与少数股东之间的承担方法。
2. 掌握超额亏损子公司的处置在合并财务报表中的列报。

第二部分 教学内容提要

一、合并财务报表中对子公司超额亏损的确认

对于子公司发生的超额亏损,在合并财务报表中应当全部确认,以反映企业集团的整体经营情况。母公司所有者与少数股东分别按持股比例承担子公司发生的超额亏损。

母公司对于子公司超额亏损的确认,与联营企业或合营企业对于被投资企业超额亏损的确认有所不同。联营企业或合营企业并未全部纳入投资企业的财务报表,投资企业只确认其在被投资企业净损益和净资产中应享有的份额,确认投资损失以其出资额(包括长期权益)和约定的其他责任义务为限。母公司将子公司的资产、负债、收入、费用等全部纳入合并财务报表。合并财务报表是将母公司与子公司作为一个报告主体进行列报的,无论投资者是否承担有限责任,子公司发生超额亏损均会影响合并的净利润和未分配利润,同时也影响少数股东损益和少数股东权益。因此,少数股东权益有可能被冲减而出现负数。

二、处置超额亏损子公司的有关会计处理

在个别财务报表层面,按照处置超额亏损子公司的价款金额(有可能以零价格转让)与该项长期股权投资账面价值的差额,确认处置损益。

在合并财务报表层面,处置超额亏损子公司当期的相关投资收益主要受到下列两个因素的影响:处置价款和母公司所有者已经确认的超额亏损。虽然在合并财务报表中为了反映企业集团的整体经营情况确认了子公司发生的超额亏损,但由于股东承担的是有限责任,所以合并财务报表中已经确认而母公司所有者无需承担的子公司超额亏损,应当在处置当期的合并财务报表中确认投资收益。计入合并利润表的处置超额亏损子公司的投资收益,为处置价款与截至处置日母公司所有者累计确认的子公司超额亏损绝对值之和。

第三部分 案例公司概况

一、嘉佳集团经营范围

嘉佳超市股份有限公司(以下简称嘉佳超市)为上市公司。嘉佳集团是以嘉佳超市为母公司的连锁超市经营的商业零售企业集团。

嘉佳集团主要经营范围：百货、文化用品、日用杂品(除烟花爆竹)、五金交电、电子产品、通讯器材(除卫星地面接收设施)、橡胶塑料制品、皮革制品、包装食品、粮油及其制品、卷烟、雪茄烟的零售；柜台招租(以上经营范围不含国家禁止或限制经营的项目)。

二、嘉佳集团有关股权转让事项

2011年6月30日，嘉佳超市以零价格将其拥有60%股权的NO.4店转让给无关联关系的百利股份有限公司，通过产权交易所完成产权转让交割程序，并于同日完成工商变更登记。截至2011年6月30日，NO.4店可辨认净资产的账面价值为-543.848万元，《NO.4店股权转让项目股东全部权益价值评估报告》以2010年12月31日为评估基准日确定的NO.4店可辨认净资产的公允价值为-396.683万元。

嘉佳超市对该项股权投资未计提减值准备，在其2011年个别利润表中已确认处置损失60万元。嘉佳超市对NO.4店无股权以外的其他长期权益，也无约定的其他责任义务。

三、嘉佳集团的股权投资关系

(一) 截至2010年12月31日嘉佳集团的股权投资关系

嘉佳超市所控制的子公司NO.1店、NO.2店、NO.3店、NO.4店，均于2010年之前与其他投资者参与投资新设成立，投资者投入资本即为注册资本。截至2010年12月31日，嘉佳超市持有NO.1店、NO.2店、NO.3店、NO.4店的表决权股份分别为90%、90%、80%、60%，对它们均拥有控制权，嘉佳集团的股权投资关系如图7-1所示。

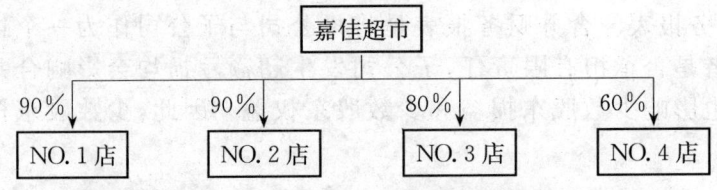

图7-1 截至2010年12月31日嘉佳集团股权投资关系

(二) 截至2011年12月31日嘉佳集团的股权投资关系

截至2011年12月31日，嘉佳超市持有NO.1店、NO.2店、NO.3店的表决权股份分别为90%、90%、80%，对它们拥有控制权，嘉佳集团的股权投资关系如图7-2所示。

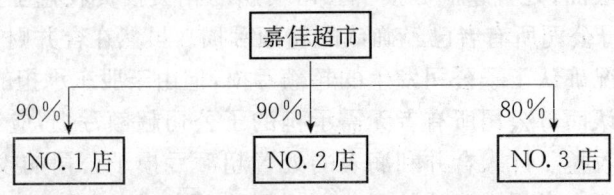

图7-2 截至2011年12月31日嘉佳集团股权投资关系

四、嘉佳集团相关会计政策和会计估计(部分)

(一)嘉佳集团有关长期股权投资的会计政策

1. 后续计量方法的适用范围。

(1)对于联营企业及合营企业的投资采用权益法核算。

(2)对子公司的投资以及对不具有共同控制或重大影响,并且在活跃市场中没有报价、公允价值不能可靠计量的长期股权投资,采用成本法核算。

2. 长期股权投资的处置损益计量。处置长期股权投资,其账面价值与实际取得价款的差额,应当计入当期损益。采用权益法核算的长期股权投资,因被投资单位除净损益以外所有者权益的其他变动而计入所有者权益的,处置该项投资时应当将原计入所有者权益的部分按相应比例转入当期损益。

(二)嘉佳集团有关计提坏账准备的会计政策和会计估计

对于单项金额非重大的应收款项与经单独测试后未减值的应收款项,均按信用风险特征之一——账龄进行分类,并以具有类似信用风险特征组合的实际损失率为基础,确定应计提的坏账准备。分类计提比例如表7-1所示。

表7-1 嘉佳集团计提坏账准备的比例

账　　龄	坏账计提比例(%)
6个月以内(含6个月)	5
6个月至1年(含1年)	10
1~2年(含2年)	30
2~3年(含3年)	50
3年以上	100

(三)嘉佳集团有关编制合并财务报表的会计政策

1. 以控制为标准确定合并财务报表的合并范围。

2. 按权益法调整母公司个别财务报表。

(1)确认投资损失的限额。投资企业在确认应分担被投资单位发生的亏损时,在长期股权投资的账面价值减记至零的情况下,如果仍有未确认的投资损失,应以其他长期权益的账面价值为基础继续确认,直至其减记至零。如果按投资合同或协议约定导致投资企业需要承担额外义务的,按照或有事项准则的规定对符合条件的义务确认投资损失和预计负债。

(2)子公司少数股东对于子公司超额亏损的分担。在合并财务报表中,子公司发生超额亏损的,子公司少数股东应当按照持股比例分担超额亏损。即在合并财务报表中,子公司少数股东分担的当期亏损超过了少数股东在该子公司期初所有者权益中所享有的份额的,其余额仍应当冲减少数股东权益。

(3)按权益法调整母公司个别财务报表暂不考虑内部未实现损益及其所得税影响。留待合并净利润形成后调整少数股东损益时一并考虑。

3. 合并净利润在母公司所有者与少数股东之间的分拆。将合并净利润在母公司所有者与少数股东之间分拆时,对于逆流内部交易,少数股东应按持股比例分担内部交易未实现损益净额(即按持股比例分担内部交易未实现损益扣除所得税影响后的余额)。

4. 处置子公司有关损益的计量。企业处置对子公司的投资，取得的对价减去按原持股比例计算应享有原子公司自合并日开始持续计算的净资产的份额之间的差额，在合并财务报表中确认为丧失控制权当期的投资收益。

处置超额亏损子公司，计入合并利润表的处置收益为处置价款与截至处置日母公司股东累计确认的子公司超额亏损份额绝对值之和。

五、嘉佳集团的所得税税率

嘉佳集团各公司的所得税税率均为25%。假设未来期间各公司均有足够的应纳税所得额可供暂时性差异抵扣。

六、嘉佳集团的利润分配

嘉佳集团各公司均在年末按当年实现净利润的10%提取法定盈余公积。

嘉佳超市2011年3月30日宣告每10股送红利股1股，并于2011年5月28日实际发放股票股利3 000万股。各子公司2010年和2011年均未对所有者分配利润。

第四部分　嘉佳超市转让 NO.4 店 60%股权的原始凭证

嘉佳超市转让 NO.4 店 60%股权的原始凭证主要包括：NO.4 店股权转让项目股东全部权益价值评估报告、嘉佳超市2011年度第二次临时股东大会决议公告、转让 NO.4 店 60%股权的产权交易合同、转让 NO.4 店 60%股权的产权交易凭证等。

一、NO.4 店股权转让项目股东全部权益价值评估报告

NO.4 店股权转让项目
股东全部权益价值评估报告
汇众资评报字(2011)第 132 号

摘　要

以下内容摘自本评估报告书正文，欲了解本评估项目的详细情况和合理理解评估结论，应认真阅读本评估报告书正文。

项目名称：NO.4 店股权转让全部权益价值评估报告

委托方：嘉佳超市股份有限公司

委托方以外的其他评估报告使用者：除委托方之外，国家法律、法规明确的为实现与本次评估目的相关经济行为而需要使用本评估报告的相关当事方

被评估企业：NO.4 店

评估目的：股权转让

评估对象：本次资产评估对象系截至 2010 年 12 月 31 日 NO.4 店的股东全部权益价值

评估范围：本次资产评估对象系截至 2010 年 12 月 31 日 NO.4 店经审计后的全部资产和负债

价值类型： 市场价值
评估基准日： 2010 年 12 月 31 日
评估方法： 资产基础法和收益法
评估结论及其使用有效期：

1. 资产基础法评估结果。净资产账面值－4 266 830 元，调整后账面值－4 266 830 元，评估值－3 966 830 元（人民币大写：负叁佰玖拾陆万陆仟捌佰叁拾元整）评估增值 300 000 元，评估增值率 7.03%。

2. 收益法评估结果。经过收益法评估程序，估算得出 NO.4 店的评估价值为 －4 016 830 元。

3. 评估结论的确定。经分析，资产基础法确定的企业价值为－3 966 830 元，收益法验证的企业价值为－4 016 830 元，两者相差 50 000 元，属于正常范围。结合本次评估目的为股权转让项目，同时考虑到收益法评估结果主观因素较多，评估师认为采用资产基础法的评估结果更为合理。

评估人员最后选择资产基础法评估结果－3 966 830 元（人民币大写：负叁佰玖拾陆万陆仟捌佰叁拾元整）作为本次评估结论。

评估结果与调整后账面值的比较变动情况如下表所示。

资产评估结果汇总表

项 目	账面净值	调整后账面净值	评估值	增减值	增减率
	A	B	C	D＝C－B	E＝D/B＊100%
流动资产	7 541 618	7 541 618	7 541 618		
固定资产	1 375 752	1 375 752	1 675 752	300 000	21.81
长期待摊费用	669 608	669 608	669 608		
资产总计	9 586 978	9 586 978	9 886 978	300 000	3.13
流动负债	13 853 808	13 853 808	13 853 808		
非流动负债	0	0	0		
负债总计	13 853 808	13 853 808	13 853 808		
净资产总计	－4 266 830	－4 266 830	－3 966 830	300 000	7.03

本评估结论的使用有效期为 2010 年 12 月 31 日至 2011 年 12 月 30 日。
在使用本报告时，应注意评估报告特别事项说明和使用限制。
以上内容摘自评估报告正文，欲了解本评估项目的详细情况和合理理解评估结论，应当阅读评估报告正文。

上海汇众资产评估有限公司
2011 年 1 月 30 日

注：由于篇幅限制，此处省略《NO.4 店股权转让项目股东全部权益价值评估报告（正文）》。

二、嘉佳超市2011年度第二次临时股东大会决议公告

证券代码：600＊＊＊　　　　证券简称：嘉佳超市　　　　公告编号：2011－12

嘉佳超市股份有限公司
2011年度第二次临时股东大会决议公告

　　本公司及董事会全体成员保证信息披露的内容真实、准确、完整，没有虚假记载、误导性陈述或重大遗漏。

　　一、重要提示

　　本次会议召开期间没有增加、否决或变更提案。

　　二、会议召开的情况

　　1. 召开时间：2011年6月16日上午10时。

　　2. 召开地点：上海市陆家嘴东路×××号。

　　3. 召开方式：现场投票方式。

　　4. 召集人：嘉佳超市股份有限公司董事会。

　　5. 主持人：李宇董事长。

　　6. 会议的召开符合《公司法》、《上市公司股东大会规则》、《上海证券交易所股票上市规则》及《公司章程》的有关规定。

　　三、会议的出席情况

　　股东(代理人)7人，代表股份210 000 000股，占上市公司总股份的70％。

　　公司董事、监事、高级管理人员及公司聘请的见证律师出席了本次股东大会。

　　四、提案审议和表决情况

　　与会股东(代理人)以现场记名投票方式，审议表决情况如下：

　　审议通过了《关于转让NO.4店60％股权的议案》；

　　同意210 000 000股，占出席会议股东有表决权总数的100％；反对0股；弃权0股。

　　五、律师出具的法律意见

　　1. 律师事务所名称：上海中信律师事务所。

　　2. 律师姓名：吴越、孙鸿。

　　3. 结论性意见：公司本次股东大会的召集、召开程序符合有关法律、行政法规、《上市公司股东大会规则》及《公司章程》的规定；出席本次股东大会人员的资格、本次股东大会召集人的资格合法有效；本次股东大会的表决程序及表决结果符合法律、行政法规、规章及《公司章程》的规定。

　　六、备查文件

　　与本次股东大会相关的股东大会决议、会议原始资料、董事会决议、会议通知、法律意见书等备置于公司董事会秘书办公室，供投资者及有关部门查阅。

　　特此公告。

嘉佳超市股份有限公司董事会
2011年6月16日

三、转让 NO.4 店 60% 股权的产权交易合同

上市挂牌号：G300SH1004＊＊＊
合同编号：11062066

上海市产权交易合同

上海市工商行政管理局
上海市产权交易管理办公室　制定

本合同涉及的当事人和受托人

出让人（以下简称甲方）：嘉佳超市股份有限公司
住所：上海市陆家嘴东路×××号　　　电话：021-6356××××
法定代表人：李宇　　　　　　　　　　职务：董事长
企业类型：股份有限公司（上市）　　　邮编：200015
注册资本：3亿元
开户银行：上海中信银行黄浦支行　　　账号：076431-9814016600000000××
受托经纪组织：上海斯曼商务咨询有限公司　电话：021-6966××××

受让人（以下简称乙方）：百利股份有限公司
住所：上海市凯旋中路×××号　　　　电话：021-6688××××
法定代表人：伍简　　　　　　　　　　职务：董事长
企业类型：股份有限公司（非上市）　　邮编：200120
注册资本：5亿元
开户银行：中国工商银行浦东支行　　　账号：622230030307700××××
受托经纪组织：上海瑞祥商务咨询有限公司　电话：021-6989××××

根据中华人民共和国法律法规和《上海市产权交易市场管理办法》的有关规定，甲、乙双方遵循自愿、公平、诚实信用的原则订立本合同，以资共同遵守。

鉴于：

1. NO.4店成立于2005年2月12日，注册资金为人民币100万元，系由嘉佳超市股份有限公司出资60万元，占注册资本的60%；由百利股份有限公司出资40万元，占注册资本的40%。

2. 经评估，截至2010年12月31日，NO.4店资产合计为人民币9 886 978元，负债合计为13 853 808元，净资产为-3 966 830元。

3. 本次NO.4店60%股权转让，各方当事人已被授权。

第一条　股权转让的标的

甲方将所持有的NO.4店60%股权有偿转让给乙方。

第二条　股权转让的价格

甲方将上述产权以人民币0元（大写：零元整）转让给乙方。
乙方受让60%股权的价格为人民币0元（大写：零元整）。

第三条　股权转让的方式

上述产权经资产评估确认后，通过上海联合产权交易所上市挂牌，采用协议转让的方式，确定受让人和转让价格，签订产权交易合同，实施产权交易。

第四条　股权转让涉及的企业职工安置

本合同不涉及此条款。

第五条　股权转让涉及的债权、债务的承继和清偿办法
本合同不涉及此条款。

第六条　股权转让中涉及的资产处置
本合同不涉及此条款。

第七条　股权转让总价款的支付方式、期限和付款条件
本合同不涉及此条款。

第八条　股权交割事项
双方当事人应于本合同经上海联合产权交易所出具产权交易凭证之日起10日内，完成产权转让的交割。

经甲、乙双方约定，交易基准日为2010年12月31日。由交易基准日起至产权或资产转让的完成日止，期间产生的盈利或亏损及风险由乙方承接。

第九条　权证的变更
经甲、乙双方协商和共同配合，在本合同经上海联合产权交易所出具产权交易凭证之日起30日内，向有关登记机关申请办理权证变更手续。

第十条　股权转让的税收和费用
产权转让中涉及的有关税收，按照国家有关法律规定缴纳。

产权转让中涉及的有关费用，经甲、乙双方当事人共同协商约定，由双方共同承担支付。

第十一条　违约责任
甲、乙任何一方未能按本协议履行，应视为违约。违约方应当负责赔偿其违约行为给守约方造成的一切经济损失，但不应超过违约方在签署本协议时预见到或应当预见到的因其违反本协议可能给另一方造成的损失。

第十二条　争议的解决方式
甲、乙双方在履行本合同过程中若发生争议，可向上海联合产权交易所或上海市产权交易管理办公室申请调解；任何一方不愿调解或调解无效的，可向有管辖权的人民法院提起诉讼。

第十三条　合同的变更和解除
发生下列情形的，可以变更或解除合同：
1. 因情况发生变化，双方当事人经过协商同意，且不损害国家和社会公共利益的。
2. 因不可抗力因素致使本合同的全部义务不能履行的。
3. 因一方当事人在合同约定的期限内，因故没有履行合同，另一方当事人予以认可的。
4. 因本合同中约定的变更或解除合同的情况出现的。

甲、乙双方同意解除本合同，甲方应将乙方的已付款项全额返回给乙方。

本合同需变更或解除，甲、乙双方及其委托的产权经纪组织必须签订变更或解除合同的协议，并报上海联合产权交易所备案。

第十四条　甲、乙双方的承诺
1. 甲方向乙方承诺所转让的产权属真实、完整，没有隐匿下列事实：
(1) 执法机构查封资产的情形；
(2) 权益、资产担保的情形；
(3) 资产隐匿的情形；
(4) 诉讼正在进行中的情形；

(5) 影响产权真实、完整的其他事实。

2. 乙方向甲方承诺拥有完全的权利能力和行为能力进行产权受让,无欺诈行为。

3. 未经对方事先书面许可,任何一方不得泄露本合同中的内容。

第十五条　其他

上述条款若有未尽事项,由甲、乙双方协商后另行约定。

本合同由甲、乙双方及执业产权经纪人、产权经纪组织签字盖章,并经上海联合产权交易所审核盖章,出具产权交易凭证后即生效。

国家法律、法规对本合同生效另有规定的,从其规定。

"合同使用须知"和本合同所必备的附件,与本合同具有同等的法律效力。

本合同一式柒份,甲、乙双方各执壹份,产权标的方执壹份,产权经纪组织各执壹份,上海联合产权交易所执壹份,上海市工商行政管理部门执壹份。

(以下无正文)

附件:

标的企业:营业执照、税务登记证、机构代码证、章程、验资报告、股东会决议、审计报告、资产评估报告及备案表。

出让人:营业执照、税务登记证、机构代码证、章程、股东会决议、批准文件、转让提示、法律意见书。

受让人:营业执照、税务登记证、机构代码证、章程、股东会决议、资产负债表。

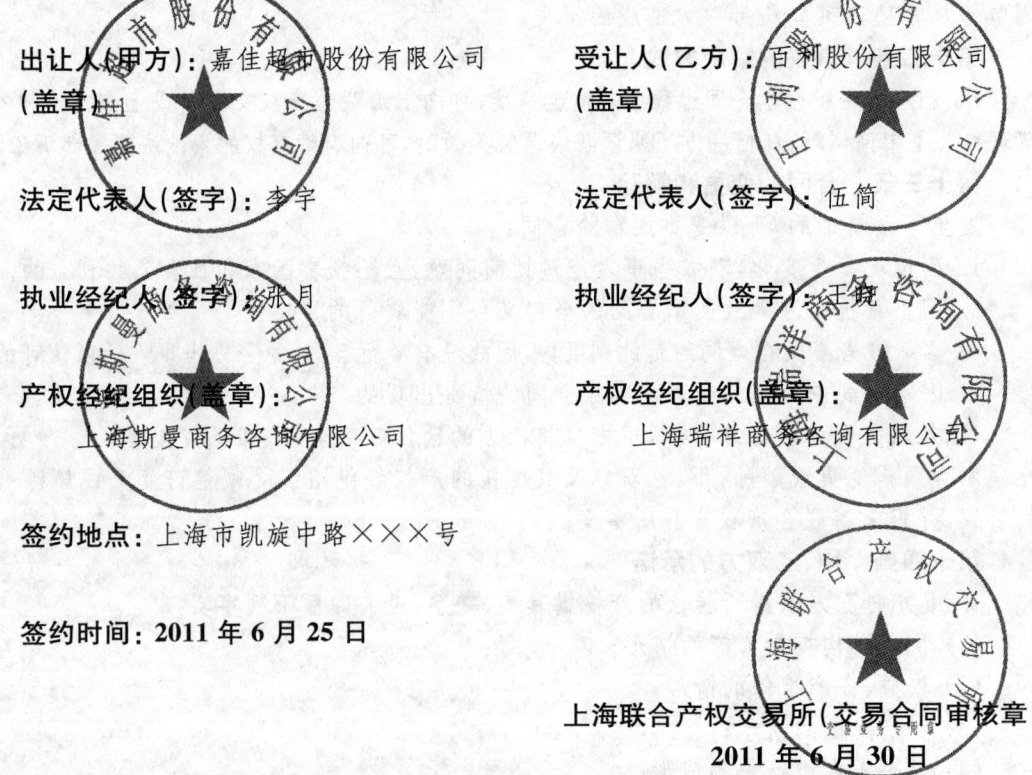

出让人(甲方):嘉佳超市股份有限公司
(盖章)

受让人(乙方):百利股份有限公司
(盖章)

法定代表人(签字):李宇

法定代表人(签字):伍简

执业经纪人(签字):张月

执业经纪人(签字):王锐

产权经纪组织(盖章):
　　上海斯曼商务咨询有限公司

产权经纪组织(盖章):
　　上海瑞祥商务咨询有限公司

签约地点:上海市凯旋中路×××号

签约时间:2011 年 6 月 25 日

上海联合产权交易所(交易合同审核章)
2011 年 6 月 30 日

四、转让 NO.4 店 60％股权的产权交易凭证

上海联合产权交易所
Shanghai united assets and equity exchange
产权交易凭证（A 类）
Transaction certificate（Type A） NO. 0008＊＊＊
（2010 版）（2010 version）

本凭证内容以产权交易各方主体提供的、并经受托机构核实的有关主体资格、产权归属、机构决策或批准等文件均系真实、合法为前提条件，予以如实、客观记载。

Information contained in this certificate is simply an objective record of and on the base of the fact that all the documents regarding eligibility, proprietary rights, decisions or approvals provided by the parties and verified by their agencies are true, legitimate and valid.

上海国家税务局监制 / 上海地方税务局监制
Under the supervision of Shanghai National tax Bureau / Under the supervision of Shanghai tax Bureau

项目编号 Contract No.	G300SH1104＊＊＊	签约日期 Conclusion date	2011 年 6 月 25 日
转让产权内容 Property rights to be transferred	NO.4 店 60％股权		
出让方 Seller	嘉佳超市股份有限公司	受让方 Buyer	百利股份有限公司
受托机构 Agency	上海联合产权交易所	受托机构 Agency	上海联合产权交易所
转让产权于交易基准日相关指标： Financials as on year month date		资产总额 Total assets：	989 万元 ten thousand yuan
负债总额 Total liabilities：	1 385 万元 ten thousand yuan	所有者权益 Equity：	－396 万元 ten thousand yuan
转让价格 Transfer price	0.00（零元整）		
支付方式 Mode of Payment	转让价款分期付款　场内结算		
交易机构 审核结论 SUAEE opinion	依据有关法律法规及相关规定，经审核，各方交易主体行使本次产权交易的行为符合交易的程序性规定，特出具产权交易凭证。 According to the relevant laws and regulations, upon reviewing, the whole process of the transaction is in compliance with the procedural requirements and hereby this Transaction Certificate is issued. 上海联合产权交易所 Shanghai United Assets and Equity Exchange 2011 年 6 月 30 日 Date		
备注 Notes			

第三联 出让方留存
The Third Copy Kept by Seller

制单：
Prepared by： 方飞（受理部）　　　　　复核：
Proof Reading： 李立（受理部）
地址：上海市广东路 689 号三楼　　邮编：200001　　电话：(8621)63410000
Address：Floor 3, 689 Guangdong Road, Shanghai 200001　Tel(8621)63410000

制单日期：2011 年 6 月 30 日

第五部分 嘉佳超市编制合并财务报表的基础资料

一、合并财务报表范围内部交易及往来明细表

1. 2010年嘉佳集团内部存货购销明细表如表7-2所示。

表7-2　2010年嘉佳集团内部存货购销明细表　　　　　　　　（单位：元）

日期	销售单位	收入类别	结算方式	业务类型	营业收入	营业成本	购货单位	购入用途
全年	嘉佳超市	主营业务	部分赊销	货物配送	158 769 000	158 769 000	NO.1店	商品零售
全年	嘉佳超市	主营业务	部分赊销	货物配送	62 366 000	62 366 000	NO.2店	商品零售
全年	嘉佳超市	主营业务	部分赊销	货物配送	73 803 000	73 803 000	NO.3店	商品零售
全年	嘉佳超市	主营业务	部分赊销	货物配送	31 357 000	31 357 000	NO.4店	商品零售
合　计					326 295 000	326 295 000	—	—

2. 2010年嘉佳集团内部往来明细表如表7-3所示。

表7-3　2010年嘉佳集团内部往来明细表　　　　　　　　（单位：元）

债权人	债务人	债权账户	2010年年初			2010年年末		
			账户余额	账　龄	坏账准备	账户余额	账　龄	坏账准备
嘉佳超市	NO.1店	应收账款	29 686 000	6个月以内	1 484 300	32 480 000	6个月以内	1 624 000
嘉佳超市	NO.2店	应收账款	17 260 000	6个月以内	863 000	20 536 000	6个月以内	1 026 800
嘉佳超市	NO.3店	应收账款	14 960 000	6个月以内	748 000	15 200 000	6个月以内	760 000
嘉佳超市	NO.4店	应收账款	12 602 000	6个月以内	630 100	10 980 000	6个月以内	549 000
合　计			74 508 000	—	3 725 400	79 196 000	—	3 959 800

3. 2011年嘉佳集团内部存货购销明细表如表7-4所示。

表7-4　2011年嘉佳集团内部存货购销明细表　　　　　　　　（单位：元）

日期	销售单位	收入类别	结算方式	业务类型	营业收入	营业成本	购货单位	购入用途
全年	嘉佳超市	主营业务	部分赊销	货物配送	163 600 000	163 600 000	NO.1店	商品零售
全年	嘉佳超市	主营业务	部分赊销	货物配送	44 250 000	44 250 000	NO.2店	商品零售
全年	嘉佳超市	主营业务	部分赊销	货物配送	68 110 000	68 110 000	NO.3店	商品零售
上半年	嘉佳超市	主营业务	部分赊销	货物配送	13 800 000	13 800 000	NO.4店	商品零售
合　计					289 760 000	289 760 000	—	—

4. 2011年嘉佳集团内部往来明细表如表7-5所示。

表7-5 2011年嘉佳集团内部往来明细表　　　　　　　　　　　　（单位：元）

债权人	债务人	债权账户	2010年年初			2010年年末		
			账户余额	账龄	坏账准备	账户余额	账龄	坏账准备
嘉佳超市	NO.1店	应收账款	32 480 000	6个月以内	1 624 000	36 360 000	6个月以内	1 818 000
嘉佳超市	NO.2店	应收账款	20 536 000	6个月以内	1 026 800	16 828 000	6个月以内	841 400
嘉佳超市	NO.3店	应收账款	15 200 000	6个月以内	760 000	20 568 000	6个月以内	1 028 400
嘉佳超市	NO.4店	应收账款	10 980 000	6个月以内	549 000	—	6个月以内	—
	合　计		79 196 000	—	3 959 800	73 756 000	—	3 687 800

二、NO.1店、NO.2店、NO.3店、NO.4店及嘉佳超市的个别财务报表

本实验项目不要求编制现金流量表，因此所提供的嘉佳超市、NO.1店、NO.2店、NO.3店及NO.4店各公司的个别财务报表不包括现金流量表。

（一）NO.1店个别财务报表

1. NO.1店2011年12月31日资产负债表如表7-6所示。

表7-6　NO.1店2011年12月31日资产负债表　　　　　　　　　　（单位：元）

资　产	期末数	年初数	负债和股东权益	期末数	年初数
流动资产：			流动负债：		
货币资金	7 920 808	7 738 880	短期借款	1 000 000	800 000
交易性金融资产	0	0	应付票据	0	0
应收票据	0	0	应付账款	37 369 080	39 988 842
应收账款	105 252	313 191	预收款项	2 596 792	97 653
预付款项	39 487 995	27 781 414	应付职工薪酬	12 050	12 803
应收利息	0	0	应交税费	1 714 316	1 616 030
应收股利	0	0	应付利息	0	0
其他应收款	125 472	0	应付股利	0	0
存货	15 017 530	20 805 623	其他应付款	2 009 137	3 675 352
一年内到期的非流动资产	0	0	一年内到期的非流动负债	0	0
其他流动资产	0	0	其他流动负债	0	0
流动资产合计	62 657 057	56 639 108	流动负债合计	44 701 375	46 190 680
非流动资产：			非流动负债：		
可供出售金融资产	0	0	长期借款	0	0
持有至到期投资	0	0	应付债券	0	0
长期应收款	0	0	长期应付款	0	0
长期股权投资	0	0	专项应付款	0	0
投资性房地产	0	0	预计负债	0	0
固定资产	3 456 369	4 002 809	递延所得税负债	0	0

(续表)

资产	期末数	年初数	负债和股东权益	期末数	年初数
在建工程	0	0	其他非流动负债	0	0
工程物资	0	0	非流动负债合计	0	0
固定资产清理	0	0	负债合计	44 701 375	46 190 680
无形资产	0	0	股东权益：		
开发支出	0	0	股本	1 000 000	1 000 000
商誉	0	0	资本公积	0	0
长期待摊费用	2 711 699	3 123 513	减：库存股	0	0
递延所得税资产	0	0	盈余公积	3 563 650	2 908 750
其他非流动资产	0	0	未分配利润	19 560 100	13 666 000
非流动资产合计	6 168 068	7 126 322	股东权益合计	24 123 750	17 574 750
资产总计	68 825 125	63 765 430	负债和股东权益总计	68 825 125	63 765 430

2. NO.1 店 2011 年度利润表如表 7-7 所示。

表 7-7 NO.1 店 2011 年度利润表　　　　　　　　　　（单位：元）

项　目	本期金额	上期金额
一、营业收入	192 752 100	202 938 896
减：营业成本	167 123 758	175 411 860
营业税金及附加	223 030	177 623
销售费用	16 446 498	19 427 896
管理费用	800 974	690 530
财务费用	33 362	32 418
资产减值损失	0	0
加：公允价值变动收益(损失以"－"号填列)	0	0
投资收益(损失以"－"号填列)	0	0
其中：对联营企业和合营企业的投资收益	0	0
汇兑收益(损失以"－"号填列)	0	0
二、营业利润(亏损以"－"号填列)	8 124 478	7 198 569
加：营业外收入	610 927	715 580
减：营业外支出	3 405	359 149
其中：非流动资产处置损失	3 405	359 149
三、利润总额(亏损总额以"－"号填列)	8 732 000	7 555 000
减：所得税费用	2 183 000	1 888 750
四、净利润(净亏损以"－"号填列)	6 549 000	5 666 250
五、每股收益		
（一）基本每股收益		
（二）稀释每股收益		
六、其他综合收益	0	0
七、综合收益总额	6 549 000	5 666 250

3. NO.1 店 2011 年度所有者权益变动表如表 7-8 所示。

表 7-8 NO.1 店 2011 年度所有者权益变动表

(单位:元)

项 目	本 期 金 额								上 年 同 期 金 额							
	实收资本(或股本)	资本公积	减:库存股	专项储备	盈余公积	一般风险准备	未分配利润	所有者权益合计	实收资本(或股本)	资本公积	减:库存股	专项储备	盈余公积	一般风险准备	未分配利润	所有者权益合计
一、上年末余额	1 000 000				2 908 750	0	13 666 000	17 574 750	1 000 000				2 342 125		8 566 375	11 908 500
加:会计政策变更								0								0
前期差错更正								0								0
其他								0								0
二、本年年初余额	1 000 000	0	0	0	2 908 750	0	13 666 000	17 574 750	1 000 000				2 342 125	0	8 566 375	11 908 500
三、本期增减变动金额(减少以"-"号填列)					654 900		5 894 100	6 549 000					566 625		5 099 625	5 666 250
(一)净利润							6 549 000	6 549 000							5 666 250	5 666 250
(二)其他综合收益								0								0
上述(一)和(二)小计							6 549 000	6 549 000							5 666 250	5 666 250
(三)所有者投入和减少资本								0								0
1. 所有者投入资本								0								0
2. 股份支付计入所有者权益的金额								0								0
3. 其他								0								0
(四)利润分配					654 900		-654 900	0					566 625		-566 625	0
1. 提取盈余公积					654 900		-654 900	0					566 625		-566 625	0
2. 提取一般风险准备								0								0
3. 对所有者(或股东)的分配								0								0
4. 其他								0								0
(五)所有者权益内部结转								0								0
1. 资本公积转增资本(或股本)								0								0
2. 盈余公积转增资本(或股本)								0								0
3. 盈余公积弥补亏损								0								0
4. 其他								0								0
(六)专项储备								0								0
(七)其他								0								0
四、本期期末余额	1 000 000	0	0	0	3 563 650	0	19 560 100	24 123 750	1 000 000				2 908 750	0	13 666 000	17 574 750

(二) NO.2 店个别财务报表

1. NO.2 店 2011 年 12 月 31 日资产负债表如表 7-9 所示。

表 7-9 NO.2 店 2011 年 12 月 31 日资产负债表　　　　　　　　（单位：元）

资产	期末数	年初数	负债和股东权益	期末数	年初数
流动资产：			流动负债：		
货币资金	3 159 878	5 390 742	短期借款	0	0
交易性金融资产	0	0	应付票据	0	0
应收票据	0	0	应付账款	18 903 250	20 540 963
应收账款	84 658	79 776	预收款项	33 268	137 915
预付款项	54 388	241 279	应付职工薪酬	111 669	148 507
应收利息	0	0	应交税费	-507 197	-446 148
应收股利	0	0	应付利息	0	0
其他应收款	18 615	200	应付股利	0	0
存货	9 631 025	10 061 205	其他应付款	869 010	440 090
一年内到期的非流动资产	0	0	一年内到期的非流动负债	0	0
其他流动资产	0	0	其他流动负债	0	0
流动资产合计	12 948 564	15 773 202	流动负债合计	19 410 000	20 821 327
非流动资产：			非流动负债：		
可供出售金融资产	0	0	长期借款	0	0
持有至到期投资	0	0	应付债券	0	0
长期应收款	0	0	长期应付款	0	0
长期股权投资	0	0	专项应付款	0	0
投资性房地产	0	0	预计负债	0	0
固定资产	3 279 470	4 009 587	递延所得税负债	0	0
在建工程	0	0	其他非流动负债	0	0
工程物资	0	0	非流动负债合计	0	0
固定资产清理	0	0	负债合计	19 410 000	20 821 327
无形资产	0	0	股东权益：		
开发支出	0	0	股本	1 000 000	1 000 000
商誉	0	0	资本公积	0	0
长期待摊费用	2 438 666	2 334 938	减：库存股	0	0
递延所得税资产	0	0	盈余公积	27 500	27 500
其他非流动资产	0	0	未分配利润	-1 770 800	268 900
非流动资产合计	5 718 136	6 344 525	股东权益合计	-743 300	1 296 400
资产总计	18 666 700	22 117 727	负债和股东权益总计	18 666 700	22 117 727

2. NO.2 店 2011 年度利润表如表 7-10 所示。

表 7-10 NO.2 店 2011 年度利润表　　　　　　　　　　　（单位：元）

项　　目	本 期 金 额	上 期 金 额
一、营业收入	49 431 285	66 873 348
减：营业成本	42 196 670	57 719 596
营业税金及附加	125 866	183 105
销售费用	8 220 480	8 190 350
管理费用	892 234	639 448
财务费用	-11 963	-17 161
资产减值损失	0	0
加：公允价值变动收益（损失以"-"号填列）	0	0
投资收益（损失以"-"号填列）	0	0
其中：对联营企业和合营企业的投资收益	0	0
汇兑收益（损失以"-"号填列）	0	0
二、营业利润（亏损以"-"号填列）	-1 992 002	158 010
加：营业外收入	1 088	10 496
减：营业外支出	48 786	20 066
其中：非流动资产处置损失	0	20 066
三、利润总额（亏损总额以"-"号填列）	-2 039 700	148 440
减：所得税费用		37 110
四、净利润（净亏损以"-"号填列）	-2 039 700	111 330
五、每股收益		
（一）基本每股收益		
（二）稀释每股收益		
六、其他综合收益	0	0
七、综合收益总额	-2 039 700	111 330

3. NO.2 店 2011 年度所有者权益变动表如表 7-11 所示。

表 7-11 NO.2 店 2011 年度所有者权益变动表

(单位：元)

项目	本期金额								上年同期金额							
	实收资本(或股本)	资本公积	减:库存股	专项储备	盈余公积	一般风险准备	未分配利润	所有者权益合计	实收资本(或股本)	资本公积	减:库存股	专项储备	盈余公积	一般风险准备	未分配利润	所有者权益合计
一、上年末余额	1 000 000	0	0	0	27 500	0	268 900	1 296 400	1 000 000	0	0	0	16 367	0	168 703	1 185 070
加:会计政策变更								0								0
前期差错更正								0								0
其他								0								0
二、本年初余额	1 000 000	0	0	0	27 500	0	268 900	1 296 400	1 000 000	0	0	0	16 367	0	168 703	1 185 070
三、本期增减变动金额(减少以"-"号填列)	0	0	0	0	0	0	−2 039 700	−2 039 700	0	0	0	0	11 133	0	100 197	111 330
(一)净利润							−2 039 700	−2 039 700							111 330	111 330
(二)其他综合收益								0								0
上述(一)和(二)小计							−2 039 700	−2 039 700							111 330	111 330
(三)所有者投入和减少资本								0								0
1.所有者投入资本								0								0
2.股份支付计入所有者权益的金额								0								0
其他								0								0
(四)利润分配								0								0
1.提取盈余公积								0					11 133		−11 133	0
2.提取一般风险准备								0								0
3.对所有者(或股东)的分配								0								0
4.其他								0								0
(五)所有者权益内部结转								0								0
1.资本公积转增资本(或股本)								0								0
2.盈余公积转增资本(或股本)								0								0
3.盈余公积弥补亏损								0								0
4.其他								0								0
(六)专项储备								0								0
(七)其他								0								0
四、本期期末余额	1 000 000	0	0	0	27 500	0	−1 770 800	−743 300	1 000 000	0	0	0	27 500	0	268 900	1 296 400

(三) NO.3 店个别财务报表

1. NO.3 店 2011 年 12 月 31 日资产负债表如表 7-12 所示。

表 7-12　NO.3 店 2011 年 12 月 31 日资产负债表　　　　　　（单位：元）

资产	期末数	年初数	负债和股东权益	期末数	年初数
流动资产：			流动负债：		
货币资金	8 624 987	3 723 052	短期借款		
交易性金融资产	0	0	应付票据		
应收票据	0	0	应付账款	22 574 563	15 212 291
应收账款	151 288	105 274	预收款项	207 382	1 812
预付款项	191 397	0	应付职工薪酬	489 717	403 905
应收利息	0	0	应交税费	-73 734	47 295
应收股利	0	0	应付利息	0	0
其他应收款	61 431	76 958	应付股利	0	0
存货	13 249 913	9 841 169	其他应付款	856 800	1 332 370
一年内到期的非流动资产	0	0	一年内到期的非流动负债	0	0
其他流动资产	0	0	其他流动负债	0	0
流动资产合计	22 279 016	13 746 453	流动负债合计	24 054 728	16 997 673
非流动资产：			非流动负债：		
可供出售金融资产	0	0	长期借款	0	0
持有至到期投资	0	0	应付债券	0	0
长期应收款	0	0	长期应付款	0	0
长期股权投资	0	0	专项应付款	0	0
投资性房地产	0	0	预计负债		
固定资产	1 571 232	1 213 683	递延所得税负债	0	0
在建工程			其他非流动负债	0	0
工程物资	0	0	非流动负债合计	0	0
固定资产清理	0	0	负债合计	24 054 728	16 997 673
无形资产	0	0	股东权益：		
开发支出	0	0	股本	1 000 000	1 000 000
商誉	0	0	资本公积	0	0
长期待摊费用	1 064 750	1 057 307	减：库存股	0	0
递延所得税资产	0	0	盈余公积	0	0
其他非流动资产	0	0	未分配利润	-139 730	-1 980 230
非流动资产合计	2 635 982	2 270 990	股东权益合计	860 270	-980 230
资产总计	24 914 998	16 017 443	负债和股东权益总计	24 914 998	16 017 443

2. NO.3 店 2011 年度利润表如表 7-13 所示。

表 7-13　NO.3 店 2011 年度利润表　　　　　　　　　　（单位：元）

项　　目	本期金额	上期金额
一、营业收入	72 795 182	83 407 129
减：营业成本	62 580 256	71 871 737
营业税金及附加	116 416	125 606
销售费用	6 841 345	10 525 479
管理费用	746 455	917 125
财务费用	56 710	38 502
资产减值损失	0	0
加：公允价值变动收益（损失以"－"号填列）	0	0
投资收益（损失以"－"号填列）	0	0
其中：对联营企业和合营企业的投资收益	0	0
汇兑收益（损失以"－"号填列）	0	0
二、营业利润（亏损以"－"号填列）	2 454 000	－71 320
加：营业外收入	0	2 380
减：营业外支出	0	250 220
其中：非流动资产处置损失	0	0
三、利润总额（亏损总额以"－"号填列）	2 454 000	－319 160
减：所得税费用	613 500	0
四、净利润（净亏损以"－"号填列）	1 840 500	－319 160
五、每股收益		
（一）基本每股收益		
（二）稀释每股收益		
六、其他综合收益	0	0
七、综合收益总额	1 840 500	－319 160

3. NO.3 店 2011 年所有者权益变动表如表 7-14 所示。

表 7-14 NO.3 店 2011 年度所有者权益变动表

(单位：元)

项　目	本期金额							上年同期金额						
	实收资本(或股本)	资本公积	减：库存股	专项储备	盈余公积	一般风险准备	未分配利润	所有者权益合计	实收资本(或股本)	资本公积	减：库存股	专项储备	盈余公积	一般风险准备	未分配利润	所有者权益合计
一、上年末余额	1 000 000	0	0	0	0	0	-1 980 230	-980 230	1 000 000				0		-1 661 070	-661 070
加：会计政策变更								0								0
前期差错更正								0								0
其他								0								0
二、本年年初余额	1 000 000	0	0	0	0	0	-1 980 230	-980 230	1 000 000				0		-1 661 070	-661 070
三、本期增减变动金额(减少以"-"号填列)					0		1 840 500	1 840 500					0		-319 160	-319 160
(一)净利润							1 840 500	1 840 500							-319 160	-319 160
(二)其他综合收益								0								0
上述(一)和(二)小计							1 840 500	1 840 500							-319 160	-319 160
(三)所有者投入和减少资本								0								0
1. 所有者投入资本								0								0
2. 股份支付计入所有者权益的金额								0								0
3. 其他								0								0
(四)利润分配					0			0					0			0
1. 提取盈余公积								0								0
2. 提取一般风险准备								0								0
3. 对所有者(或股东)的分配								0								0
4. 其他								0								0
(五)所有者权益内部结转								0								0
1. 资本公积转增资本(或股本)								0								0
2. 盈余公积转增资本(或股本)								0								0
3. 盈余公积弥补亏损								0								0
4. 其他								0								0
(六)专项储备								0								0
(七)其他								0								0
四、本期期末余额	1 000 000	0	0	0	0	0	-139 730	860 270	1 000 000				0		-1 980 230	-980 230

(四) NO.4 店个别财务报表

1. NO.4 店 2011 年 6 月 30 日资产负债表如表 7-15 所示。

表 7-15　NO.4 店 2011 年 6 月 30 日资产负债表　　　　　　（单位：元）

资产	期末数(6/30)	年初数	负债和股东权益	期末数(6/30)	年初数
流动资产：			流动负债：		
货币资金	3 598 078	4 344 602	短期借款	0	0
交易性金融资产	0	0	应付票据	0	0
应收票据	0	0	应付账款	11 356 436	10 987 585
应收账款	7 568	9 272	预收款项	0	422
预付款项	323 785	146 163	应付职工薪酬	40 029	40 029
应收利息	0	0	应交税费	134 290	134 290
应收股利	0	0	应付利息	0	0
其他应收款	0	0	应付股利	0	0
存货	2 021 734	3 041 581	其他应付款	1 984 563	2 691 482
一年内到期的非流动资产	0	0	一年内到期的非流动负债	0	0
其他流动资产	0	0	其他流动负债	0	0
流动资产合计	5 951 165	7 541 618	流动负债合计	13 515 318	13 853 808
非流动资产：			非流动负债：		
可供出售金融资产	0	0	长期借款	0	0
持有至到期投资	0	0	应付债券	0	0
长期应收款	0	0	长期应付款	0	0
长期股权投资	0	0	专项应付款	0	0
投资性房地产	0	0	预计负债	0	0
固定资产	1 557 065	1 375 752	递延所得税负债	0	0
在建工程	0	0	其他非流动负债	0	0
工程物资	0	0	非流动负债合计	0	0
固定资产清理	0	0	负债合计	13 515 318	13 853 808
无形资产	0	0	股东权益：		
开发支出	0	0	股本	1 000 000	1 000 000
商誉	0	0	资本公积	0	0
长期待摊费用	568 608	669 608	减：库存股	0	0
递延所得税资产	0	0	盈余公积	0	0
其他非流动资产	0	0	未分配利润	-6 438 480	-5 266 830
非流动资产合计	2 125 673	2 045 360	股东权益合计	-5 438 480	-4 266 830
资产总计	8 076 838	9 586 978	负债和股东权益总计	8 076 838	9 586 978

2. NO.4 店 2011 年上半年度利润表如表 7-16 所示。

表 7-16 NO.4 店 2011 年上半年度利润表 （单位：元）

项　　目	本期金额 (1/1－6/30)	上年金额
一、营业收入	14 056 587	32 386 610
减：营业成本	12 005 015	27 978 822
营业税金及附加	110 900	241 526
销售费用	2 960 663	6 175 918
管理费用	169 686	218 416
财务费用	－4 670	－28 022
资产减值损失	0	0
加：公允价值变动收益（损失以"－"号填列）	0	0
投资收益（损失以"－"号填列）	0	0
其中：对联营企业和合营企业的投资收益	0	0
汇兑收益（损失以"－"号填列）	0	0
二、营业利润（亏损以"－"号填列）	－1 185 007	－2 200 050
加：营业外收入	13 357	0
减：营业外支出	0	0
其中：非流动资产处置损失	0	0
三、利润总额（亏损总额以"－"号填列）	－1 171 650	－2 200 050
减：所得税费用	0	0
四、净利润（净亏损以"－"号填列）	－1 171 650	－2 200 050
五、每股收益		
（一）基本每股收益		
（二）稀释每股收益		
六、其他综合收益	0	0
七、综合收益总额	－1 171 650	－2 200 050

3. NO.4店2011年上半年度所有者权益变动表如表7-17所示。

表7-17 NO.4店2011年上半年度所有者权益变动表

(单位：元)

项目	本期金额(01/01~06/30)							上年金额						
	实收资本(或股本)	资本公积	减:库存股	专项储备	盈余公积	一般风险准备	未分配利润	所有者权益合计	实收资本(或股本)	资本公积	减:库存股	专项储备	盈余公积	一般风险准备	未分配利润	所有者权益合计
一、上年末余额	1 000 000	0	0	0	0	0	-5 266 830	-4 266 830							-3 066 780	-2 066 780
加:会计政策变更								0								0
前期差错更正								0								0
其他								0								0
二、本年年初余额	1 000 000	0	0	0	0	0	-5 266 830	-4 266 830							-3 066 780	-2 066 780
三、本期增减变动金额(减少以"-"号填列)						0	-1 171 650	-1 171 650						0	-2 200 050	-2 200 050
(一)净利润							-1 171 650	-1 171 650							-2 200 050	-2 200 050
(二)其他综合收益								0								0
上述(一)和(二)小计							-1 171 650	-1 171 650							-2 200 050	-2 200 050
(三)所有者投入和减少资本								0								0
1. 所有者投入资本								0								0
2. 股份支付计入所有者权益的金额								0								0
3. 其他								0								0
(四)利润分配						0		0						0		0
1. 提取盈余公积								0								0
2. 提取一般风险准备								0								0
3. 对所有者(或股东)的分配								0								0
4. 其他								0								0
(五)所有者权益内部结转								0								0
1. 资本公积转增资本(或股本)								0								0
2. 盈余公积转增资本(或股本)								0								0
3. 盈余公积弥补亏损								0								0
4. 其他								0								0
(六)专项储备								0								0
(七)其他								0								0
四、本期期末余额	1 000 000	0	0	0	0	0	-6 438 480	-5 438 480	1 000 000					0	-5 266 830	-4 266 830

（五）嘉佳超市个别财务报表

1. 嘉佳超市 2011 年 12 月 31 日资产负债表如表 7-18 所示。

表 7-18 嘉佳超市 2011 年 12 月 31 日资产负债表　　　　（单位：元）

资　产	期末数	年初数	负债和股东权益	期末数	年初数
流动资产：			流动负债：		
货币资金	643 010 940	654 108 796	短期借款	100 000 000	130 000 000
交易性金融资产	0	0	应付票据	0	0
应收票据	0	0	应付账款	1 550 428 999	1 497 183 912
应收账款	508 867 637	328 562 900	预收款项	77 617 179	137 122 376
预付款项	32 963 963	19 945 510	应付职工薪酬	16 089 165	18 649 559
应收利息	0	0	应交税费	39 482 265	79 382 210
应收股利	0	0	应付利息	0	0
其他应收款	217 966 700	187 162 100	应付股利	0	0
存货	396 303 407	369 903 276	其他应付款	61 456 757	108 833 763
一年内到期的非流动资产			一年内到期的非流动负债		
其他流动资产			其他流动负债		
流动资产合计	1 799 112 647	1 559 682 582	流动负债合计	1 845 074 365	1 971 171 820
非流动资产：			非流动负债：		
可供出售金融资产	128 514 260	58 179 470	长期借款	0	0
持有至到期投资	0	0	应付债券	0	0
长期应收款	0	0	长期应付款	0	0
长期股权投资	2 600 000	3 200 000	专项应付款		
投资性房地产	0	0	预计负债		
固定资产	774 119 330	496 297 430	递延所得税负债	0	1 626 960
在建工程	88 218 335	231 610 338	其他非流动负债		
工程物资	0	0	非流动负债合计	0	1 626 960
固定资产清理	0	0	负债合计	1 845 074 365	1 972 798 780
无形资产	451 157 308	461 711 740	股东权益		
开发支出			股本	330 000 000	300 000 000
商誉			资本公积	188 155 880	204 880 880
长期待摊费用		101 768 335	减：库存股	0	0
递延所得税资产	12 450 000	4 520 800	盈余公积	124 958 817	76 593 757
其他非流动资产			未分配利润	767 982 818	362 697 278
非流动资产合计	1 457 059 233	1 357 288 113	股东权益合计	1 411 097 515	944 171 915
资产总计	3 256 171 880	2 916 970 695	负债和股东权益总计	3 256 171 880	2 916 970 695

2. 嘉佳超市 2011 年度利润表如表 7-19 所示。

表 7-19　嘉佳超市 2011 年度利润表　　　　　　　　　　　（单位：元）

项　　目	本期金额	上期金额
一、营业收入	8 558 504 567	7 453 457 852
减：营业成本	7 392 725 050	6 431 572 902
营业税金及附加	35 558 790	35 484 890
销售费用	360 454 357	333 258 100
管理费用	166 002 532	182 963 180
财务费用	4 568 000	3 248 750
资产减值损失	33 003 796	−1 558 000
加：公允价值变动收益（损失以"−"号填列）	0	0
投资收益（损失以"−"号填列）	−600 000	1 236 000
其中：对联营企业和合营企业的投资收益		
汇兑收益（损失以"−"号填列）		
二、营业利润（亏损以"−"号填列）	565 592 042	469 724 030
加：营业外收入	82 309 547	15 799 540
减：营业外支出	2 500 789	679 970
其中：非流动资产处置损失	900 789	679 770
三、利润总额（亏损总额以"−"号填列）	645 400 800	484 843 600
减：所得税费用	161 750 200	121 210 900
四、净利润（净亏损以"−"号填列）	483 650 600	363 632 700
五、每股收益		
（一）基本每股收益		
（二）稀释每股收益		
六、其他综合收益	−16 725 000	4 880 880
七、综合收益总额	466 925 600	368 513 580

3. 嘉佳超市 2011 年度所有者权益变动表如表 7-20 所示。

表 7-20 嘉佳超市 2011 年度所有者权益变动表

(单位：元)

项　目	本期金额							上年同期金额						
	实收资本（或股本）	资本公积	减：库存股	专项储备	盈余公积	一般风险准备	未分配利润	所有者权益合计	实收资本（或股本）	资本公积	减：库存股	专项储备	盈余公积	一般风险准备	未分配利润	所有者权益合计
一、上年末余额	300 000 000	204 880 880	0	0	76 593 757	0	362 697 278	944 171 915	300 000 000	200 000 000			40 230 487		35 427 848	575 658 335
加：会计政策变更																0
前期差错更正																0
其他																0
二、本年初余额	300 000 000	204 880 880	0	0	76 593 757	0	362 697 278	944 171 915	300 000 000	200 000 000			40 230 487	0	35 427 848	575 658 335
三、本期增减变动金额（减少以"一"号填列）	12 000 000	−16 725 000			48 365 060		423 285 540	466 925 600		4 880 880			36 363 270		327 269 430	368 513 580
（一）净利润							483 650 600	483 650 600							363 632 700	363 632 700
（二）其他综合收益		−16 725 000						−16 725 000		4 880 880						4 880 880
上述（一）和（二）小计		−16 725 000					483 650 600	466 925 600		4 880 880					363 632 700	368 513 580
（三）所有者投入和减少资本	12 000 000							12 000 000								0
1. 所有者投入资本	12 000 000							12 000 000								0
2. 股份支付计入所有者权益的金额																0
3. 其他																0
（四）利润分配					48 365 060		−60 365 060	−12 000 000					36 363 270		−36 363 270	0
1. 提取盈余公积					48 365 060		−48 365 060						36 363 270		−36 363 270	0
2. 提取一般风险准备																0
3. 对所有者（或股东）的分配							−12 000 000	−12 000 000								0
4. 其他																0
（五）所有者权益内部结转																0
1. 资本公积转增资本（或股本）																0
2. 盈余公积转增资本（或股本）																0
3. 盈余公积弥补亏损																0
4. 其他																0
（六）专项储备																0
（七）其他																0
四、本期期末余额	312 000 000	188 155 880	0	0	124 958 817	0	785 982 818	1 411 097 515	300 000 000	204 880 880			76 593 757	0	362 697 278	944 171 915

第六部分 实 验 要 求

一、合并工作底稿(资产负债表、利润表和所有者权益变动表)

1. 调整分录表(对嘉佳超市个别财务报表调整)。
2. 少数股东损益和少数股东权益调整计算表。
3. 内部抵销分录表。
4. 上年度合并工作底稿(资产负债表、利润表和所有者权益变动表项目)。
5. 本年度合并工作底稿(资产负债表、利润表和所有者权益变动表项目)。

二、合并财务报表

1. 嘉佳超市 2011 年 12 月 31 日合并资产负债表。
2. 嘉佳超市 2011 年度合并利润表。
3. 嘉佳超市 2011 年度合并所有者权益变动表。

第七部分 案 例 思 考 题

1. 合并资产负债表中所列示"少数股东权益"项目金额如果为负数,你认为是否正常?请结合本案例说明理由。
2. 本案例中有关 NO.4 店的超额亏损是否在合并财务报表中均已确认?请分别说明嘉佳超市公司所有者与各超额亏损子公司少数股东分担的金额。
3. 本案例中各子公司要否分担内部交易未实现损益(包括抵销内部往来所提坏账准备及其所得税影响)?为什么?
4. 请计算嘉佳超市个别财务报表中处置 NO.4 店的损益,并与合并财务报表中的 NO.4 店处置收益金额相比较,分析差异形成的原因。
5. 嘉佳超市未对 NO.4 店的长期股权投资计提减值准备,你认为是否正确?请说明理由。
6. 如果嘉佳超市在以前年度已经对 NO.4 店的长期股权投资全额计提了减值准备,则处置 NO.4 店当年编制合并财务报表时应当进行哪些处理?
7. NO.4 店的净资产账面价值已经为负数,百利股份有限公司愿意以零价格收购 NO.4 店,可能有哪些原因?
8. 通过本案例的实验,你有哪些收获?

实验八
处置子公司部分股权未丧失控制权

第一部分 实验目的

1. 掌握处置子公司部分股权并未丧失控制权情况下合并财务报表的编制方法。
2. 掌握处置子公司部分股权并未丧失控制权情况下原内部交易未实现损益的处理。

第二部分 教学内容提要

企业部分处置对子公司的长期股权投资但不丧失控制权的情况下，应当区分个别财务报表与合并财务报表进行相关会计处理。

一、处置子公司部分股权未丧失控制权在个别财务报表层面的处理

在个别财务报表层面，应当将处置价款与处置投资对应的账面价值的差额确认为当期投资收益。

二、处置子公司部分股权未丧失控制权在合并财务报表层面的处理

在合并财务报表层面，处置子公司部分股权未丧失控制权，应当作为权益性交易处理，不能因此而确认处置损益，处置价款与处置长期股权投资相对应享有子公司净资产份额（按权益法调整后）的差额应当计入资本公积（资本溢价），资本溢价不足冲减的，应当调整盈余公积和未分配利润。

由于母公司处置子公司部分股权只是引起该子公司的控制性权益与非控制性权益发生此减彼增的变化，对该子公司的控制权未发生转移，仍然将其全部资产和负债纳入合并财务报表范围，不能因此而改变该子公司的资产、负债在合并财务报表中的计量基础。同理，在与该子公司相关的商誉未发生减值的情况下，该项商誉计入合并财务报表中的价值也不应当因此而改变。

与原有子公司股权投资相关的其他综合收益，在丧失控制权时才能转为该期合并财务报表中的投资收益。

第三部分 案例公司概况

一、华通集团各公司经营范围

华通股份有限公司（以下简称华通公司）为上市公司，以华通公司为母公司的企业集团（以

下简称华通集团)是以生产、销售家用电器为主的大型综合生产企业集团。

华通公司的经营范围：生产、销售燃气具系列产品、汽车电子产品，从事相关产品的技术咨询和服务。

华伟股份有限公司(以下简称华伟公司)经营范围：家用电器、电机、通讯设备及其零配件的生产、制造与销售，从事相关产品的技术咨询和服务。

二、华通集团有关股权转让事项

华伟公司系华通公司于2006年6月30日出资200 000 000元从非关联方受让的全资子公司。为了引进先进的生产技术，2011年1月31日，华通公司以112 000 000元的价格，将其拥有的华伟公司40%股权转让给无关联关系的安纳厨房设备(中国)有限公司，通过上海联合产权交易所完成产权转让交割程序，并于同日完成工商变更登记。华通公司仍拥有华伟公司的控制权。截至2010年12月31日，华伟公司可辨认净资产账面价值215 604 000元，交易方以《华伟股份有限公司股权转让项目股东全部权益价值评估报告》为基础确定该公司可辨认净资产的公允价值为279 921 000元。

三、华通集团的股权投资关系

(一) 截至2010年12月31日华通集团的股权投资关系

截至2010年12月31日，华通公司持有华伟公司100%表决权股份，对华通公司拥有控制权。华通集团的股权投资关系如图8-1所示。

图8-1　截至2010年12月31日　　图8-2　截至2011年12月31日
　　　华通集团股权投资关系　　　　　　　　华通集团股权投资关系

(二) 截至2011年12月31日华通集团的股权投资关系

截至2011年12月31日，华通公司持有华伟公司60%表决权股份，仍拥有华通公司控制权，华通集团的股权投资关系如图8-2所示。

四、华通集团相关会计政策和会计估计(部分)

(一) 华通集团有关长期股权投资的会计政策

1. 后续计量方法的适用范围。
(1) 对于联营企业及合营企业的投资采用权益法核算。
(2) 对子公司的投资以及对不具有共同控制或重大影响，并且在活跃市场中没有报价、公允价值不能可靠计量的长期股权投资，采用成本法核算。

2. 长期股权投资的处置。在个别财务报表中，对于处置的股权，应当结转与所售股权相对应的长期股权投资的账面价值，出售所得价款与处置长期股权投资账面价值之间差额，确认为投资收益(损失)；同时，对于剩余股权，应当按其账面价值确认为长期股权投资或其他相关金融资产。处置后的剩余股权能够对原有子公司实施共同控制或重大影响的,按成本法转为权益法的相关规定进行会计处理。

(二)华通集团有关计提坏账准备的会计政策与会计估计

对于单项金额非重大的应收款项与经单独测试后未减值的应收款项,均按信用风险特征之一——账龄进行分类,并以具有类似信用风险特征组合的实际损失率为基础,确定应计提的坏账准备。分类计提比例如表8-1所示。

表8-1 华通集团计提坏账准备的比例

账　　龄	坏账计提比例(%)
6个月以内(含6个月)	5
6个月至1年(含1年)	10
1~2年(含2年)	30
2~3年(含3年)	50
3年以上	100

(三)华通集团有关编制合并财务报表的会计政策

1. 以控制为标准确定合并财务报表的合并范围。

2. 按权益法调整母公司个别财务报表暂不考虑内部未实现损益及其所得税影响,留待合并净利润形成后调整少数股东损益时一并考虑。

3. 合并净利润在母公司所有者与少数股东之间的分拆。将合并净利润在母公司所有者与少数股东之间分拆时,对于逆流内部交易,少数股东应按持股比例分担内部交易未实现损益净额(即按持股比例分担内部交易未实现损益扣除所得税影响后的余额)。

4. 处置部分股权应当区分是否丧失控制权进行会计处理。

(1)处置部分股权未丧失控制权:在合并财务报表中,应当将处置价款与处置投资对应的享有该子公司净资产份额的差额调整资本公积(资本溢价),资本溢价不足冲减的,应当冲减留存收益。

(2)处置部分股权而丧失控制权:在合并财务报表中,对于剩余股权,应当按照其在丧失控制权日的公允价值进行重新计量。处置股权取得的对价与剩余股权公允价值之和,减去按原持股比例计算应享有原有子公司自购买日开始持续计算的净资产的份额之间的差额,计入丧失控制权当期的投资收益。与原有子公司股权投资相关的其他综合收益,应当在丧失控制权时转为当期投资收益。企业应当在附注中披露处置后的剩余股权在丧失控制权日的公允价值、按照公允价值重新计量产生的相关利得或损失的金额。

五、华通集团的所得税税率

华通集团各公司的所得税税率均为25%。假设未来期间各公司均有足够的应纳税所得额可供暂时性差异抵扣。

六、华通集团的利润分配

华通公司和华伟公司均在年末按当年实现净利润的10%提取法定盈余公积。

2010年1月,华通公司宣告每10股派发现金股利1.5元,共计25 767 000元,并于该年3月实施;2011年3月华通公司宣告每10股派发现金股利1.8元,共计30 920 400元,并于该年5月实施。

华伟公司2010年、2011年均未对所有者分配利润。

第四部分　华通公司转让华伟公司 40％股权的原始凭证

华通公司转让华伟公司40％股权所涉及的原始凭证包括华伟公司股权转让项目股东全部权益价值评估报告、华通公司2011年度第一次临时股东大会决议公告、转让华伟公司40％股权的产权交易合同及转让华伟公司40％股权的产权交易凭证等。

一、华伟公司股权转让项目股东全部权益价值评估报告

**华伟股份有限公司股权转让项目
股东全部权益价值评估报告**
长江资评报字(2011)第A015号
摘　要
以下内容摘自本评估报告书正文,欲了解本评估项目的详细情况和合理理解评估结论,应认真阅读本评估报告书正文。

项目名称:华伟公司股东全部权益价值评估报告
委托方:华通股份有限公司
委托方以外的其他评估报告使用者:除委托方之外,国家法律、法规明确的为实现与本次评估目的相关经济行为而需要使用本评估报告的相关当事方
被评估企业:华伟股份有限公司
评估目的:股权转让
评估对象:本次资产评估对象系截至2010年12月31日华伟公司的股东全部权益价值
评估范围:本次资产评估对象系截至2010年12月31日华伟公司经审计后的全部资产和负债
价值类型:市场价值
评估基准日:2010年12月31日
评估方法:资产基础法和收益法
评估结论及其使用有效期:
1. 资产基础法评估结果。净资产账面值215 604 000元,调整后账面值215 604 000元,评估值279 921 000元(人民币大写:贰亿柒仟玖佰玖拾贰万壹仟元整),评估增值64 317 000元,评估增值率29.83％。
2. 收益法评估结果。经过收益法评估程序,估算得出华伟公司的评估价值为291 117 840元。

3. 评估结论的确定。经分析,资产基础法确定的企业价值为 279 921 000 元,收益法验证的企业价值为 291 117 840 元,两者相差 11 196 840 元(4.0%),属于正常范围。结合本次评估目的为股权转让项目,同时考虑到收益法评估结果主观因素较多,评估师认为采用资产基础法的评估结果更为合理。

评估人员最后选择资产基础法评估结果 279 921 000 元(人民币大写:贰亿柒仟玖佰玖拾贰万壹仟元整)作为本次评估结论。

评估结果与调整后账面值的比较变动情况如下表所示。

资产评估结果汇总表

项 目	账面净值 A	调整后账面净值 B	评估值 C	增减值 D=C−B	增减率 E=D/B*100%
流动资产	248 059 000	248 059 000	248 059 000		
非流动资产	194 312 000	194 312 000	258 629 000	64 317 000	33.10
其中:无形资产 ——土地使用权	20 034 000	20 034 000	84 351 000	64 317 000	321.04
资产总计	442 371 000	442 371 000	506 688 000	64 317 000	14.54
流动负债	226 706 000	226 706 000	226 706 000		
非流动负债	61 000	61 000	61 000		
负债总计	226 767 000	226 767 000	226 767 000		
净资产总计	215 604 000	215 604 000	279 921 000	64 317 000	29.83

本评估结论的使用有效期为 2010 年 12 月 31 日至 2011 年 12 月 30 日。

在使用本报告时,应注意评估报告特别事项说明和使用限制。

以上内容摘自评估报告正文,欲了解本评估项目的详细情况和合理理解评估结论,应当阅读评估报告正文。

上海长江资产评估有限公司
2011 年 1 月 25 日

注:由于篇幅限制,此处省略《华伟股份有限公司股权转让项目股东全部权益价值评估报告(正文)》。

二、华通公司 2011 年度第一次临时股东大会决议公告

证券代码：600＊＊＊　　　证券简称：华通股份　　　公告编号：2011－002

华通股份有限公司
2011 年第一次临时股东大会决议公告

本公司及董事会全体成员保证信息披露的内容真实、准确、完整，没有虚假记载、误导性陈述或重大遗漏。

一、重要提示

本次会议召开期间没有增加、否决或变更提案。

二、会议召开的情况

1. 召开时间：2011 年 1 月 27 日上午 9 时 30 分。
2. 召开地点：上海市平凉路×××号。
3. 召开方式：现场投票方式。
4. 召集人：华通股份有限公司董事会。
5. 主持人：杨力为董事长。
6. 会议的召开符合《公司法》、《上市公司股东大会规则》、《上海证券交易所股票上市规则》及《公司章程》的有关规定。

三、会议的出席情况

股东（代理人）9 人，代表股份 163 397 136 股，占上市公司总股份的 95.12%。

公司董事、监事、高级管理人员及公司聘请的见证律师出席了本次股东大会。

四、提案审议和表决情况

与会股东（代理人）以现场记名投票方式，审议表决情况如下：

审议通过了《关于转让华伟公司 40% 股权的议案》；

同意 163 397 136 股，占出席会议股东有表决权总数的 100%；反对 0 股；弃权 0 股。

五、律师出具的法律意见

1. 律师事务所名称：上海南方律师事务所。
2. 律师姓名：薛敏明、宋小宁。
3. 结论性意见：公司本次股东大会的召集、召开程序符合有关法律、行政法规、《上市公司股东大会规则》及《公司章程》的规定；出席本次股东大会人员的资格、本次股东大会召集人的资格合法有效；本次股东大会的表决程序及表决结果符合法律、行政法规、规章及《公司章程》的规定。

六、备查文件

与本次股东大会相关的股东大会决议、会议原始资料、董事会决议、会议通知、法律意见书等备置于公司董事会秘书办公室，供投资者及有关部门查阅。

特此公告。

华通股份有限公司董事会
2011 年 1 月 27 日

三、转让华伟公司 40% 股权的产权交易合同

上市挂牌号：M210SH10＊＊＊＊
合同编号：11065432

上海市产权交易合同

上海市工商行政管理局
上海市产权交易管理办公室　制定

本合同涉及的当事人和受托人

出让人(以下简称甲方):华通股份有限公司
住所:上海市平凉路×××号　　　　　　电话:021-6209××××
法定代表人:杨力为　　　　　　　　　　职务:董事长
企业类型:股份有限公司(上市)　　　　　邮编:200518
注册资本:171 780 000元
开户银行:上海银行杨浦支行　　　　　　账号:076283-56101289000000000××
受托经纪组织:上海合众商务咨询有限公司　电话:021-6327××××

受让人(以下简称乙方):安纳厨房设备(中国)有限公司
住所:上海市洪山路×××号　　　　　　电话:021-6407××××
法定代表人:Johnson Zhang　　　　　　职务:董事长
企业类型:有限责任公司　　　　　　　　邮编:200536
注册资本:256 067 000元
开户银行:中国工商银行浦东支行　　　　账号:6222305010871456××××
受托经纪组织:上海众达商务咨询有限公司　电话:021-6706××××

根据中华人民共和国法律法规和《上海市产权交易市场管理办法》的有关规定,甲、乙双方遵循自愿、公平、诚实信用的原则订立本合同,以资共同遵守。

鉴于:

1. 华伟公司成立于2004年5月22日,注册资金为人民币150 000 000元,系由华通股份有限公司2006年6月30日出资200 000 000元(占注册资金100%)受让的全资子公司。

2. 经评估,截至2010年12月31日,华伟公司资产合计为人民币506 688 000元,负债合计为226 767 000元,净资产为279 921 000元。

3. 本次华伟公司40%股权转让,各方当事人已被授权。

第一条　股权转让的标的

甲方将所持有的华伟公司40%股权有偿转让给乙方。

第二条　股权转让的价格

甲方将上述产权以人民币112 000 000元(大写:壹亿壹仟贰佰万元整)转让给乙方。
乙方受让40%股权的价格为人民币112 000 000元(大写:壹亿壹仟贰佰万元整)。

第三条　股权转让的方式

上述产权经资产评估确认后,通过上海联合产权交易所上市挂牌,采用协议转让的方式,确定受让人和转让价格,签订产权交易合同,实施产权交易。

第四条　股权转让涉及的企业职工安置

本合同不涉及此条款。

第五条 股权转让涉及的债权、债务的承继和清偿办法
本合同不涉及此条款。

第六条 股权转让中涉及的资产处置
本合同不涉及此条款。

第七条 股权转让总价款的支付方式、期限和付款条件
乙方应在产权交易合同生效之日起5个工作日内,向甲方首付总价款的30%,在完成工商变更登记当日付清余款。

第八条 股权交割事项
双方当事人应于本合同经上海联合产权交易所出具产权交易凭证之日起10日内,完成产权转让的交割。

经甲、乙双方约定,交易基准日为2010年12月31日。由交易基准日起至产权或资产转让的完成日止,其间产生的盈利或亏损及风险由乙方承接。

第九条 权证的变更
经甲、乙双方协商和共同配合,在本合同经上海联合产权交易所出具产权交易凭证之日起30日内,向有关登记机关申请办理权证变更手续。

第十条 股权转让的税收和费用
产权转让中涉及的有关税收,按照国家有关法律规定缴纳。

产权转让中涉及的有关费用,经甲、乙双方当事人共同协商约定,由双方共同承担支付。

第十一条 违约责任
甲、乙任何一方未能按本协议履行,应视为违约。违约方应当负责赔偿其违约行为给守约方造成的一切经济损失,但不应超过违约方在签署本协议时预见到或应当预见到的因其违反本协议可能给另一方造成的损失。

第十二条 争议的解决方式
甲、乙双方在履行本合同过程中若发生争议,可向上海联合产权交易所或上海市产权交易管理办公室申请调解;任何一方不愿调解或调解无效的,可向有管辖权的人民法院提起诉讼。

第十三条 合同的变更和解除
发生下列情形的,可以变更或解除合同:
1. 因情况发生变化,双方当事人经过协商同意,且不损害国家和社会公共利益的。
2. 因不可抗力因素致使本合同的全部义务不能履行的。
3. 因一方当事人在合同约定的期限内,因故没有履行合同,另一方当事人予以认可的。
4. 因本合同中约定的变更或解除合同的情况出现的。

甲、乙双方同意解除本合同,甲方应将乙方的已付款项全额返回给乙方。

本合同需变更或解除,甲、乙双方及其委托的产权经纪组织必须签订变更或解除合同的协议,并报上海联合产权交易所备案。

第十四条 甲、乙双方的承诺
1. 甲方向乙方承诺所转让的产权属真实、完整,没有隐匿下列事实:
(1) 执法机构查封资产的情形;
(2) 权益、资产担保的情形;
(3) 资产隐匿的情形;

(4) 诉讼正在进行中的情形;

(5) 影响产权真实、完整的其他事实。

2. 乙方向甲方承诺拥有完全的权利能力和行为能力进行产权受让,无欺诈行为。

3. 未经对方事先书面许可,任何一方不得泄露本合同中的内容。

第十五条　其他

上述条款若有未尽事项,由甲、乙双方协商后另行约定。

本合同由甲、乙双方及执业产权经纪人、产权经纪组织签字盖章,并经上海联合产权交易所审核盖章,出具产权交易凭证后即生效。

国家法律、法规对本合同生效另有规定的,从其规定。

"合同使用须知"和本合同所必备的附件,与本合同具有同等的法律效力。

本合同一式柒份,甲、乙双方各执壹份,产权标的方执壹份,产权经纪组织各执壹份,上海联合产权交易所执壹份,上海市工商行政管理部门执壹份。

(以下无正文)

附件:

标的企业:营业执照、税务登记证、机构代码证、章程、验资报告、股东会决议、审计报告、资产评估报告及备案表。

出让人:营业执照、税务登记证、机构代码证、章程、股东会决议、批准文件、转让提示、法律意见书。

受让人:营业执照、税务登记证、机构代码证、章程、股东会决议、资产负债表。

出让人(甲方):华通股份有限公司　　　　**受让人(乙方)**:安纳厨房设备(中国)有限公司
(盖章)　　　　　　　　　　　　　　　　　(盖章)

法定代表人(签字):杨力为　　　　　　　**法定代表人(签字)**:Johnson Zhang

执业经纪人(签字):姜方圆　　　　　　　**执业经纪人(签字)**:马克强

产权经纪组织(盖章):　　　　　　　　　**产权经纪组织(盖章)**:
　　上海合众商务咨询有限公司　　　　　　　　上海众达商务咨询有限公司

签约地点:上海市平凉路×××号

签约时间:2011 年 1 月 29 日

上海联合产权交易所(交易合同审核章)
2011 年 1 月 31 日

四、转让华伟公司40％股权的产权交易凭证

上海联合产权交易所
Shanghai united assets and equity exchange

产权交易凭证(A类)
Transaction certificate（Type A） NO.0137＊＊5
(2010版)(2010.version)

本凭证内容以产权交易各方主体提供的、并经受托机构核实的有关主体资格、产权归属、机构决策或批准等文件均系真实、合法为前提条件，予以如实、客观记载。

Information contained in this certificate is simply an objective record of and on the base of the fact that all the documents regarding eligibility, proprietary rights, decisions or approvals provided by the parties and verified by their agencies are true, legitimate and valid.

项目编号 Contract No.	M210SH10＊＊＊＊	签约日期 Conclusion date	2011年1月29日
转让产权内容 Property rights to be transferred	华伟股份有限公司40％股权		
出让方 Seller	华通股份有限公司	受让方 Buyer	安纳厨房设备(中国)有限公司
受托机构 Agency	上海联合产权交易所	受托机构 Agency	上海联合产权交易所
转让产权于交易基准日相关指标： Financials as on year month date 负债总额　22 676.7万元 Total liabilities： ten thousand yuan		资产总额 Total assets： 所有者权益 Equity：	50 688.8万元 ten thousand yuan 22 676.7万元 ten thousand yuan
转让价格 Transfer price	11 200万元（壹亿壹仟贰佰万元整）		
支付方式 Mode of Payment	转让价款分期付款　场内结算		
交易机构 审核结论 SUAEE opinion	依据有关法律法规及相关规定，经审核，各方交易主体行使本次产权交易的行为符合交易的程序性规定，特出具产权交易凭证。 According to the relevant laws and regulations, upon reviewing, the whole process of the transaction is in compliance with the procedural requirements and hereby this Transaction Certificate is issued. 上海联合产权交易所 Shanghai United Assets and Equity Exchange 2011年1月31日 Date		
备注 Notes			

制单：　韩闻添(受理部)　　　　　　　复核：　姚青青(受理部)
Prepared by:　　　　　　　　　　　　Proof Reading:
地址：上海市广东路689号三楼　邮编：200001　　电话：(8621)63410000
Address：Floor 3,689 Guangdong Road, Shanghai 200001　Tel(8621)63410000

制单日期：2011年1月31日

第五部分　华通公司编制合并财务报表的基础资料

▶一、华通公司股权投资备查登记簿

华通公司持有华伟公司股权登记簿如表 8-2 所示。

表 8-2　华通公司持有华伟公司股权登记簿　　　　　　　　　　（单位：元）

初始投资成本：200 000 000 元　　　　　　　　　　　　　　　　初始取得股权方式：受让

股权变动日	股权变动比例	变动后持股	投资成本	变动日净资产账面价值	自购买日持续计算的华伟公司净资产公允价值	公允价值与账面价值的差额	初始投资日公允价值增值资产	
							资产项目	无形资产——土地使用权
							摊销方法	平均年限法
2006/06/30	100%	100%	200 000 000	184 500 000	198 150 000	13 650 000	摊销期	2006/07～2038/12
2011/01/31	-40%	60%	-80 000 000	216 935 500	228 660 500	11 725 000	摊销额	420 000/年（35 000/月）

自取得投资后华伟公司净资产具体变动情况：

所属期间	实现净利润	按公允价值调整后的净利润	利润分配	其他变动
2006 年度 7～12 月	3 700 000	3 490 000	0	0
2007～2009 年度	34 300 000	33 040 000	20 000 000（现金股利）	0
2010 年度	12 921 000	12 501 000	0	183 000（系可供出售金融资产公允价值变动）
2011 年度 1 月	1 331 500	1 296 500	0	0
2011 年度 2～12 月	14 646 500	14 261 500	0	-136 500（系可供出售金融资产公允价值变动）
合并商誉的确认及计量	2006/06/30	200 000 000-198 150 000×100%=1 850 000		
40%股权处置收益	2011/01/31	112 000 000-200 000 000×40%=32 000 000		

▶二、合并财务报表范围内部交易及往来明细表

1. 2010～2011 年华通集团内部存货购销明细表如表 8-3 所示。

表 8-3　2010～2011 年华通集团内部存货购销明细表　　　　　（单位：元）

日期	销售单位	收入类别	结算方式	品名	营业收入	营业成本	购货单位	购入用途	2010 年对外销售	2011 年对外销售	购货单位 2011 年年末结存
2010/04	华伟公司	主营业务	赊销	温控器	15 360 000	11 980 800	华通公司	存货	0		15 360 000

注：仅在 2010 年发生内部交易。

2. 2010～2011年华通集团内部往来明细表如表8-4所示。

表8-4 2010～2011年华通集团内部往来明细表 （单位：元）

债权人	债务人	债权账户	2011年年初			2011年年末		
			账户余额	账　龄	坏账准备	账户余额	账　龄	坏账准备
华伟公司	华通公司	应收账款	15 360 000	6个月～1年	1 536 000	15 360 000	1～2年	4 608 000
合　计			15 360 000	—	1 536 000	15 360 000	—	4 608 000

三、华通公司、华伟公司及华伟公司的个别财务报表

（一）华伟公司个别财务报表

1. 华伟公司2011年12月31日资产负债表如表8-5所示。

表8-5 华伟公司2011年12月31日资产负债表 （单位：元）

资　　产	期末数	年初数	负债和股东权益	期末数	年初数
流动资产：			流动负债：		
货币资金	60 813 000	50 105 000	短期借款	80 000 000	87 000 000
交易性金融资产	0	0	应付票据	25 678 370	20 678 010
应收票据	8 405 000	467 000	应付账款	89 289 300	85 551 100
应收账款	117 813 600	124 668 700	预收款项	4 972 000	4 757 000
预付款项	3 481 100	1 683 800	应付职工薪酬	5 524 630	5 973 990
应收利息	0	0	应交税费	19 403 800	12 377 100
应收股利	0	0	应付利息	0	0
其他应收款	4 275 000	1 248 700	应付股利	0	0
存货	73 236 000	68 144 500	其他应付款	12 820 900	10 368 800
一年内到期的非流动资产	0	0	一年内到期的非流动负债	0	0
其他流动资产	0	0	其他流动负债	0	0
流动资产合计	268 023 700	246 317 700	流动负债合计	237 689 000	226 706 000
非流动资产：			非流动负债：		
可供出售金融资产	2 737 000	2 919 000	长期借款	0	0
持有至到期投资	0	0	应付债券	0	0
长期应收款	0	0	长期应付款	0	0
长期股权投资	0	0	专项应付款		
投资性房地产	19 350 000		预计负债		
固定资产	156 711 000	170 984 000	递延所得税负债	15 500	61 000
在建工程	0	0	其他非流动负债		
工程物资	0	0	非流动负债合计	15 500	61 000
固定资产清理	0	0	负债合计	237 704 500	226 767 000

(续表)

资产	期末数	年初数	负债和股东权益	期末数	年初数
无形资产	18 772 000	20 034 000	股东权益：		
开发支出	0	0	股本	150 000 000	150 000 000
商誉	0	0	资本公积	46 500	183 000
长期待摊费用	0	0	减：库存股	0	0
递延所得税资产	3 556 300	2 116 300	盈余公积	10 139 900	8 542 100
其他非流动资产	0	0	未分配利润	71 259 100	56 878 900
非流动资产合计	201 126 300	196 053 300	股东权益合计	231 445 500	215 604 000
资产总计	469 150 000	442 371 000	负债和股东权益总计	469 150 000	442 371 000

2. 华伟公司 2011 年度利润表如表 8-6 所示。

表 8-6　华伟公司 2011 年度利润表　　　　　　　　　（单位：元）

项　　目	本 期 金 额	上 期 金 额
一、营业收入	361 874 000	318 716 000
减：营业成本	263 567 800	225 311 000
营业税金及附加	2 037 000	2 426 100
销售费用	30 834 600	28 372 700
管理费用	33 680 000	33 811 900
财务费用	4 812 000	4 796 000
资产减值损失	5 760 000	6 500 000
加：公允价值变动收益（损失以"－"号填列）	0	0
投资收益（损失以"－"号填列）	0	0
其中：对联营企业和合营企业的投资收益	0	0
汇兑收益（损失以"－"号填列）	0	0
二、营业利润（亏损以"－"号填列）	21 182 600	17 498 300
加：营业外收入	433 400	0
减：营业外支出	312 000	270 300
其中：非流动资产处置损失	312 000	270 300
三、利润总额（亏损总额以"－"号填列）	21 304 000	17 228 000
减：所得税费用	5 326 000	4 307 000
四、净利润（净亏损以"－"号填列）	15 978 000	12 921 000
归属于母公司所有者的净利润	0	0
少数股东损益	0	0
五、每股收益		
（一）基本每股收益		
（二）稀释每股收益		
六、其他综合收益	－136 500	183 000
七、综合收益总额	15 841 500	13 104 000

3. 华伟公司 2011 年度所有者权益变动表如表 8-7 所示。

表 8-7 华伟公司 2011 年度所有者权益变动表

(单位：元)

项　　目	本 年 金 额							上 年 同 期 金 额						
	实收资本(或股本)	资本公积	减：库存股	专项储备	盈余公积	一般风险准备	未分配利润	所有者权益合计	实收资本(或股本)	资本公积	减：库存股	专项储备	盈余公积	一般风险准备	未分配利润	所有者权益合计
一、上年末余额	150 000 000	183 000			8 542 100		56 878 900	215 604 000	150 000 000				7 250 000		45 250 000	202 500 000
加：会计政策变更																
前期差错更正																
其他																
二、本年年初余额	150 000 000	183 000			8 542 100		56 878 900	215 604 000	150 000 000				7 250 000		45 250 000	202 500 000
三、本期增减变动金额（减少以"-"号填列）		-136 500			1 597 800		14 380 200	15 841 500		183 000			1 292 100		11 628 900	13 104 000
（一）净利润							15 978 000	15 978 000							12 921 000	12 921 000
（二）其他综合收益		-136 500						-136 500		183 000						183 000
上述（一）和（二）小计		-136 500					15 978 000	15 841 500		183 000					12 921 000	13 104 000
（三）所有者投入和减少资本																
1. 所有者投入资本																
2. 股份支付计入所有者权益的金额																
3. 其他																
（四）利润分配					1 597 800		-1 597 800	0					1 292 100		-1 292 100	0
1. 提取盈余公积					1 597 800		-1 597 800						1 292 100		-1 292 100	
2. 提取一般风险准备																
3. 对所有者（或股东）的分配																
4. 其他																
（五）所有者权益内部结转																
1. 资本公积转增资本（或股本）																
2. 盈余公积转增资本（或股本）																
3. 盈余公积弥补亏损																
4. 其他																
（六）专项储备																
（七）其他																
四、本期期末余额	150 000 000	46 500			10 139 900		71 259 100	231 445 500	150 000 000	183 000			8 542 100		56 878 900	215 604 000

(二)华通公司个别财务报表

1. 华通公司 2011 年 12 月 31 日资产负债表如表 8-8 所示。

表 8-8　华通公司 2011 年 12 月 31 日资产负债表　　　　　　　（单位：元）

资产	期末数	年初数	负债和股东权益	期末数	年初数
流动资产：			流动负债：		
货币资金	182 606 000	70 658 000	短期借款	50 000 000	90 000 000
交易性金融资产	66 500 000	69 060 000	应付票据	116 866 440	149 065 400
应收票据	39 274 000	52 444 000	应付账款	188 594 000	140 353 000
应收账款	92 877 100	106 879 000	预收款项	58 672 000	61 489 000
预付款项	49 645 000	5 239 000	应付职工薪酬	9 761 560	6 908 600
应收利息	0	0	应交税费	15 925 400	15 375 300
应收股利	0	0	应付利息		
其他应收款	8 177 000	10 379 000	应付股利		
存货	114 235 600	159 797 800	其他应付款	16 586 000	40 677 000
一年内到期的非流动资产	0	0	一年内到期的非流动负债	0	0
其他流动资产	0	0	其他流动负债	0	0
流动资产合计	553 314 700	474 456 800	流动负债合计	456 405 400	503 868 300
非流动资产：			非流动负债：		
可供出售金融资产	0	0	长期借款	0	0
持有至到期投资	0	0	应付债券	0	0
长期应收款	0	0	长期应付款	0	0
长期股权投资	120 000 000	200 000 000	专项应付款		
投资性房地产	82 776 600	57 865 600	预计负债	0	0
固定资产	128 003 300	138 794 500	递延所得税负债	930 000	1 570 000
在建工程	0	0	其他非流动负债	0	0
工程物资	0	0	非流动负债合计	930 000	1 570 000
固定资产清理	0	0	负债合计	457 335 400	505 438 300
无形资产	68 427 000	72 782 000	股东权益：		
开发支出	0	0	股本	171 780 000	171 780 000
商誉	0	0	资本公积	182 831 000	182 831 000
长期待摊费用	0	0	减：库存股	0	0
递延所得税资产	3 833 400	2 265 400	盈余公积	35 308 400	26 387 000
其他非流动资产	0	0	未分配利润	109 100 200	59 728 000
非流动资产合计	403 040 300	471 707 500	股东权益合计	499 019 600	440 726 000
资产总计	956 355 000	946 164 300	负债和股东权益总计	956 355 000	946 164 300

2. 华通公司 2011 年度利润表如表 8-9 所示。

表 8-9　华通公司 2011 年度利润表　　　　　　（单位：元）

项　　目	本 期 金 额	上 期 金 额
一、营业收入	1 545 722 000	1 296 962 000
减：营业成本	1 047 762 000	858 248 000
营业税金及附加	8 479 000	5 882 000
销售费用	291 619 000	264 661 000
管理费用	97 761 600	76 232 000
财务费用	4 535 000	4 795 000
资产减值损失	6 272 000	6 924 000
加：公允价值变动收益（损失以"－"号填列）	－2 560 000	6 280 000
投资收益（损失以"－"号填列）	32 000 000	0
其中：对联营企业和合营企业的投资收益	0	0
汇兑收益（损失以"－"号填列）	0	0
二、营业利润（亏损以"－"号填列）	118 733 400	86 500 000
加：营业外收入	218 600	0
减：营业外支出	0	260 000
其中：非流动资产处置损失	0	260 000
三、利润总额（亏损总额以"－"号填列）	118 952 000	86 240 000
减：所得税费用	29 738 000	21 560 000
四、净利润（净亏损以"－"号填列）	89 214 000	64 680 000
归属于母公司所有者的净利润	0	0
少数股东损益	0	0
五、每股收益		
（一）基本每股收益		
（二）稀释每股收益		
六、其他综合收益	0	0
七、综合收益总额	89 214 000	64 680 000

3. 华通公司 2011 年度所有者权益变动表如表 8-10 所示。

表 8-10 华通公司 2011 年度所有者权益变动表

(单位:元)

项目	本期金额							上年同期金额						
	实收资本(或股本)	资本公积	减:库存股	专项储备	盈余公积	一般风险准备	未分配利润	所有者权益合计	实收资本(或股本)	资本公积	减:库存股	专项储备	盈余公积	一般风险准备	未分配利润	所有者权益合计
一、上年末余额	171 780 000	182 831 000			26 387 000		59 728 000	440 726 000	171 780 000	182 831 000			19 919 000		27 283 000	401 813 000
加:会计政策变更																
前期差错更正																
其他																
二、本年年初余额	171 780 000	182 831 000			26 387 000		59 728 000	440 726 000	171 780 000	182 831 000			19 919 000		27 283 000	401 813 000
三、本期增减变动金额(减少以"-"号填列)					8 921 400		49 372 200	58 293 600					6 468 000		32 445 000	38 913 000
(一)净利润							89 214 000	89 214 000							64 680 000	64 680 000
(二)其他综合收益																
上述(一)和(二)小计							89 214 000	89 214 000							64 680 000	64 680 000
(三)所有者投入和减少资本																
1. 所有者投入资本																
2. 股份支付计入所有者权益的金额																
3. 其他																
(四)利润分配					8 921 400		-39 841 800	-30 920 400					6 468 000		-32 235 000	-25 767 000
1. 提取盈余公积					8 921 400		-8 921 400	0					6 468 000		-6 468 000	0
2. 提取一般风险准备																
3. 对所有者或股东的分配							-30 920 400	-30 920 400							-25 767 000	-25 767 000
4. 其他																
(五)所有者权益内部结转																
1. 资本公积转增资本(或股本)																
2. 盈余公积转增资本(或股本)																
3. 盈余公积弥补亏损																
4. 其他																
(六)专项储备																
(七)其他																
四、本期期末余额	171 780 000	182 831 000			35 308 400		109 100 200	499 019 600	171 780 000	182 831 000			26 387 000		59 728 000	440 726 000

第六部分　实　验　要　求

▶ 一、合并工作底稿(资产负债表、利润表和所有者权益变动表)

1. 调整分录表(分别对华伟、华通各公司个别财务报表调整)。
2. 内部抵销分录表。
3. 本年度少数股东损益和少数股东权益调整计算表。
4. 上年度合并工作底稿(资产负债表、利润表和所有者权益变动表项目)。
5. 本年度合并工作底稿(资产负债表、利润表和所有者权益变动表项目)。

▶ 二、合并财务报表

1. 华通公司 2011 年 12 月 31 日合并资产负债表。
2. 华通公司 2011 年度合并利润表。
3. 华通公司 2011 年度合并所有者权益变动表。

第七部分　案　例　思　考　题

1. 在本案例中,华通公司转让所拥有的华伟公司 40% 股权而仍然对其实施控制,从合并财务报表范围的股东权益角度分析,属于哪一类经济业务？请说明该类经济业务的实质？
2. 华通公司转让所拥有的华伟公司 40% 股权而仍然对其实施控制,在合并财务报表中对华伟公司的资产、负债是否应当重新计量？请说明支持你观点的理论依据。
3. 如果华通公司转让华伟公司的部分股权而对其丧失控制权,在合并财务报表中对华伟公司的股权投资是否应当重新计量？请说明支持你观点的理论依据。
4. 华通公司转让所拥有的华伟公司 40% 股权而仍然对其实施控制,在合并财务报表中要否确认股权处置损益？为什么？
5. 华通公司转让华伟公司 40% 股权投资相关的其他综合收益,为什么在合并财务报表中没有从资本公积转为投资收益？如果华通公司转让华伟公司的部分股权而对其丧失控制权,相关的其他综合收益能否转为投资收益？为什么？
6. 华通公司当初收购华伟公司时形成的商誉,在华通公司转让华伟公司 40% 股权后是否应当按持股比例相应减少？为什么？
7. 比较华通公司个别财务报表与合并财务报表中的投资收益项目金额,是否存在差异？如果存在差异,请分析差异的构成内容。
8. 通过本案例的实验,你有哪些收获？

实验九
处置子公司部分股权且丧失控制权

第一部分 实验目的

1. 掌握处置子公司部分股权且丧失控制权情况下剩余股权在合并财务报表中的重新计量。
2. 掌握处置子公司部分股权且丧失控制权情况下原内部交易未实现损益的处理。
3. 掌握处置子公司部分股权且丧失控制权情况下涉及合并财务报表的编制方法。
4. 比较处置部分股权丧失控制权与不丧失控制权对于合并财务报表的不同影响。

第二部分 教学内容提要

企业部分处置对子公司的长期股权投资且丧失控制权的情况下,应当区分个别财务报表与合并财务报表进行相关会计处理。

▶▶ 一、处置子公司部分股权且丧失控制权在个别财务报表层面的处理

在个别财务报表层面,对于处置的股权,应当结转与所售股权相对应的长期股权投资的账面价值,出售所得价款与处置长期股权投资账面价值之间的差额,确认为投资收益(损失);同时,对于剩余股权,应当按其账面价值确认为长期股权投资或其他相关金融资产。处置后的剩余股权能够对原有子公司实施共同控制或重大影响的,应当先按成本法转为权益法的相关规定处理,再按权益法核算。

▶▶ 二、处置子公司部分股权且丧失控制权在合并财务报表层面的处理

对于原有子公司已经丧失控制权,不再将其纳入合并财务报表,应当在合并财务报表中终止确认原有子公司的资产和负债。

在合并财务报表层面,对于剩余股权,视同新购资产,应当按照其在处置日(即丧失控制权日)的公允价值进行重新计量。处置股权取得的对价与剩余股权公允价值之和,减去按持股比例计算应享有原有子公司自购买日开始持续计算的净资产份额之间的差额,计入丧失控制权当期的投资收益。与原有子公司股权投资相关的其他综合收益,应当在丧失控制权时转为当期投资收益。企业应当在附注中披露处置后的剩余股权在丧失控制权日的公允价值、按照公允价值重新计量产生的相关利得或损失的金额。

此外,与原有子公司内部交易未实现损益的抵销及相关处理,应随着子公司的处置视为实现转入当期投资收益。抵销所确认坏账损失及相关递延所得税影响的处理也应当随之恢复,

计入当期损益。

第三部分　案例公司概况

一、方圆集团各公司经营范围

方圆房地产股份有限公司(以下简称方圆公司)为上市公司。以方圆公司为母公司的企业集团(以下简称方圆集团)是以房地产开发经营为主的大型企业集团。

方圆公司的经营范围：房地产开发经营,房屋土地建设和房屋(附属内部装修设施)出售,租赁,物业管理,房屋设备,园林绿化,投资管理(上述经营范围涉及许可经营凭许可证经营)。

方海房地产开发有限公司(以下简称方海公司)、方湖房地产开发有限公司(以下简称方湖公司)的经营范围相同,为：房地产开发经营,房屋土地建设和房屋(附属内部装修设施)出售,租赁,物业管理,房屋设备(上述经营范围涉及许可经营凭许可证经营)。方海公司、方湖公司所开发的房地产项目地理位置均在中心城区。

方华房屋管理服务有限公司(以下简称方华公司)的经营范围：内部装修,物业管理,房屋设备,园林绿化(上述经营范围涉及许可经营凭许可证经营)。

二、方圆集团有关股权转让事项

2011年3月31日,方圆公司以1 068 600 000元的价格将其拥有的方海公司40%股权转让给无关联关系的东方股份有限公司,通过产权交易所完成产权转让交割程序,并于同日完成工商变更登记。截至2011年1月31日,方海公司可辨认净资产的账面价值为99 955.57万元,交易方以《方海房地产开发有限公司股权转让项目股东全部权益价值评估报告》为基础确定该公司可辨认净资产的公允价值为2 671 500 000元。本次股权转让后,方圆公司丧失对方海公司的控制权。由《方海房地产开发有限公司股东部分权益价值评估报告》评估确定方圆公司在丧失控制权日持有剩余的方海公司20%股权的公允价值为482 040 000元。

三、方圆集团的股权投资关系

方圆公司所控制的子公司方海公司、方湖公司、方华公司,均于2010年之前与其他投资者参与投资新设成立,投资者投入资本即为注册资本。

1. 截至2010年12月31日方圆集团的股权投资关系。

截至2010年12月31日,方圆公司持有方海公司、方湖公司、方华公司的表决权股份分别为60%、90%、70%,对它们均拥有控制权,方圆集团的股权投资关系如图9-1所示。

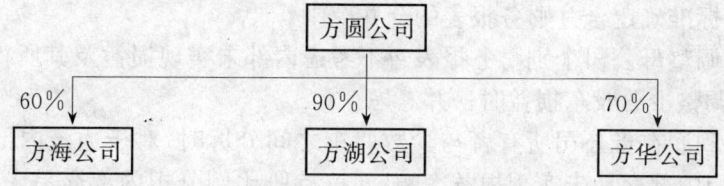

图9-1　截至2010年12月31日方圆集团股权投资关系

2. 截至2011年12月31日方圆集团的股权投资关系。

截至2011年12月31日,方圆公司持有方海公司、方湖公司、方华公司的表决权股份分别为

20%、90%、70%,并对方湖公司和方华公司拥有控制权,方圆集团的股权投资关系如图9-2所示。

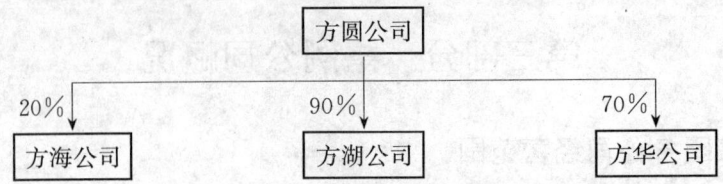

图9-2 截至2011年12月31日方圆集团股权投资关系

四、方圆集团相关会计政策和会计估计(部分)

(一)方圆集团有关长期股权投资的会计政策

1. 后续计量方法的适用范围。

(1)对于联营企业及合营企业的投资采用权益法核算。

(2)对子公司的投资以及对不具有共同控制或重大影响,并且在活跃市场中没有报价、公允价值不能可靠计量的长期股权投资,采用成本法核算。

2. 长期股权投资的处置。在个别财务报表中,对于处置的股权,应当结转与所售股权相对应的长期股权投资的账面价值,出售所得价款与处置长期股权投资账面价值之间的差额,确认为投资收益(损失);同时,对于剩余股权,应当按其账面价值确认为长期股权投资或其他相关金融资产。处置后的剩余股权能够对原有子公司实施共同控制或重大影响的,按成本法转为权益法的相关规定进行会计处理。

(二)方圆集团有关计提坏账准备的会计政策与会计估计

对于单项金额非重大的应收款项与经单独测试后未减值的应收款项,均按信用风险特征之一——账龄进行分类,并以具有类似信用风险特征组合的实际损失率为基础,确定应计提的坏账准备。分类计提比例如表9-1所示。

表9-1 方圆集团计提坏账准备的比例

账 龄	坏账计提比例(%)
6个月以内(含6个月)	5
6个月至1年(含1年)	10
1~2年(含2年)	30
2~3年(含3年)	50
3年以上	100

(三)方圆集团有关编制合并财务报表的会计政策

1. 以控制为标准确定合并财务报表的合并范围。

2. 按权益法调整母公司个别财务报表暂不考虑内部未实现损益及其所得税影响,留待合并净利润形成后调整少数股东损益时一并考虑。

3. 将合并净利润在母公司所有者与少数股东之间分拆时,对于逆流内部交易,少数股东应按持股比例分担内部交易未实现损益净额(即按持股比例分担内部交易未实现损益扣除所得税影响后的余额)。

4. 处置部分股权应当区分是否丧失控制权进行会计处理。

(1)处置部分股权未丧失控制权:在合并财务报表中,应当将处置价款与处置投资对应的享有该子公司净资产份额的差额调整资本公积(资本溢价),资本溢价不足冲减的,应当冲减留存收益。

(2) 处置部分股权而丧失控制权：在合并财务报表中,对于剩余股权,应当按照其在丧失控制权日的公允价值进行重新计量。处置股权取得的对价与剩余股权公允价值之和,减去按原持股比例计算应享有原有子公司自购买日开始持续计算的净资产的份额之间的差额,计入丧失控制权当期的投资收益。与原有子公司股权投资相关的其他综合收益,应当在丧失控制权时转为当期投资收益。企业应当在附注中披露处置后的剩余股权在丧失控制权日的公允价值、按照公允价值重新计量产生的相关利得或损失的金额。

五、方圆集团的所得税税率

方圆集团各公司的所得税税率均为25%。假设未来期间各公司均有足够的应纳税所得额可供暂时性差异抵扣。

六、方圆集团的利润分配

方圆公司、方海公司、方湖公司和方华公司均在年末按当年实现净利润的10%提取法定盈余公积。

2010年度方圆公司和方湖公司均未向所有者分配利润；2011年3月方圆公司宣告每10股派发现金股利5元,共计263 675 000元,并于该年5月实施；2011年4月方湖公司宣告每10股派发现金股利0.5元,共计6 000 000元,并于该年6月实施。

方海公司和方华公司2010年、2011年均未对所有者分配利润。

第四部分　方圆公司转让方海公司 40%股权的原始凭证

方圆公司转让方海公司40%股权所涉及的原始凭证包括：方海公司股权转让项目股东全部权益价值评估报告、方圆公司2011年度第五次临时股东大会决议公告、转让方海公司40%股权的产权交易合同、转让方海公司40%股权的产权交易凭证及方海公司股东部分权益价值评估报告等。

一、方海公司股权转让项目股东全部权益价值评估报告

方海房地产开发有限公司股权转让项目
股东全部权益价值评估报告
长江资评报字(2011)第A123号
摘　　要

以下内容摘自本评估报告书正文,欲了解本评估项目的详细情况和合理理解评估结论,应认真阅读本评估报告书正文。

项目名称：方海公司股东全部权益价值评估报告
委托方：方圆房地产股份有限公司
委托方以外的其他评估报告使用者：除委托方之外,国家法律、法规明确的为实现与本次评估目的相关经济行为而需要使用本评估报告的相关当事方
被评估企业：方海房地产开发有限公司
评估目的：股权转让

评估对象： 本次资产评估对象系截至 2011 年 1 月 31 日方海公司的股东全部权益价值

评估范围： 本次资产评估对象系截至 2011 年 1 月 31 日方海公司经审计后的全部资产和负债

价值类型： 市场价值

评估基准日： 2011 年 1 月 31 日

评估方法： 资产基础法和收益法

评估结论及其使用有效期：

1. 资产基础法评估结果。净资产账面值 999 585 700 元，调整后账面值 999 585 700 元，评估值 2 671 500 000 元（人民币大写：贰拾陆亿柒仟壹佰伍拾万元整），评估增值 1 671 914 300 元，评估增值率 167.26%。

2. 收益法评估结果。经过收益法评估程序，估算得出方海公司的评估价值为 2 815 761 000 元。

3. 评估结论的确定。经分析，资产基础法确定的企业价值为 2 671 500 000 元，收益法验证的企业价值为 2 815 761 000 元，两者相差 144 261 000 元（5.4%），属于正常范围。结合本次评估目的为股权转让项目，同时考虑到收益法评估结果主观因素较多，评估师认为采用资产基础法的评估结果更为合理。

评估人员最后选择资产基础法评估结果 2 671 500 000 元（人民币大写：贰拾陆亿柒仟壹佰伍拾万元整）作为本次评估结论。

评估结果与调整后账面值的比较变动情况如下表所示。

资产评估结果汇总表

项 目	账面净值 A	调整后账面净值 B	评估值 C	增减值 D=C−B	增减率 E=D/B*100%
流动资产	2 090 595 000	2 090 595 000	3 762 509 300	1 671 914 300	79.97
其中：存货（开发阶段）	1 260 681 000	1 260 681 000	2 932 595 300	1 671 914 300	132.62
固定资产	181 200	181 200	181 200		
其中：管理类设备	181 200	181 200	181 200		
资产总计	2 090 776 200	2 090 776 200	3 762 690 500	1 671 914 300	79.97
流动负债	379 790 500	379 790 500	379 790 500		
非流动负债	711 400 000	711 400 000	711 400 000		
负债总计	1 091 190 500	1 091 190 500	1 091 190 500		
净资产总计	999 585 700	999 585 700	2 671 500 000	1 671 914 300	167.26

本评估结论的使用有效期为 2011 年 1 月 31 日至 2012 年 1 月 30 日。

在使用本报告时，应注意评估报告特别事项说明和使用限制。

以上内容摘自评估报告正文，欲了解本评估项目的详细情况和合理理解评估结论，应当阅读评估报告正文。

上海长江资产评估有限公司

2011 年 2 月 22 日

注：由于篇幅限制，此处省略《方海房地产开发有限公司股权转让项目股东全部权益价值评估报告（正文）》。

二、方圆公司2011年度第五次临时股东大会决议公告

证券代码：600＊＊＊　　　　证券简称：方圆公司　　　　公告编号：2011-18

方圆房地产股份有限公司
2011年度第五次临时股东大会决议公告

本公司及董事会全体成员保证信息披露的内容真实、准确、完整，没有虚假记载、误导性陈述或重大遗漏。

一、重要提示

本次会议召开期间没有增加、否决或变更提案。

二、会议召开的情况

1. 召开时间：2011年3月9日上午9时。
2. 召开地点：上海市新华西路×××号。
3. 召开方式：现场投票方式。
4. 召集人：方圆房地产股份有限公司董事会。
5. 主持人：张山董事长。
6. 会议的召开符合《公司法》、《上市公司股东大会规则》、《上海证券交易所股票上市规则》及《公司章程》的有关规定。

三、会议的出席情况

股东（代理人）11人，代表股份489 650 200股，占上市公司总股份的92.85％。
公司董事、监事、高级管理人员及公司聘请的见证律师出席了本次股东大会。

四、提案审议和表决情况

与会股东（代理人）以现场记名投票方式，审议表决情况如下：
审议通过了《关于转让方海公司40％股权的议案》；
同意489 650 200股，占出席会议股东有表决权总数的100％；反对0股；弃权0股。

五、律师出具的法律意见

1. 律师事务所名称：上海国强律师事务所。
2. 律师姓名：周越、朱建华。
3. 结论性意见：公司本次股东大会的召集、召开程序符合有关法律、行政法规、《上市公司股东大会规则》及《公司章程》的规定；出席本次股东大会人员的资格、本次股东大会召集人的资格合法有效；本次股东大会的表决程序及表决结果符合法律、行政法规、规章及《公司章程》的规定。

六、备查文件

与本次股东大会相关的股东大会决议、会议原始资料、董事会决议、会议通知、法律意见书等备置于公司董事会秘书办公室，供投资者及有关部门查阅。

特此公告。

方圆房地产股份有限公司董事会
2011年3月9日

三、转让方海公司40％股权的产权交易合同

上市挂牌号：G300SH05＊＊＊＊
合同编号：11052017

上海市产权交易合同

上海市工商行政管理局
上海市产权交易管理办公室 制定

本合同涉及的当事人和受托人

出让人(以下简称甲方):方圆房地产股份有限公司
住所:上海市新华西路×××号　　　　电话:021-6150××××
法定代表人:张山　　　　　　　　　　职务:董事长
企业类型:股份有限公司(上市)　　　　邮编:200711
注册资本:52 735万元
开户银行:上海银行长宁支行　　　　　账号:076283-9810534700000000××
受托经纪组织:上海卡特商务咨询有限公司　电话:021-6095××××

受让人(以下简称乙方):东方股份有限公司
住所:上海市古美中路×××号　　　　电话:021-51628××××
法定代表人:韩流沙　　　　　　　　　职务:董事长
企业类型:股份有限公司(非上市)　　　邮编:200230
注册资本:20 000万元
开户银行:中国工商银行卢湾支行　　　账号:6222307061307503××××
受托经纪组织:上海万方商务咨询有限公司　电话:021-5401××××

根据中华人民共和国法律法规和《上海市产权交易市场管理办法》的有关规定,甲、乙双方遵循自愿、公平、诚实信用的原则订立本合同,以资共同遵守。

鉴于:

1. 方海房地产开发有限公司(以下简称方海公司)成立于2009年12月30日,注册资金为人民币100 000万元,系方圆房地产股份有限公司出资60 000万元,占注册资本的60%;东方股份有限公司出资40 000万元,占注册资本的40%。

2. 经评估,截至2011年1月31日,方海公司资产合计为人民币3 762 690 500元,负债合计为1 091 190 500元,净资产为2 671 500 000元。

3. 本次方海公司40%股权转让,各方当事人已被授权。

第一条　股权转让的标的
甲方将所持有的方海公司40%股权有偿转让给乙方。

第二条　股权转让的价格
甲方将上述产权以人民币1 068 600 000元(大写:壹拾亿陆仟捌佰陆拾万元整)转让给乙方。
乙方受让40%股权的价格为人民币1 068 600 000元(大写:壹拾亿陆仟捌佰陆拾万元整)。

第三条　股权转让的方式
上述产权经资产评估确认后,通过上海联合产权交易所上市挂牌,采用协议转让的方式,确定受让人和转让价格,签订产权交易合同,实施产权交易。

第四条　股权转让涉及的企业职工安置
本合同不涉及此条款。

第五条　股权转让涉及的债权、债务的承继和清偿办法
本合同不涉及此条款。

第六条　股权转让中涉及的资产处置

本合同不涉及此条款。

第七条　股权转让总价款的支付方式、期限和付款条件

乙方应在产权交易合同生效之日起5个工作日内,向甲方首付总价款的30%,在完成工商变更登记当日付清余款。

第八条　股权交割事项

双方当事人应于本合同经上海联合产权交易所出具产权交易凭证之日起10日内,完成产权转让的交割。

经甲、乙双方约定,交易基准日为2011年1月31日。由交易基准日起至产权或资产转让的完成日止,其间产生的盈利或亏损及风险由乙方承接。

第九条　权证的变更

经甲、乙双方协商和共同配合,在本合同经上海联合产权交易所出具产权交易凭证之日起30日内,向有关登记机关申请办理权证变更手续。

第十条　股权转让的税收和费用

产权转让中涉及的有关税收,按照国家有关法律规定缴纳。

产权转让中涉及的有关费用,经甲、乙双方当事人共同协商约定,由双方共同承担支付。

第十一条　违约责任

甲、乙任何一方未能按本协议履行,应视为违约。违约方应当负责赔偿其违约行为给守约方造成的一切经济损失,但不应超过违约方在签署本协议时预见到或应当预见到的因其违反本协议可能给另一方造成的损失。

第十二条　争议的解决方式

甲、乙双方在履行本合同过程中若发生争议,可向上海联合产权交易所或上海市产权交易管理办公室申请调解;任何一方不愿调解或调解无效的,可向有管辖权的人民法院提起诉讼。

第十三条　合同的变更和解除

发生下列情形的,可以变更或解除合同:

1. 因情况发生变化,双方当事人经过协商同意,且不损害国家和社会公共利益的。
2. 因不可抗力因素致使本合同的全部义务不能履行的。
3. 因一方当事人在合同约定的期限内,因故没有履行合同,另一方当事人予以认可的。
4. 因本合同中约定的变更或解除合同的情况出现的。

甲、乙双方同意解除本合同,甲方应将乙方的已付款项全额返回给乙方。

本合同需变更或解除,甲、乙双方及其委托的产权经纪组织必须签订变更或解除合同的协议,并报上海联合产权交易所备案。

第十四条　甲、乙双方的承诺

1. 甲方向乙方承诺所转让的产权属真实、完整,没有隐匿下列事实:

(1) 执法机构查封资产的情形;

(2) 权益、资产担保的情形;

(3) 资产隐匿的情形;

(4) 诉讼正在进行中的情形;
(5) 影响产权真实、完整的其他事实。
2. 乙方向甲方承诺拥有完全的权利能力和行为能力进行产权受让,无欺诈行为。
3. 未经对方事先书面许可,任何一方不得泄露本合同中的内容。

第十五条　其他

上述条款若有未尽事项,由甲、乙双方协商后另行约定。

本合同由甲、乙双方及执业产权经纪人、产权经纪组织签字盖章,并经上海联合产权交易所审核盖章,出具产权交易凭证后即生效。

国家法律、法规对本合同生效另有规定的,从其规定。

"合同使用须知"和本合同所必备的附件,与本合同具有同等的法律效力。

本合同一式柒份,甲、乙双方各执壹份,产权标的方执壹份,产权经纪组织各执壹份,上海联合产权交易所执壹份,上海市工商行政管理部门执壹份。

(以下无正文)

附件:

标的企业:营业执照、税务登记证、机构代码证、章程、验资报告、股东会决议、审计报告、资产评估报告及备案表。

出让人:营业执照、税务登记证、机构代码证、章程、股东会决议、批准文件、转让提示、法律意见书。

受让人:营业执照、税务登记证、机构代码证、章程、股东会决议、资产负债表。

出让人(甲方):方圆房地产股份有限公司　　　受让人(乙方):东方股份有限公司
(盖章)　　　　　　　　　　　　　　　　　　(盖章)

法定代表人(签字):张山　　　　　　　　　　法定代表人(签字):韩流沙

执业经纪人(签字):王月　　　　　　　　　　执业经纪人(签字):柳敏利

产权经纪组织(盖章):　　　　　　　　　　　产权经纪组织(盖章):
　上海卡特商务咨询有限公司　　　　　　　　　上海万方商务咨询有限公司

签约地点:上海市新华西路×××号

签约时间:2011 年 3 月 27 日

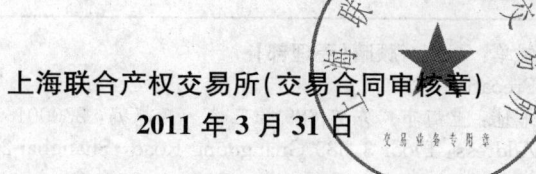

上海联合产权交易所(交易合同审核章)
2011 年 3 月 31 日

四、转让方海公司40%股权的产权交易凭证

上海联合产权交易所
Shanghai united assets and equity exchange

产权交易凭证(A类)
Transaction certificate (Type A)
(2010版)(2010.version)

NO. 0008 ＊＊＊

本凭证内容以产权交易各方主体提供的、并经受托机构核实的有关主体资格、产权归属、机构决策或批准等文件均系真实、合法为前提条件，予以如实、客观记载。
Information contained in this certificate is simply an objective record of and on the base of the fact that all the documents regarding eligibility, proprietary rights, decisions or approvals provided by the parties and verified by their agencies are true, legitimate and valid.

项目编号 Contract No.	G300SH05＊＊＊＊	签约日期 Conclusion date	2011年3月27日
转让产权内容 Property rights to be transferred	方海房地产开发有限公司40%股权		
出让方 Seller	方圆房地产股份有限公司	受让方 Buyer	东方股份有限公司
受托机构 Agency	上海联合产权交易所	受托机构 Agency	上海联合产权交易所
转让产权于交易基准日相关指标： Financials as on year month date 负债总额 Total liabilities：	109 119.05 万元 ten thousand yuan	资产总额 Total assets： 所有者权益 Equity：	376 269.05 万元 ten thousand yuan 109 119.05 万元 ten thousand yuan
转让价格 Transfer price	106 860万元（壹拾亿陆仟捌佰陆拾万元整）		
支付方式 Mode of Payment	转让价款分期付款　场内结算		
交易机构 审核结论 SUAEE opinion	依据有关法律法规及相关规定，经审核，各方交易主体行使本次产权交易的行为符合交易的程序性规定，特出具产权交易凭证。 According to the relevant laws and regulations, upon reviewing, the whole process of the transaction is in compliance with the procedural requirements and hereby this Transaction Certificate is issued. 上海联合产权交易所 Shanghai United Assets and Equity Exchange 2011年3月31日 Date		
备注 Notes			

制单： 顾晴(受理部)　　　　　　　　　复核： 杨家海(受理部)
Prepared by:　　　　　　　　　　　　　Proof Reading:
地址：上海市广东路689号三楼　邮编：200001　电话：(8621)63410000
Address：Floor 3, 689 Guangdong Road, Shanghai 200001　Tel(8621)63410000
制单日期：2011年3月31日

五、方海公司股东部分权益价值评估报告

方海房地产开发有限公司
股东部分权益价值评估报告
长江资评报字（2011）第 B615 号

摘　　要

以下内容摘自本评估报告书正文，欲了解本评估项目的详细情况和合理理解评估结论，应认真阅读本评估报告书正文。

项目名称：方海房地产开发有限公司股东部分权益价值评估

委托方：方圆房地产股份有限公司（简称：方圆公司）

委托方以外的其他评估报告使用者：为委托方提供审计服务的注册会计师

被评估企业：方海房地产开发有限公司（简称：方海公司）

评估目的：按照财政部企业会计准则解释第 4 号的要求，企业因处置部分股权投资或其他原因丧失了对原有子公司控制权的，对于剩余股权，合并财务报表中应当按照其在丧失控制权日的公允价值进行重新计量，本次评估目的即为委托方确定丧失控制权日之前持有的方海公司 20% 股权于丧失控制权日的公允价值提供参考依据。

评估对象：方圆公司持有的方海公司 20% 股权

评估范围：截至评估基准日方圆公司持有的方海公司 20% 的股权

价值类型：公允价值

评估基准日：2011 年 3 月 31 日

评估方法：资产基础法和收益法

评估结论及其使用有效期：

1. 资产基础法评估结果。方海公司全部股东权益账面价值 999 556 000 元，调整后账面值 999 556 000 元，评估值 2 678 000 000 元（人民币大写：贰拾陆亿柒仟捌佰万元整），评估增值 1 678 444 000 元，评估增值率 167.92%。

2. 收益法评估结果。经过收益法评估程序，估算得出方海公司全部股东权益的评估价值为 2 817 256 000 元。

3. 评估结论的确定。经分析，资产基础法确定的方海公司全部股东权益价值为 2 678 000 000 元，收益法验证的全部股东权益价值为 2 817 256 000 元，两者相差 139 256 000 元（5.2%），属于正常范围。结合本次评估目的是为委托方确定丧失控制权日之前持有的方海公司 20% 股权于丧失控制权日的公允价值提供参考依据，同时考虑到收益法评估结果主观因素较多，评估师认为采用资产基础法的评估结果更为合理。

评估人员最后选择资产基础法评估结果，即被评估企业在评估基准日 2011 年 3 月 31 日的股东全部权益价值的评估值为 2 678 000 000 元，考虑缺少控制股权折扣率 10% 后，方圆公司持有的方海公司 20% 股权评估值为 482 040 000 元（人民币大写为：肆亿捌仟贰佰零肆万元整）作为本次评估结论。

评估结果与调整后账面值的比较变动情况如下表所示。

资产评估结果汇总表

项　目	账面净值	调整后账面净值	评估值	增减值	增减率
	A	B	C	D＝C－B	E＝D/B*100%
流动资产	2 189 610 730	2 189 610 730	3 868 054 730	1 678 444 000	76.65
其中：存货（开发阶段）	1 440 681 310	1 440 681 310	3 119 125 310	1 678 444 000	116.50
固定资产	163 290	163 290	163 290		
其中：管理类设备	163 290	163 290	163 290		
资产总计	2 189 774 020	2 189 774 020	3 868 218 020	1 678 444 000	76.65
流动负债	478 818 020	478 818 020	478 818 020		
非流动负债	711 400 000	711 400 000	711 400 000		
负债总计	1 190 218 020	1 190 218 020	1 190 218 020		
净资产总计	999 556 000	999 556 000	2 678 000 000	1 678 444 000	167.92

　　本评估结论仅限委托方用于确定本次丧失控制权日之前持有的被评估企业20%股权的公允价值使用。

　　在使用本报告时，应注意评估报告特别事项说明和使用限制。

上海长江资产评估有限公司
2011年11月22日

注：由于篇幅限制，此处省略《方海房地产开发有限公司股东部分权益价值评估报告（正文）》。

第五部分　方圆公司编制合并财务报表的基础资料

一、方圆公司股权投资备查登记簿

1. 方圆公司持有方海公司股权登记簿如表9-2所示。

表9-2　方圆公司持有方海公司股权登记簿　　　　　　　　（单位：元）

初始投资成本：600 000 000元　　　　　　　　　　　　初始取得股权方式：新设

股权变动日	股权变动比例	变动后持股	投资成本	变动日净资产账面价值	变动日方海公司净资产公允价值	公允价值与账面价值的差额
2009/12/30	60%	60%	600 000 000	1 000 000 000	1 000 000 000	0
2011/03/31	－40%	20%	－400 000 000	999 556 000	2 671 500 000	1 671 944 000

(续表)

自取得投资后方海公司净资产具体变动情况：

所属期间	实现净利润	利润分配	其他变动
2010 年度	-346 000	0	0
2011 年 1～3 月	-98 000	0	0
2011 年 4～12 月	-387 000	0	0

2. 方圆公司持有方湖公司股权登记簿如表 9-3 所示。

表 9-3　方圆公司持有方湖公司股权登记簿　　　　　　　　　　（单位：元）

初始投资成本：225 000 000 元　　　　　　　　　　　　　　初始取得股权方式：新设

股权变动日	股权变动比例	变动后持股	投资成本	变动日净资产账面价值	变动日方湖公司净资产公允价值	公允价值与账面价值的差额
2007/06/30	90%	90%	225 000 000	250 000 000	250 000 000	0

自取得投资后方湖公司净资产具体变动情况：

所属期间	实现净利润	利润分配	其他变动
2007 年 7～12 月	-279 220	0	0
2008 年度	-360 280	0	0
2009 年度	-410 500	0	0
2010 年度	36 246 000	0	0
2011 年度	64 436 000	6 000 000	0

3. 方圆公司持有方华公司股权登记簿如表 9-4 所示。

表 9-4　方圆公司持有方华公司股权登记簿　　　　　　　　　　（单位：元）

初始投资成本：14 336 000 元　　　　　　　　　　　　　　初始取得股权方式：新设

股权变动日	股权变动比例	变动后持股	投资成本	变动日净资产账面价值	变动日方华公司净资产公允价值	公允价值与账面价值的差额
2009/10/31	70%	70%	14 336 000	20 480 000	20 480 000	0

自取得投资后方华公司净资产具体变动情况：

所属期间	实现净利润	利润分配	其他变动
2009 年 11～12 月	-27 000	0	0
2010 年度	2 367 000	0	0
2011 年度	9 455 100	0	0

二、合并财务报表范围内部交易及往来明细表

1. 2010 年方圆集团内部提供劳务明细表如表 9-5 所示。

表 9-5　2010 年方圆集团内部提供劳务明细表　　　　（单位：元）

日期	提供单位	收入类别	结算方式	业务类型	营业收入	营业成本	接受单位	购入用途
2010/10	方华公司	主营业务	赊销	绿化	5 072 000	2 645 000	方海公司	开发成本——配套设施（未完工）
2010/11	方华公司	主营业务	赊销	绿化	900 000	560 000	方湖公司	开发成本——配套设施（未完工）
合　计					5 972 000	3 205 000	—	—

注：仅在 2010 年发生内部交易。

2. 2010 年方圆集团内部往来明细表如表 9-6 所示。

表 9-6　2010 年方圆集团内部往来明细表　　　　（单位：元）

债权人	债务人	债权账户	2010 年年初			2010 年年末		
			账户余额	账　龄	坏账准备	账户余额	账　龄	坏账准备
方华公司	方海公司	应收账款	0	—	0	5 072 000	6 个月以内	253 600
方华公司	方湖公司	应收账款	0	—	0	900 000	6 个月以内	45 000
合　计			0	—	0	5 972 000	—	298 600

注：2010 年之前未发生内部往来。

3. 2011 年方圆集团内部往来明细表如表 9-7 所示。

表 9-7　2011 年方圆集团内部往来明细表　　　　（单位：元）

债权人	债务人	债权账户	2011 年年初			2011 年年末		
			账户余额	账　龄	坏账准备	账户余额	账　龄	坏账准备
方华公司	方海公司	应收账款	5 072 000	6 个月以内	253 600	0	—	0
方华公司	方湖公司	应收账款	900 000	6 个月以内	45 000	900 000	1～2 年	180 000
合　计			5 972 000	—	298 600	900 000	—	180 000

三、方海公司、方湖公司、方华公司和方圆公司的个别财务报表

本实验项目不要求编制现金流量表，因此所提供的方海公司、方湖公司、方华公司及方圆公司各公司的个别财务报表不包括现金流量表。

（一）方海公司个别财务报表

1. 方海公司 2011 年 3 月 31 日资产负债表如表 9-8 所示。

表 9-8　方海公司 2011 年 3 月 31 日资产负债表　　　　　　　　（单位：元）

资　　产	期末数	年初数	负债和股东权益	期末数	年初数
流动资产：			流动负债：		
货币资金	495 314 400	413 009 680	短期借款	0	0
交易性金融资产	0	0	应付票据	0	0
应收票据	0	0	应付账款	228 689 380	14 031 310
应收账款	0	0	预收款项	0	0
预付款项	252 849 970	254 276 760	应付职工薪酬	0	7 400
应收利息	0	0	应交税费	2 520	3 190
应收股利	0	0	应付利息	0	0
其他应收款	765 050	916 800	应付股利	0	0
存货	1 440 681 310	1 316 873 640	其他应付款	250 126 120	260 171 370
一年内到期的非流动资产	0	0	一年内到期的非流动负债	0	0
其他流动资产	0	0	其他流动负债	0	0
流动资产合计	2 189 610 730	1 985 076 880	流动负债合计	478 818 020	274 213 270
非流动资产：			非流动负债：		
可供出售金融资产	0	0	长期借款	711 400 000	711 400 000
持有至到期投资	0	0	应付债券	0	0
长期应收款	0	0	长期应付款	0	0
长期股权投资	0	0	专项应付款	0	0
投资性房地产	0	0	预计负债	0	0
固定资产	163 290	190 390	递延所得税负债	0	0
在建工程	0	0	其他非流动负债	0	0
工程物资	0	0	非流动负债合计	711 400 000	711 400 000
固定资产清理	0	0	负债合计	1 190 218 020	985 613 270
无形资产	0	0	股东权益：		
开发支出	0	0	股本	1 000 000 000	1 000 000 000
商誉	0	0	资本公积	0	0
长期待摊费用	0	0	减：库存股	0	0
递延所得税资产	0	0	盈余公积	0	0
其他非流动资产	0	0	未分配利润	-444 000	-346 000
非流动资产合计	163 290	190 390	股东权益合计	999 556 000	999 654 000
资产总计	2 189 774 020	1 985 267 270	负债和股东权益总计	2 189 774 020	1 985 267 270

2. 方海公司 2011 年 1~3 月利润表如表 9-9 所示。

表 9-9　方海公司 2011 年 1~3 月利润表　　　　　　　　（单位：元）

项　　目	本 期 金 额	上 年 金 额
一、营业收入	0	0
减：营业成本	0	0
营业税金及附加	0	0
销售费用	0	0
管理费用	351 750	1 350 290
财务费用	－253 750	－1 005 170
资产减值损失	0	0
加：公允价值变动收益（损失以"－"号填列）	0	0
投资收益（损失以"－"号填列）	0	0
其中：对联营企业和合营企业的投资收益	0	0
汇兑收益（损失以"－"号填列）	0	0
二、营业利润（亏损以"－"号填列）	－98 000	－345 120
加：营业外收入	0	0
减：营业外支出	0	880
其中：非流动资产处置损失	0	880
三、利润总额（亏损总额以"－"号填列）	－98 000	－346 000
减：所得税费用	0	0
四、净利润（净亏损以"－"号填列）	－98 000	－346 000
归属于母公司所有者的净利润	0	0
少数股东损益	0	0
五、每股收益		
（一）基本每股收益		
（二）稀释每股收益		
六、其他综合收益	0	0
七、综合收益总额	－98 000	－346 000

3. 方海公司 2011 年 1~3 月所有者权益变动表如表 9-10 所示。

表 9-10 方海公司 2011 年 1~3 月所有者权益变动表

(单位：元)

项目	本期金额								上年金额							
	实收资本（或股本）	资本公积	减：库存股	专项储备	盈余公积	一般风险准备	未分配利润	所有者权益合计	实收资本（或股本）	资本公积	减：库存股	专项储备	盈余公积	一般风险准备	未分配利润	所有者权益合计
一、上年年末余额	1 000 000 000						-346 000	999 654 000	1 000 000 000							1 000 000 000
加：会计政策变更																
前期差错更正																
其他								0								
二、本年年初余额	1 000 000 000						-346 000	999 654 000	1 000 000 000							1 000 000 000
三、本期增减变动金额（减少以"-"号填列）							-98 000	-98 000							-346 000	-346 000
（一）净利润							-98 000	-98 000							-346 000	-346 000
（二）其他综合收益																
上述（一）和（二）小计							-98 000	-98 000							-346 000	-346 000
所有者投入和减少资本								0								
1. 所有者投入资本																
2. 股份支付计入所有者权益的金额																
3. 其他																
（四）利润分配																
1. 提取盈余公积																
2. 提取一般风险准备																
3. 对所有者（或股东）的分配																
4. 其他																
（五）所有者权益内部结转																
1. 资本公积转增资本（或股本）																
2. 盈余公积转增资本（或股本）																
3. 盈余公积弥补亏损																
4. 其他																
（六）专项储备																
（七）其他																
四、本期期末余额	1 000 000 000						-444 000	999 556 000	1 000 000 000						-346 000	999 654 000

(二)方湖公司个别财务报表

1. 方湖公司 2011 年 12 月 31 日资产负债表如表 9-11 所示。

表 9-11 方湖公司 2011 年 12 月 31 日资产负债表 (单位:元)

资　　产	期末数	年初数	负债和股东权益	期末数	年初数
流动资产:			流动负债:		
货币资金	143 160 010	140 785 860	短期借款	0	0
交易性金融资产	0	0	应付票据	0	0
应收票据	0	0	应付账款	78 028 000	73 617 640
应收账款	28 670 000	19 510 410	预收款项	131 245 950	129 107 380
预付款项	22 000 240	16 367 690	应付职工薪酬	0	0
应收利息	0	0	应交税费	8 796 340	8 218 120
应收股利	0	0	应付利息		
其他应收款	717 270	1 213 670	应付股利	0	0
存货	832 224 870	745 934 120	其他应付款	40 389 910	
一年内到期的非流动资产	0	0	一年内到期的非流动负债	50 000 000	
其他流动资产			其他流动负债		
流动资产合计	1 026 772 390	923 811 750	流动负债合计	308 460 200	210 943 140
非流动资产:			非流动负债:		
可供出售金融资产	0	0	长期借款	385 000 000	435 000 000
持有至到期投资	0	0	应付债券	0	0
长期应收款	0	0	长期应付款		
长期股权投资	0	0	专项应付款	0	0
投资性房地产	0	0	预计负债	0	0
固定资产	10 245 220	7 327 390	递延所得税负债	0	0
在建工程			其他非流动负债	0	
工程物资	0	0	非流动负债合计	385 000 000	435 000 000
固定资产清理	0	0	负债合计	693 460 200	645 943 140
无形资产			股东权益:		
开发支出	0	0	股本	250 000 000	250 000 000
商誉	0	0	资本公积		
长期待摊费用	0	0	减:库存股	0	0
递延所得税资产	74 590	0	盈余公积	9 963 200	3 519 600
其他非流动资产	0	0	未分配利润	83 668 800	31 676 400
非流动资产合计	10 319 810	7 327 390	股东权益合计	343 632 000	285 196 000
资产总计	1 037 092 200	931 139 140	负债和股东权益总计	1 037 092 200	931 139 140

2. 方湖公司 2011 年度利润表如表 9-12 所示。

表 9-12 方湖公司 2011 年度利润表 （单位：元）

项目	本期金额	上期金额
一、营业收入	337 137 270	274 826 130
减：营业成本	164 681 520	143 671 120
营业税金及附加	49 314 900	46 850 870
销售费用	7 122 910	6 410 390
管理费用	812 480	583 609
财务费用	29 018 400	29 042 141
资产减值损失	298 360	0
加：公允价值变动收益（损失以"－"号填列）	0	0
投资收益（损失以"－"号填列）	0	0
其中：对联营企业和合营企业的投资收益	0	0
汇兑收益（损失以"－"号填列）	0	0
二、营业利润（亏损以"－"号填列）	85 888 700	48 268 000
加：营业外收入	52 050	60 000
减：营业外支出	25 750	0
其中：非流动资产处置损失	25 750	0
三、利润总额（亏损总额以"－"号填列）	85 915 000	48 328 000
减：所得税费用	21 479 000	12 082 000
四、净利润（净亏损以"－"号填列）	64 436 000	36 246 000
归属于母公司所有者的净利润	0	0
少数股东损益	0	0
五、每股收益		
（一）基本每股收益		
（二）稀释每股收益		
六、其他综合收益	0	0
七、综合收益总额	64 436 000	36 246 000

3. 方湖公司 2011 年度所有者权益变动表如表 9-13 所示。

表 9-13 方湖公司 2011 年度所有者权益变动表

(单位：元)

项目	本期金额								上年同期金额							
	实收资本(或股本)	资本公积	减：库存股	专项储备	盈余公积	一般风险准备	未分配利润	所有者权益合计	实收资本(或股本)	资本公积	减：库存股	专项储备	盈余公积	一般风险准备	未分配利润	所有者权益合计
一、上年年末余额	250 000 000				3 519 600		31 676 400	285 196 000							-1 050 000	248 950 000
加：会计政策变更																
前期差错更正																
其他								0								
二、本年年初余额	250 000 000				3 519 600		31 676 400	285 196 000							-1 050 000	248 950 000
三、本期增减变动金额(减少以"-"号填列)					6 443 600		51 992 400	58 436 000					3 519 600		32 726 400	36 246 000
(一) 净利润							64 436 000	64 436 000							36 246 000	36 246 000
(二) 其他综合收益																
上述(一)和(二)小计							64 436 000	64 436 000							36 246 000	36 246 000
(三) 所有者投入和减少资本																
1. 所有者投入资本																
2. 股份支付计入所有者权益的金额																
3. 其他																
(四) 利润分配					6 443 600		-12 443 600	-6 000 000					3 519 600		-3 519 600	
1. 提取盈余公积					6 443 600		-6 443 600						3 519 600		-3 519 600	
2. 提取一般风险准备																
3. 对所有者(或股东)的分配							-6 000 000	-6 000 000								
4. 其他																
(五) 所有者权益内部结转																
1. 资本公积转增资本(或股本)																
2. 盈余公积转增资本(或股本)																
3. 盈余公积弥补亏损																
4. 其他																
(六) 专项储备																
(七) 其他																
四、本期期末余额	250 000 000				9 963 200		83 668 800	343 632 000	250 000 000				3 519 600		31 676 400	285 196 000

(三) 方华公司个别财务报表

1. 方华公司 2011 年 12 月 31 日资产负债表如表 9-14 所示。

表 9-14 方华公司 2011 年 12 月 31 日资产负债表　　　　　　　　（单位：元）

资　　产	期末数	年初数	负债和股东权益	期末数	年初数
流动资产：			流动负债：		
货币资金	11 077 180	9 748 080	短期借款	12 510 000	25 100 500
交易性金融资产	0	0	应付票据	0	0
应收票据	0	0	应付账款	2 139 070	804 300
应收账款	19 325 000	21 327 200	预收款项	92 780 000	87 662 440
预付款项	5 190 210	23 735 370	应付职工薪酬	0	0
应收利息	0	0	应交税费	550 530	518 320
应收股利	0	0	应付利息	0	0
其他应收款	29 828 420	29 780 600	应付股利	0	0
存货	74 289 760	51 772 650	其他应付款	6 740	15 490
一年内到期的非流动资产	0	0	一年内到期的非流动负债	0	0
其他流动资产	0	0	其他流动负债	0	0
流动资产合计	139 710 570	136 363 900	流动负债合计	107 986 340	114 101 050
非流动资产：			非流动负债：		
可供出售金融资产	0	0	长期借款	0	0
持有至到期投资	0	0	应付债券	0	0
长期应收款	0	0	长期应付款	0	0
长期股权投资	0	0	专项应付款	0	0
投资性房地产	0	0	预计负债		
固定资产	477 010	527 150	递延所得税负债		
在建工程	0	0	其他非流动负债		
工程物资	0	0	非流动负债合计	0	0
固定资产清理	0	0	负债合计	107 986 340	114 101 050
无形资产	0	0	股东权益：		
开发支出	0	0	股本	20 000 000	20 000 000
商誉	0	0	资本公积	480 000	480 000
长期待摊费用	0	0	减：库存股	0	0
递延所得税资产	73 860	30 000	盈余公积	1 179 510	234 000
其他非流动资产	0	0	未分配利润	10 615 590	2 106 000
非流动资产合计	550 870	557 150	股东权益合计	32 275 100	22 820 000
资产总计	140 261 440	136 921 050	负债和股东权益总计	140 261 440	136 921 050

2. 方华公司 2011 年度利润表如表 9-15 所示。

表 9-15 方华公司 2011 年度利润表 （单位：元）

项　　目	本 期 金 额	上 期 金 额
一、营业收入	37 757 440	17 120 420
减：营业成本	19 421 660	9 332 150
营业税金及附加	1 195 070	519 810
销售费用	0	0
管理费用	3 719 652	2 732 860
财务费用	639 828	1 239 620
资产减值损失	175 440	120 000
加：公允价值变动收益（损失以"－"号填列）	0	0
投资收益（损失以"－"号填列）	0	0
其中：对联营企业和合营企业的投资收益	0	0
汇兑收益（损失以"－"号填列）	0	0
二、营业利润（亏损以"－"号填列）	12 605 790	3 175 980
加：营业外收入	1 010	0
减：营业外支出	0	19 980
其中：非流动资产处置损失	0	19 980
三、利润总额（亏损总额以"－"号填列）	12 606 800	3 156 000
减：所得税费用	3 151 700	789 000
四、净利润（净亏损以"－"号填列）	9 455 100	2 367 000
归属于母公司所有者的净利润	0	0
少数股东损益	0	0
五、每股收益		
（一）基本每股收益		
（二）稀释每股收益		
六、其他综合收益	0	0
七、综合收益总额	9 455 100	2 367 000

3. 方华公司 2011 年度所有者权益变动表如表 9-16 所示。

表 9-16 方华公司 2011 年度所有者权益变动表

(单位：元)

项 目	本 期 金 额							上 年 同 期 金 额						
	实收资本（或股本）	资本公积	减：库存股	专项储备	盈余公积	一般风险准备	未分配利润	所有者权益合计	实收资本（或股本）	资本公积	减：库存股	专项储备	盈余公积	一般风险准备	未分配利润	所有者权益合计
一、上年末余额	20 000 000	480 000			234 000		2 106 000	22 820 000							-27 000	20 453 000
加：会计政策变更																
前期差错更正																
其他																
二、本年初余额	20 000 000	480 000			234 000		2 106 000	22 820 000							-27 000	20 453 000
三、本期增减变动金额（减少以"-"号填列）					945 510		8 509 590	9 455 100					234 000		2 133 000	2 367 000
（一）净利润							9 455 100	9 455 100							2 367 000	2 367 000
（二）其他综合收益																
上述（一）和（二）小计							9 455 100	9 455 100							2 367 000	2 367 000
（三）所有者投入和减少资本																
1. 所有者投入资本																
2. 股份支付计入所有者权益的金额								0								
3. 其他																
（四）利润分配					945 510		-945 510						234 000		-234 000	
1. 提取盈余公积					945 510		-945 510						234 000		-234 000	
2. 提取一般风险准备																
3. 对所有者（或股东）的分配																
4. 其他																
（五）所有者权益内部结转																
1. 资本公积转增资本（或股本）																
2. 盈余公积转增资本（或股本）																
3. 盈余公积弥补亏损																
4. 其他																
（六）专项储备																
（七）其他																
四、本期期末余额	20 000 000	480 000			1 179 510		10 615 590	32 275 100	20 000 000	480 000			234 000		2 106 000	22 820 000

(四)方圆公司个别财务报表

1. 方圆公司 2011 年 12 月 31 日资产负债表如表 9-17 所示。

表 9-17　方圆公司 2011 年 12 月 31 日资产负债表　　　　　（单位：元）

资产	期末余额	年初余额	负债和股东权益	期末余额	年初余额
流动资产：			流动负债：		
货币资金	372 611 810	5 587 230	短期借款	115 000 000	200 000 000
交易性金融资产	0	0	应付票据	0	0
应收票据	0	0	应付账款	817 530	860 950
应收账款	198 000	276 500	预收款项	0	0
预付款项	0	0	应付职工薪酬	0	0
应收利息	0	0	应交税费	3 210 150	2 987 500
应收股利	0	0	应付利息	3 956 940	4 103 740
其他应收款	58 574 500	5 284 000	应付股利	0	0
存货	165 379 620	126 278 090	其他应付款	67 170 550	83 927 440
一年内到期的非流动资产	0	0	一年内到期的非流动负债	0	90 000 000
其他流动资产	0	0	其他流动负债	0	0
流动资产合计	596 763 930	137 425 820	流动负债合计	190 155 170	381 879 630
非流动资产：			非流动负债：		
可供出售金融资产	0	0	长期借款	0	0
持有至到期投资	0	0	应付债券	0	0
长期应收款	0	0	长期应付款	0	0
长期股权投资	439 169 800	839 336 000	专项应付款	0	0
投资性房地产	131 453 850	136 723 690	预计负债	0	0
固定资产	5 318 160	5 989 640	递延所得税负债	0	0
在建工程	0	0	其他非流动负债	0	0
工程物资	0	0	非流动负债合计	0	0
固定资产清理	0	0	负债合计	190 155 170	381 879 630
无形资产	0	0	股东权益：		
开发支出	0	0	股本	527 350 000	527 350 000
商誉	0	0	资本公积	70 819 120	70 819 120
长期待摊费用	0	0	减：库存股	0	0
递延所得税资产	68 750	43 750	盈余公积	82 059 760	31 194 255
其他非流动资产	0	0	未分配利润	302 390 440	108 275 895
非流动资产合计	576 010 560	982 093 080	股东权益合计	982 619 320	737 639 270
资产总计	1 172 774 490	1 119 518 900	负债和股东权益总计	1 172 774 490	1 119 518 900

2. 方圆公司 2011 年度利润表如表 9-18 所示。

表 9-18　方圆公司 2011 年度利润表　　　　　　　　　　（单位：元）

项目	本期金额	上期金额
一、营业收入	93 569 500	92 897 000
减：营业成本	49 908 460	46 005 700
营业税金及附加	16 067 570	14 811 500
销售费用	0	0
管理费用	18 723 588	15 032 400
财务费用	4 373 882	14 920 500
资产减值损失	100 000	175 000
加：公允价值变动收益（损失以"-"号填列）	0	0
投资收益（损失以"-"号填列）	673 903 000	0
其中：对联营企业和合营企业的投资收益	0	0
汇兑收益（损失以"-"号填列）	0	0
二、营业利润（亏损以"-"号填列）	678 299 000	1 951 900
加：营业外收入	0	0
减：营业外支出	0	17 500
其中：非流动资产处置损失	0	17 500
三、利润总额（亏损总额以"-"号填列）	678 299 000	1 934 400
减：所得税费用	169 574 750	483 600
四、净利润（净亏损以"-"号填列）	508 724 250	1 450 800
归属于母公司所有者的净利润	0	0
少数股东损益	0	0
五、每股收益		
（一）基本每股收益		
（二）稀释每股收益		
六、其他综合收益	0	0
七、综合收益总额	508 724 250	1 450 800

3. 方圆公司 2011 年度所有者权益变动表如表 9-19 所示。

表 9-19 方圆公司 2011 年度所有者权益变动表

(单位：元)

项目	本期金额							上年同期金额						
	实收资本(或股本)	资本公积	减：库存股	专项储备	盈余公积	一般风险准备	未分配利润	所有者权益合计	实收资本(或股本)	资本公积	减：库存股	专项储备	盈余公积	一般风险准备	未分配利润	所有者权益合计
一、上年末余额	527 350 000	70 819 120			31 194 255		108 275 895	737 639 270	527 350 000	70 819 120			31 049 175		106 970 175	736 188 470
加：会计政策变更																
前期差错更正																
其他																
二、本年年初余额	527 350 000	70 819 120			31 194 255		108 275 895	737 639 270	527 350 000	70 819 120			31 049 175		106 970 175	736 188 470
三、本期增减变动金额(减少以"-"号填列)					50 865 505		194 114 545	244 980 050					145 080		1 305 720	1 450 800
(一)净利润							508 724 250	508 724 250							1 450 800	1 450 800
(二)其他综合收益																
上述(一)和(二)小计							508 724 250	508 724 250							1 450 800	1 450 800
(三)所有者投入和减少资本																
1. 所有者投入资本																
2. 股份支付计入所有者权益的金额																
3. 其他																
(四)利润分配					50 872 425		−314 547 425	−263 675 000					145 080		−145 080	0
1. 提取盈余公积					50 872 425		−50 872 425	0					145 080		−145 080	0
2. 提取一般风险准备																
3. 对所有者(或股东)的分配							−263 675 000	−263 675 000								
4. 其他																
(五)所有者权益内部结转																
1. 资本公积转增资本(或股本)																
2. 盈余公积转增资本(或股本)																
3. 盈余公积弥补亏损																
4. 其他																
(六)专项储备				−6 920			−62 280	−69 200								
(七)其他																
四、本期期末余额	527 350 000	70 819 120			82 059 760		302 390 440	982 619 320	527 350 000	70 819 120			31 194 255		108 275 895	737 639 270

第六部分 实 验 要 求

一、合并工作底稿(资产负债表、利润表和所有者权益变动表)

1. 调整分录表(对方圆公司个别财务报表)。
2. 内部抵销分录表。
3. 上年度少数股东损益和少数股东权益调整计算表。
4. 本年度少数股东损益和少数股东权益调整计算表。
5. 上年度合并工作底稿(资产负债表、利润表和所有者权益变动表项目)。
6. 本年度合并工作底稿(资产负债表、利润表和所有者权益变动表项目)。

二、合并财务报表

1. 方圆公司 2011 年 12 月 31 日合并资产负债表。
2. 方圆公司 2011 年度合并利润表。
3. 方圆公司 2011 年度合并所有者权益变动表。

第七部分 案例思考题

1. 请结合宏观经济环境,分析本案例中方圆公司转让方海公司部分股权的动因。
2. 在本案例中,方圆公司处置对于方海公司的 31% 股权而丧失控制权,在个别财务报表与合并财务报表中处置损益的计量结果是否相同?请分析具体原因。
3. 在本案例中,方圆公司处置对于方海公司部分股权后的剩余 20% 股权,在合并财务报表中可能会有哪些不同的重新计量方法?试分析其合理性或适用性。
4. 请你结合本案例对企业会计准则解释第 4 号问答四的有关规定,即在合并财务报表中对于剩余股权按照其在丧失控制权日的公允价值进行重新计量的规定,分别从会计理论和盈余管理的角度进行分析,在此基础上表明你个人的观点。
5. 在本案例中,对所持有的方海公司剩余 20% 股权在丧失控制权日的公允价值重新计量,是否会产生暂时性差异?为什么?
6. 在本案例中,方圆公司处置对于方海公司部分股权后的剩余 20% 股权,能够对其施加重大影响,在个别财务报表与合并财务报表中均应采用权益法核算,两者的计量基础是否一致?为什么?在本案例中你对这一问题是如何思考的?
7. 方圆公司处置对于方海公司 31% 股权而丧失控制权后,原内部交易未实现损益应当如何处理?请结合本案例说明你的处理原则及其理由。
8. 通过本案例的实验,你有哪些收获?

实验十
吸收合并与子公司注销变为分公司

第一部分 实验目的

1. 掌握非同一控制下吸收合并的有关资产和负债的确认与计量,以及有关财务报表的编制方法。
2. 掌握子公司注销涉及的有关资产和负债的确认与计量,以及有关财务报表的编制方法。

第二部分 教学内容提要

非同一控制下企业吸收合并与子公司注销变为分公司,在会计上的处理有相似之处。

一、非同一控制下企业吸收合并

非同一控制下的吸收合并,母公司在个别财务报表中,按照被合并方购买日符合确认条件的各项可辨认资产、负债的公允价值确认为本企业的资产和负债,企业合并成本与所取得的被购买方可辨认净资产公允价值之间的差额,视情况分别确认为商誉或者计入企业合并当期的损益。

二、全资子公司注销成为分公司

(一) 个别财务报表层面的处理

在个别财务报表层面,应终止确认对原有子公司的股权投资,视同持有子公司的股权收回进行会计处理。全资子公司注销变为分公司,可以视为母公司以取得子公司全部资产、负债作为相关长期股权投资的收回,应按取得时(子公司注销变为分公司时)的公允价值入账。对于取得原有子公司的净资产公允价值与相关长期股权投资账面价值之间的差额,应分别进行处理:

取得该子公司当时形成的商誉,经测试未发生减值的,在母公司个别财务报表中仍确认为商誉;

原有子公司的其他综合收益部分,在母公司个别财务报表中仍确认为资本公积;

其余差额视同处置该子公司的损益计入注销当期的投资损益。

取得原有子公司资产、负债的计税基础,应根据有关税收法规认定;对于其原有的递延所得税资产或递延所得税负债,因纳税主体改变,需要根据母公司所在税务机构认定的计税基础重新计算确定。如果发生暂时性差异,应按规定确认递延所得税影响。

(二)合并财务报表层面的处理

在合并财务报表层面,由于企业将子公司注销变为分公司,属于内部资产的整合,仍然在合并财务报表范围内,不应当因此而确认处置损益,对于个别财务报表中的上述损益应当抵销。

对于全资子公司注销法人资格而变为分公司的会计处理,我国现行企业会计准则尚未作出明确规定,实务中存在不同观点或方法。例如,关于相关商誉的会计处理主要存在以下不同观点或方法:

一种观点认为,商誉的存在主要与资产组和业务相关,而非取决于是否具有法人资格。同一控制下企业吸收合并同样可能确认商誉。

另一种观点认为,子公司的法律主体已经不复存在,视同清算,应当终止确认相关商誉,同时冲减未分配利润。

上述会计实务需要规范和统一。

第三部分 案例公司概况

一、晨泰集团的经营范围

晨泰机电股份有限公司(以下简称晨泰机电)为上市公司。以晨泰机电为母公司的企业集团(以下简称晨泰集团)是以机电设备制造为主的大型综合生产企业集团。

晨泰机电主要经营范围:机电设备及其配件制造加工、销售及维修服务。

晨科合金有限公司(以下简称晨科合金)主要经营范围:射出成型镁合金新型材料及制品的研制及生产,精密模具的设计及制造,汽车零部件及汽车油箱等塑料制品的制造,销售自产产品。

晨信光电有限公司(以下简称晨信光电)主要经营范围:光电产品、电子产品的开发、生产、销售以及相关的技术咨询服务。

永讯电子有限公司(以下简称永讯电子)主要经营范围:电子专用设备、测试仪器制造加工、销售及维修服务。

二、晨泰集团有关吸收合并事项

2011年12月11日,晨泰机电和非关联方永天机械有限公司(以下简称永天机械)签订吸收合并协议,双方协议约定晨泰机电吸收合并永讯电子后继续存在,永讯电子不经过清算程序办理注销手续。2011年12月31日,晨泰机电和永讯电子完成资产交割,晨泰机电向永天机械支付银行存款1 850万元,永讯电子于同日注销法人资格。截至2011年12月31日,永讯电子可辨认净资产的账面价值为1 723.58万元,交易双方以晨泰机电拟吸收合并永讯电子的《资产评估报告》为基础确定的永讯电子可辨认净资产的公允价值为1 741.08万元。

三、晨泰集团有关子公司注销事项

2011年12月12日,晨泰机电股东大会决议通过注销原全资子公司晨信光电注销法人资格的决定,2011年12月31日,晨信光电工商登记及税务登记均完成注销手续,变为晨泰机电的分公司。

四、晨泰集团的股权投资关系

（一）截至2010年12月31日晨泰集团的股权投资关系

晨泰机电全资子公司晨信光电系自非关联方受让所得,所控制的子公司晨科合金系于2010年之前投资新设成立,投资者投入资本即为注册资本。截至2010年12月31日,晨泰机电持有晨科合金、晨信光电的表决权股份分别为80%、100%,对它们均拥有控制权,晨泰集团的股权投资关系如图10-1所示。

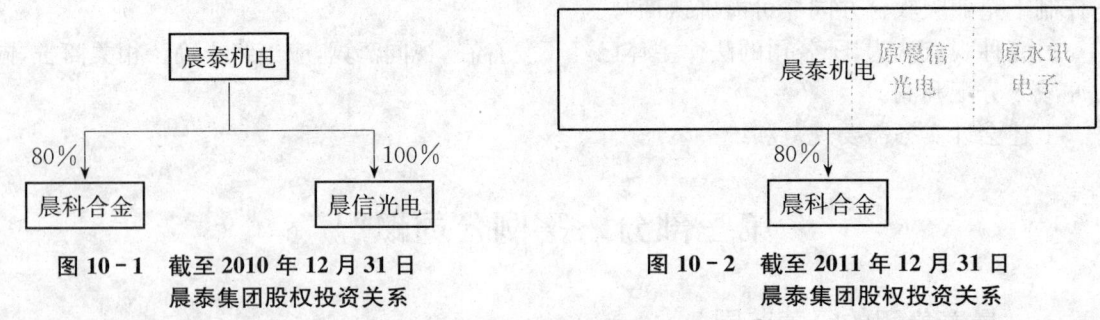

图10-1　截至2010年12月31日晨泰集团股权投资关系

图10-2　截至2011年12月31日晨泰集团股权投资关系

（二）截至2011年12月31日晨泰集团的股权投资关系

截至2011年12月31日,晨泰机电持有晨科合金的表决权股份为80%,对其拥有控制权,晨信光电和永讯电子变为晨泰机电的分公司,晨泰集团的股权投资关系如图10-2所示。

五、晨泰集团相关会计政策和会计估计(部分)

（一）晨泰集团有关注销子公司的会计政策

原全资子公司注销法人资格并变为分公司的,应于注销日终止确认对原全资子公司的长期股权投资。在个别财务报表中,原全资子公司资产、负债按照自购买日开始持续计算的资产、负债公允价值入账,并确认购买原全资子公司形成的商誉,上述金额与长期股权投资账面价值的差额区分以下情况处理：原全资子公司注销前除净损益以外所有者权益的其他变动,计入所有者权益；其余差额计入当期投资收益。

（二）晨泰集团有关企业合并的会计政策

1. 非同一控制下企业合并,合并成本包括付出的资产、发生或承担的负债、发行的权益性证券的公允价值之和。

非同一控制下的吸收合并,在购买日应当将合并中取得的符合确认条件的各项可辨认资产、负债,按其公允价值确认为本企业的资产和负债。确定的企业合并成本与所取得的被购买方可辨认净资产公允价值之间的差额,视情况分别确认为商誉或是计入企业合并当期的损益。

2. 同一控制下企业合并,在合并日按照取得被合并方所有者权益账面价值的份额作为长期股权投资的初始投资成本。长期股权投资初始投资成本与支付的现金、转让的非现金资产以及所承担债务账面价值之间的差额,应当调整资本公积(股本溢价),资本公积(股本溢价)不足冲减的,调整留存收益。

（三）晨泰集团有关编制合并财务报表的会计政策

以控制为标准确定合并财务报表的合并范围。

六、晨泰集团的所得税税率和计税基础

晨泰集团各公司的所得税税率均为25%。假设未来期间有足够的应纳税所得额可供暂时性差异抵扣。根据财政部财税〔2009〕59号文"关于企业重组业务企业所得税处理若干问题的通知"第六(四)条规定,晨泰机电取得晨信光电注销后资产和负债的计税基础,以晨信光电资产和负债原有计税基础确定。

七、晨泰集团的利润分配

晨泰集团各公司均在年末按当年实现净利润的10%提取法定盈余公积。晨泰集团各公司2010年和2011年均未对所有者分配利润。

第四部分 晨泰机电吸收合并永讯电子和注销晨信光电的原始凭证

一、晨泰机电吸收合并永讯电子的原始凭证

晨泰机电吸收合并永讯电子的原始凭证主要包括:晨泰机电拟吸收合并永讯电子的资产评估报告书、晨泰机电吸收合并永讯电子的吸收合并协议、2011年度第六次临时股东大会决议公告等。

(一)晨泰机电拟吸收合并永讯电子的资产评估报告

晨泰机电股份有限公司拟吸收合并永讯电子有限公司项目
资产评估报告
摘　要

沪康评报字(2011)第131号

晨泰机电股份有限公司:

　　上海康华资产评估有限公司接受贵公司的委托,根据国家有关资产评估的规定,按照公认的资产评估方法,对晨泰机电股份有限公司拟吸收合并永讯电子有限公司所涉及的永讯电子有限公司全部股东权益价值进行了评估。

　　本次资产评估的对象是永讯电子有限公司的全部股东权益。评估对象涉及的评估范围是永讯电子有限公司在评估基准日2011年9月30日的全部资产及负债。

　　本次资产评估价值类型为市场价值,市场价值是指自愿买方和自愿卖方在各自理性行事且未受任何强迫的情况下,评估对象在评估基准日进行正常公平交易的价值估计数额。

　　评估基准日为2011年9月30日。

　　本次资产评估所采用的评估方法为资产基础法和收益法,并选择采用资产基础法的结论,作为晨泰机电股份有限公司拟吸收合并永讯电子有限公司所涉及的永讯电子有限公司全部股东权益价值的评估值。

　　在评估过程中,评估人员对评估范围内的资产,按照行业规范要求,履行了必要的评

估程序,包括但不限于对委托方及被评估企业提供的法律权属资料及其来源进行了必要的查验,并收集了相关的产权证明文件复印件;对包括会计记录在内的相关资料进行了验证审核;对实物资产实施了实地勘察与核对。同时,根据委估各项资产的具体特点,进行了必要的市场调查、询证及评定估算等必要的评估程序,在评估过程中评估人员恪守职业道德和规范。

在实施了上述资产评估程序后,晨泰机电股份有限公司拟吸收合并永讯电子有限公司所涉及的永讯电子有限公司全部股东权益在评估基准日 2011 年 9 月 30 日的市场价值为 17 554 750 元(大写:壹仟柒佰伍拾伍万肆仟柒佰伍拾元整)。

评估结果与调整后账面值的比较变动情况如下表所示。

资产评估结果汇总表

项　目	账面净值 A	调整后账面净值 B	评估值 C	增减值 D=C−B	增减率 E=D/B*100%
流动资产	3 665 900	3 665 900	3 665 900		
固定资产	18 030 000	18 030 000	18 030 000		
无形资产	2 150 460	2 150 460	2 334 210	183 750	8.54
其中:专利权	472 500	472 500	656 250	183 750	38.89
递延所得税资产	1 200	1 200	1 200		
资产总计	23 847 560	23 847 560	24 031 310		
流动负债	6 476 560	6 476 560	6 476 560		
非流动负债	0	0	0		
负债总计	6 476 560	6 476 560	6 476 560		
净资产总计	17 371 000	17 371 000	17 554 750	183 750	1.06

按现行规定,资产评估报告书结论的有效使用期限为 1 年,即自评估基准日 2011 年 9 月 30 日起,至 2012 年 9 月 29 日止,资产评估报告书使用者应当根据评估基准日后的资产状况和市场变化情况合理确定资产评估报告书的使用期限。

以上内容摘自资产评估报告书正文,欲了解本评估项目的详细情况和合理理解评估结论,应当认真阅读资产评估报告书全文。本资产评估报告书的委托方、利益关系人及其他资产评估报告书使用人应当充分关注本资产评估报告书中注册资产评估师声明及正文中列示的可能影响评估值的各种假设及限定条件和特别事项说明。

上海康华资产评估有限公司
2011 年 11 月 12 日

注:由于篇幅限制,此处省略《晨泰机电股份有限公司拟吸收合并永讯电子有限公司的资产评估报告(正文)》。

(二) 晨泰机电吸收合并永讯电子的吸收合并协议

吸收合并协议

本协议于 2011 年 12 月 11 日于中国上海签订。
甲方：晨泰机电股份有限公司（以下简称晨泰机电）
住址：上海市虹口区长阳路 1×× 号
乙方：永天机械股份有限公司（以下简称永天机械）
住址：上海市松江区×× 工业园区

鉴于：
1. 晨泰机电目前的注册资本为人民币 100 000 万元，目前主营业务为机电设备及其配件制造加工、销售及维修服务等。
2. 永讯电子有限公司（以下简称永讯电子或被吸并方）目前的注册资本为人民币 1 629 万元，永天机械出资 1 629 万元，占注册资本的 100%，目前主营业务为电子专用设备、测试仪器制造加工、销售及维修服务等。
3. 晨泰机电拟以支付现金方式吸收合并永讯电子，晨泰机电为合并后的存续公司，永讯电子被晨泰机电吸收合并后将终止上市并注销法人资格，永讯电子的全部资产、负债、权益、业务、人员并入晨泰机电。

现双方通过友好协商，就上述本次吸收合并之相关事宜，以下述条款及条件签订本协议，以资双方恪守。

第一条　吸收合并总体方案
（一）甲、乙双方同意实行吸收合并，甲方吸收合并永讯电子而继续存在。
（二）本次吸收合并采用甲方向乙方支付现金方式结算。
（三）本次吸收合并完成后，甲方将承继及承接永讯电子的所有资产、负债、权利、义务、业务、人员，永讯电子不经过清算程序办理注销手续。

第二条　合并价款及支付
（一）甲、乙双方同意本次合并价款为 1 850 万元（壹仟捌佰伍拾万元整）。
（二）甲方于完成资产交割日向乙方支付上述款项。

第三条　合并程序
（一）通知、公告及债权人保护：
1. 双方自各自股东大会审议通过本协议之日起 10 日内通知各自债权人，并于 30 日内在报纸上公告。
2. 如甲方、被吸并方的债权人在法律规定期限内要求作为债务人的相应一方或双方清偿债务或提供相应担保，则相应一方或双方应分别负责清偿或提供相应担保。
（二）资产交割：
1. 在交割日，永讯电子应将其全部资产、负债、权益、业务、人员直接交付给甲方或其指定的接受方，并分别与甲方签署资产转让交割单。
2. 自本协议生效之日起 12 个月内，被吸并方负责办理完成相关资产、负债、权益、业务、人员过户至甲方的手续,包括但不限于移交、过户、登记、备案,应被吸并方要求,甲方有义务协助被吸并方办理移交手续。

3. 自交割日起,被吸并方的全部资产、负债、权益、业务、人员将由甲方享有和承担。并且无论转让资产的交接、权属变更登记或备案手续是否完成或债务的转移是否取得债权人的同意,于转让资产之上已现实存在或将来可能发生的任何权利、权益、风险、损失、义务、责任、债务均由甲方享有及承担,有关或有债务及诉讼事项由甲方承担。

第四条 被吸并方注销手续

在本协议生效并且被吸并方办理完毕相关资产过户至甲方的手续后,永讯电子不经过清算程序办理注销登记手续。

第五条 员工安置

本次吸收合并完成后,永讯电子在交割日的全体在册员工均将由甲方接受。永讯电子与其全部员工之前的所有权利和义务,均将自交割日起由甲方享有和承担。

第六条 滚存利润安排

(一)甲方及永讯电子本次吸收合并完成前的滚存未分配利润均由本次重大资产重组实施完毕后存续公司的新老股东按照其持有的股份比例共享。

(二)本协议签订前双方已经宣派的股息、红利等仍由双方原相关股东享有。

第七条 声明和保证

一方向另一方声明、保证及承诺如下:

(一)其为依法设立并合法存续的独立法人,能以自己的名义起诉、应诉并独立承担民事责任。

(二)其签署、交付和履行本协议在任何方面均不会违反在本协议签署之时任何法律、法规或任何法院或政府机构发出的任何判决或命令或其章程,不会违反其为缔约一方或对其任何资产有约束力的任何合约、其他承诺或文件。

(三)其已获得签署本协议所需的一切批准、许可和授权,有权签署本协议,其将依法办理及协助另一方获得本协议生效所需的一切批准和同意文件。

(四)其将严格履行其本协议项下的所有义务和责任。

(五)资产交割前,就一方董事、高级管理人员已尽勤勉尽责义务,善意经营、决策该方公司业务或/及善意管理、处置该方公司资产的行为或事项,另一方同意:

1. 不再召开董事会、股东大会审议相关行为或事项,也不再另行就相关行为或事项履行信息披露程序;

2. 该方可依据其适用的公司章程、董事会议事规则、股东大会议事规则以及相关法律法规,就相关行为或事项履行相应审议程序和信息披露程序。

第八条 税收和费用

双方应各自承担其就磋商、签署或完成本协议和本协议所预期或相关的一切事宜所产生或有关的顾问费用及其他费用支出。双方分别依照适用法律的规定缴纳各自因完成换股吸收合并所应缴的税费。

第九条 本协议的生效与终止

(一)本协议书自双方法定代表人或授权代表签字并加盖公章之日起成立,在甲、乙双方股东大会分别批准吸收合并协议所述事项之日,本协议正式生效。

（二）若因任何原因导致①在本协议签署之日起的18个月内，或②甲方股东大会审议通过本协议之日起12个月内，以发生在先的时间为准（双方如经合法程序一致书面同意后，上述期限可以相应延长），本协议约定的任何一项先决条件未能得到满足，届时除双方另外签署补充协议外，本协议自始无效，本协议项下交易即告终止及不得视为任何一方违约，双方应立即采取相应措施将本次重组所涉及的股权结构及资产结构恢复至本协议签署前之原有法律状态，双方应各自承担因签署及准备履行本协议所支付之费用，且双方互不承担责任。

第十条　保密

1. 除非本协议另有规定，双方应尽最大努力，对其因履行本协议而取得的所有有关其他方的各种形式的任何商业信息、资料或文件内容等保密，包括本协议的任何内容及双方可能有的其他合作事项等。任何一方应限制其雇员、代理人、供应商等仅在为履行本协议义务所必需时方可获得上述信息。

2. 上述限制不适用于：

(1) 在披露时已成为公众一般可取得的资料和信息；

(2) 接受方可以证明在披露前其已经掌握，并且不是从其他方直接或间接取得的资料；

(3) 任何一方依照法律或上市规则要求，有义务向有关政府部门或有关的证券交易所披露，或任何一方因其正常经营所需，向其直接法律顾问和财务顾问披露上述保密信息；

(4) 任何一方向其银行和/或其他提供融资的机构在进行其正常业务的情况下所作出的披露。

3. 双方应责成其各自董事、高级职员和其他雇员以及其关联公司的董事、高级职员和其他雇员，以及各自的法律顾问和财务顾问遵守本条所规定的保密义务。

4. 本协议无论何等原因终止，本条约定均继续保持其原有效力。

第十一条　不可抗力

1. 不可抗力指本协议双方或一方无法控制、无法预见或虽然可以预见但无法避免且在本协议签署之后并使任何一方无法全部或部分履行本协议的任何事件。不可抗力包括但不限于罢工、员工骚乱、爆炸、火灾、洪水、地震、飓风及/其他自然灾害及战争、民众骚乱、故意破坏、征收、没收、政府主权行为、法律变化或未能取得政府对有关事项的批准或因政府的有关强制性规定和要求致使双方无法继续合作，以及其他重大事件或突发事件的发生。

2. 如果发生不可抗力事件，履行本协议受阻的一方应以最便捷的方式毫无延误地通知另一方，并在不可抗力事件发生的15日内向其他方提供该事件的详细书面报告。受到不可抗力影响的一方应当采取所有合理行为消除不可抗力的影响及减少不可抗力对另一方造成的损失。双方应根据不可抗力事件对履行本协议的影响，决定是否终止或推迟本协议的履行，或部分或全部地免除受阻方在本协议中的义务。

第十二条　违约责任

如果任何一方的违约行为对另一方造成损失（包括经济损失及支出），则应向守约方进行赔偿。

第十三条　适用法律和争议的解决

1. 本协议的签订、效力、履行、解释和争议的解决均适用中国法律。

2. 凡因本协议所发生的或与本协议有关的任何争议，双方应争取以友好协商方式迅速解决。若协商未能解决时，任何一方均可向有管辖权的人民法院提起诉讼。

第十四条　通知

1. 本协议项下发出的或作出的每项通知、要求或其他通讯应为书面形式，交付或邮寄给有关其他方。

2. 任何按照上述地址或传真号码发给有关其他方的通知、要求或其他通讯在下列时间被视为已送达：① 如采取当面送交方式，在实际送交时；② 如以预付邮资方式邮寄，在投邮日后的第三(3)日；③ 如以传真方式发出，在传真发出后下一个工作日。

第十五条　其他事项

1. 非经本协议其他方事先书面同意，任何一方均不得将本协议项下的权利、义务转让给第三方。

2. 如果本协议的某部分由于法律、法规或政府命令而无效或失效，其他部分仍然有效并且不实质影响本次重大资产重组的实施，则本协议双方应根据本协议的总的原则履行本协议，无效或失效的条款由最能反映本协议双方签订本协议时的意图的有效条款所替代。

3. 本协议双方应当实施、采取，或在必要时保证其他任何公司、个人实施、采取一切合理要求的行为、保证或其他措施，以使本协议约定的所有条款和条件能够得以生效、成就和履行。

4. 本协议双方当事人应完整地、及时地和诚实信用地履行本协议所约定的义务是本协议至关重要的部分。

5. 本协议包括完整的协议条款以及协议双方就本协议内容所达成的全部共识和谅解。本协议签订前协议双方就本协议内容所达成的任何协议、条件、谅解、备忘录，所进行的谈判和所作的陈述，无论是口头的或书面的，均即时丧失效力。协议双方的权利义务应以本协议的约定为准。本协议签订后，双方可就本协议未尽事宜达成补充协议，补充协议与本协议不一致的，以补充协议为准。

6. 协议一方放弃行使本协议中的某一项权利，不得被视为其放弃本协议中的其他权利，并不得被视为其永久的放弃该等权利（除非该权利根据中国法律规定，一经放弃即不可重新行使）；协议一方未行使或迟延行使本协议项下的任何权利，不构成前述的放弃，亦不影响其继续行使权利；任何对本协议项下权利的单项或部分行使，不排除其对权利其余部分的行使，也不排除其对其他权利的行使。

7. 协议双方确认协议双方为签署和履行本协议，已各自分别寻求合适的法律意见，并对本协议条款的内容、含义及其可能产生的法律后果有清晰、完整和正确的理解和认识，并确认签署和履行本协议是符合协议双方的个别和/或共同的利益的。

8. 本协议正本一式十份，以中文书写，双方各执一份，其余用于相关申报。

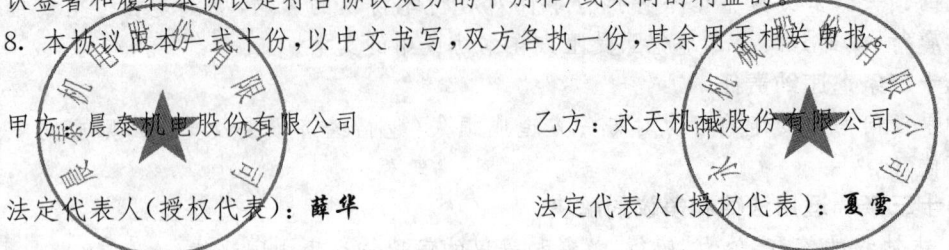

甲方：晨泰机电股份有限公司　　　　　乙方：永天机械股份有限公司

法定代表人(授权代表)：薛华　　　　　法定代表人(授权代表)：夏雪

签署日期：2011 年 12 月 11 日

（三）2011年度第六次临时股东大会决议公告

证券代码：600＊＊＊　　　　证券简称：晨泰机电　　　　公告编号：2011－40

晨泰机电股份有限公司
2011年度第六次临时股东大会决议公告

　　本公司及董事会全体成员保证信息披露的内容真实、准确、完整，没有虚假记载、误导性陈述或重大遗漏。
　　一、重要提示
　　本次会议召开期间没有增加、否决或变更提案。
　　二、会议召开的情况
　　1. 召开时间：2011年12月12日上午10时。
　　2. 召开地点：上海市虹口区长阳路1××号。
　　3. 召开方式：现场投票方式。
　　4. 召集人：晨泰机电股份有限公司董事会。
　　5. 主持人：薛华董事长。
　　6. 会议的召开符合《公司法》、《上市公司股东大会规则》、《上海证券交易所股票上市规则》及《公司章程》的有关规定。
　　三、会议的出席情况
　　股东(代理人)9人，代表股份740 000 000股，占上市公司总股份的74％。
　　公司董事、监事、高级管理人员及公司聘请的见证律师出席了本次股东大会。
　　四、提案审议和表决情况
　　与会股东(代理人)以现场记名投票方式，审议表决情况如下：
　　审议通过了《关于吸收合并永讯电子有限公司的议案》；
　　同意740 000 000股，占出席会议股东有表决权总数的100％；反对0股；弃权0股。
　　审议通过了《关于注销晨信光电有限公司法人地位的议案》；
　　同意740 000 000股，占出席会议股东有表决权总数的100％；反对0股；弃权0股。
　　五、律师出具的法律意见
　　1. 律师事务所名称：上海立林律师事务所。
　　2. 律师姓名：邵玉、董洲。
　　3. 结论性意见：公司本次股东大会的召集、召开程序符合有关法律、行政法规、《上市公司股东大会规则》及《公司章程》的规定；出席本次股东大会人员的资格、本次股东大会召集人的资格合法有效；本次股东大会的表决程序及表决结果符合法律、行政法规、规章及《公司章程》的规定。
　　六、备查文件
　　与本次股东大会相关的股东大会决议、会议原始资料、董事会决议、会议通知、法律意见书等备置于公司董事会秘书办公室，供投资者及有关部门查阅。
　　特此公告。

晨泰机电股份有限公司董事会
2011年12月12日

▶二、晨泰机电子公司晨信光电注销法人资格的原始凭证

　　晨泰机电子公司晨信光电注销法人资格的原始凭证主要包括：2011年度第六次临时股东

大会决议公告,晨信光电注销前企业法人营业执照,晨信光电准予注销登记通知书,晨信光电注销税务登记通知书等。

(一) 2011年度第六次临时股东大会决议公告

详见本部分一、(三)。

(二) 晨信光电注销前企业法人营业执照

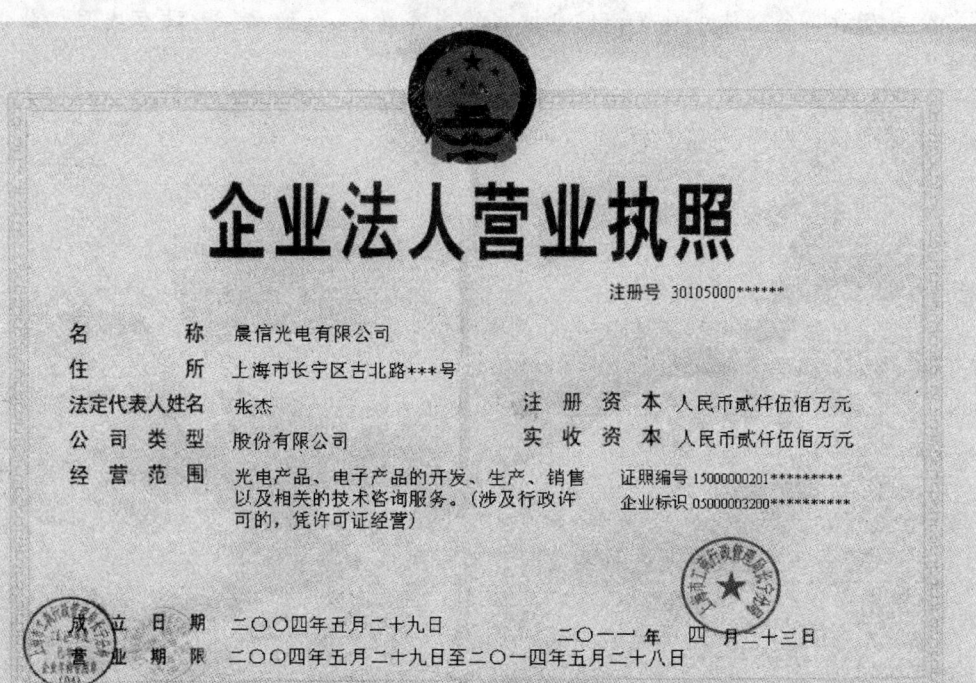

(三) 晨信光电准予注销登记通知书

准予注销登记通知书

NO. 120000032011341＊＊＊＊＊

晨信光电有限公司:

经审查,你提交的晨信光电有限公司的注销登记材料齐全,符合法定形式,我局准予注销登记。

执照注册号:310112＊＊＊＊＊＊＊＊＊

五级注册官:<u>王小宇</u>

2011年12月31日

注:本文书一式二份,一份送达申请人,一份登记机关留存。
　　此份送达申请人。

（四）晨信光电注销税务登记通知书

注销税务登记通知书

晨信光电有限公司：
纳税人识别号：31011567622****

　　你单位申请注销税务登记，注销原因为：依法解散。经我局审核，各项税务事宜均已办理完毕。准予注销税务登记。
　　特此通知。

税务机关（公章）
2011年12月31日

第五部分　晨泰机电编制合并财务报表的基础资料

一、晨泰机电股权投资备查登记簿

1. 晨泰机电持有晨科合金股权登记簿如表10-1所示。

表10-1　晨泰机电持有晨科合金股权登记簿　　　　　　　　（单位：元）

初始投资成本：64 000 000元　　　　　　　　　　　　初始取得股权方式：新设

股权变动日	股权变动比例	变动后持股	投资成本	变动日净资产账面价值	变动日晨科合金净资产公允价值	公允价值与账面价值的差额
2008/06/30	80%	80%	64 000 000	80 000 000	80 000 000	0

自取得投资后晨科合金净资产具体变动情况：

所属期间	实现净利润	利润分配	其他变动
2006/06/30～2009/12/31	8 025 000	0	0
2010/01/01～2010/12/31	2 532 000	0	0
2011/01/01～2011/12/31	2 529 000	0	0

2. 晨泰机电收购晨信光电股权登记簿如表10-2所示。

表 10-2　晨泰机电收购晨信光电股权登记簿　　　　　　　　　（单位：元）

购买日：2009年12月31日　　　购买价：3 250万元　　　本次交易后累计持股：100%

项　目	本次购买的股权比例	购买日账面价值	购买日公允价值	公允价值与账面价值的差额	剩余使用年限	合并后折旧起讫期	公允价值增值调整折旧额
被投资方 ——晨信光电	100%						
流动资产		14 326 000	14 326 000				
非流动资产		17 459 800	17 839 800				
其中：固定资产 ——管理系统		1 260 000	1 640 000	380 000	4	2010/01~2014/12	95 000（年）
资产总计		31 785 800	32 165 800				
流动负债		4 760 000	4 760 000				
非流动负债		0	0				
负债总计		4 760 000	4 760 000				
股本		25 000 000	25 000 000				
资本公积		0	380 000	380 000			
盈余公积		202 580	202 580				
未分配利润		1 823 220	1 823 220				
股东权益总计		27 025 800	27 405 800				
负债和股东权益总计		31 785 800	32 165 800				

3. 晨泰机电收购永讯电子股权登记簿如表10-3所示。

表 10-3　晨泰机电收购永讯电子股权登记簿　　　　　　　　　（单位：元）

购买日：2011年12月31日　　　购买价：1 850万元　　　本次交易后累计持股：100%

项　目	本次购买的股权比例	购买日账面价值	购买日公允价值	公允价值与账面价值的差额
被投资方 ——永讯电子	100%			
流动资产		3 480 700	3 480 700	
非流动资产		23 639 100	23 814 100	
其中：无形资产 ——专利权		450 000	625 000	175 000
资产总计		27 119 800	27 294 800	
流动负债		9 884 000	9 884 000	

（续表）

项目	本次购买的股权比例	购买日账面价值	购买日公允价值	公允价值与账面价值的差额
非流动负债			0	
负债总计		9 884 000	9 884 000	
股本		16 290 000	16 290 000	
资本公积		0	175 000	175 000
盈余公积		91 080	91 080	
未分配利润		854 720	854 720	
股东权益总计		17 235 800	17 410 800	
负债和股东权益总计		27 119 800	27 294 800	

二、合并财务报表范围内部交易及往来明细表

2011年晨泰集团内部存货购销明细表如表10-4所示。

表10-4　2011年晨泰集团内部存货购销明细表　　　　（单位：元）

日期	销售单位	收入类别	结算方式	品名	营业收入	营业成本	购货单位	购入用途	对外销售	购货单位期末结存
06/22	晨泰机电	主营业务	支票	电动机	2 800 000	1 700 000	晨信光电	存货	1 400 000	1 400 000
12/16	晨信光电	主营业务	支票	显示屏	1 200 000	700 000	晨泰机电	存货	0	1 200 000

注：仅在2011年发生内部交易。

三、永讯电子、晨信光电、晨科合金和晨泰机电的个别财务报表

本实验项目不要求编制现金流量表，因此所提供的永讯电子、晨信光电、晨科合金和晨泰机电各公司的个别财务报表不包括现金流量表。

（一）永讯电子个别资产负债表

永讯电子2011年12月31日资产负债表如表10-5所示。

表10-5　永讯电子2011年12月31日资产负债表　　　　（单位：元）

资产	期末数	负债和股东权益	期末数
流动资产：		流动负债：	
货币资金	236 700	短期借款	0
交易性金融资产	0	应付票据	0

(续表)

资　产	期末数	负债和股东权益	期末数
应收票据	0	应付账款	9 446 000
应收账款	652 000	预收款项	0
预付款项	0	应付职工薪酬	0
应收利息	0	应交税费	60 000
应收股利	0	应付利息	0
其他应收款	24 000	应付股利	0
存货	2 568 000	其他应付款	378 000
一年内到期的非流动资产	0	一年内到期的非流动负债	0
其他流动资产	0	其他流动负债	0
流动资产合计	3 480 700	流动负债合计	9 884 000
非流动资产：		非流动负债：	
可供出售金融资产	0	长期借款	0
持有至到期投资	0	应付债券	0
长期应收款	0	长期应付款	0
长期股权投资	0	专项应付款	0
投资性房地产	0	预计负债	
固定资产	15 731 000	递延所得税负债	0
在建工程	5 784 750	其他非流动负债	0
工程物资	0	非流动负债合计	0
固定资产清理	0	负债合计	9 884 000
无形资产	2 110 900	股东权益：	
开发支出	0	股本	16 290 000
商誉	0	资本公积	0
长期待摊费用	0	减：库存股	0
递延所得税资产	12 450	盈余公积	91 080
其他非流动资产	0	未分配利润	854 720
非流动资产合计	23 639 100	股东权益合计	17 235 800
资产总计	27 119 800	负债和股东权益总计	27 119 800

(二)晨信光电个别财务报表

1. 2011年12月31日资产负债表如表10-6所示。

表10-6 晨信光电2011年12月31日资产负债表 (单位：元)

资产	期末数	年初数	负债和股东权益	期末数	年初数
流动资产：			流动负债：		
货币资金	1 707 700	3 077 600	短期借款	0	0
交易性金融资产			应付票据	1 600 000	1 200 000
应收票据	500 000	1 700 000	应付账款	3 760 000	3 592 800
应收账款	3 841 500	4 517 500	预收款项	11 550	116 000
预付款项	285 900	20 900	应付职工薪酬	0	65 400
应收利息	0	0	应交税费	41 200	61 600
应收股利			应付利息	0	0
其他应收款	574 800	104 400	应付股利	0	0
存货	6 364 200	4 893 200	其他应付款	96 300	94 400
一年内到期的非流动资产	0	0	一年内到期的非流动负债	0	0
其他流动资产	0	0	其他流动负债	0	0
流动资产合计	13 274 100	14 313 600	流动负债合计	5 509 050	5 130 200
非流动资产：			非流动负债：		
可供出售金融资产	1 200 000	900 000	长期借款	0	0
持有至到期投资	0	0	应付债券		
长期应收款	0	0	长期应付款	0	0
长期股权投资			专项应付款		
投资性房地产	0	0	预计负债		
固定资产	21 734 100	18 402 600	递延所得税负债	75 000	0
在建工程			其他非流动负债		
工程物资	0	0	非流动负债合计	75 000	0
固定资产清理	0	0	负债合计	5 584 050	5 130 200
无形资产	0	0	股东权益：		
开发支出	0	0	股本	25 000 000	25 000 000
商誉	0	0	资本公积	225 000	0
长期待摊费用	0	0	减：库存股	0	0
递延所得税资产	474 150	410 300	盈余公积	587 330	389 630
其他非流动资产	0	0	未分配利润	5 285 970	3 506 670
非流动资产合计	23 408 250	19 712 900	股东权益合计	31 098 300	28 896 300
资产总计	36 682 350	34 026 500	负债和股东权益总计	36 682 350	34 026 500

2. 晨信光电 2011 年度利润表如表 10-7 所示。

表 10-7　晨信光电 2011 年度利润表　　　　　　　　　（单位：元）

项　　目	本 期 金 额	上 期 金 额
一、营业收入	13 197 000	12 271 000
减：营业成本	7 056 500	6 655 600
营业税金及附加	142 300	155 600
销售费用	1 155 700	1 641 000
管理费用	2 969 200	2 960 200
财务费用	−14 200	−19 200
资产减值损失	255 400	284 300
加：公允价值变动收益（损失以"−"号填列）	0	0
投资收益（损失以"−"号填列）	0	0
其中：对联营企业和合营企业的投资收益	0	0
汇兑收益（损失以"−"号填列）	0	0
二、营业利润（亏损以"−"号填列）	1 632 100	593 500
加：营业外收入	1 003 900	1 900 500
减：营业外支出	0	0
其中：非流动资产处置损失	0	0
三、利润总额（亏损总额以"−"号填列）	2 636 000	2 494 000
减：所得税费用	659 000	623 500
四、净利润（净亏损以"−"号填列）	1 977 000	1 870 500
五、每股收益		
（一）基本每股收益		
（二）稀释每股收益		
六、其他综合收益	225 000	0
七、综合收益总额	2 202 000	1 870 500

3. 晨信光电 2011 年度所有者权益变动表如表 10-8 所示。

表 10-8 晨信光电 2011 年度所有者权益变动表

(单位：元)

项目	本期金额								上年同期金额							
	实收资本(或股本)	资本公积	减：库存股	专项储备	盈余公积	一般风险准备	未分配利润	所有者权益合计	实收资本(或股本)	资本公积	减：库存股	专项储备	盈余公积	一般风险准备	未分配利润	所有者权益合计
一、上年末余额	25 000 000	0			389 630	0	3 506 670	28 896 300	25 000 000				202 580		1 823 220	27 025 800
加：会计政策变更								0								
前期差错更正								0								
其他								0								
二、本年初余额	25 000 000	0			389 630	0	3 506 670	28 896 300	25 000 000				202 580	0	1 823 220	27 025 800
三、本期增减变动金额(减少以"-"号填列)	0	225 000	0	0	197 700	0	1 779 300	2 202 000					187 050		1 683 450	1 870 500
(一)净利润							1 977 000	1 977 000							1 870 500	1 870 500
(二)其他综合收益		225 000						225 000								0
上述(一)和(二)小计		225 000					1 977 000	2 202 000							1 870 500	1 870 500
(三)所有者投入和减少资本								0								0
1. 所有者投入资本								0								0
2. 股份支付计入所有者权益的金额								0								
3. 其他																
(四)利润分配					197 700		-197 700	0					187 050		-187 050	0
1. 提取盈余公积					197 700		-197 700	0					187 050		-187 050	0
2. 提取一般风险准备																
3. 对所有者(或股东)的分配																
4. 其他																
(五)所有者权益内部结转								0								0
1. 资本公积转增资本(或股本)																
2. 盈余公积转增资本(或股本)																
3. 盈余公积弥补亏损																
4. 其他																
(六)专项储备																
(七)其他																
四、本期期末余额	25 000 000	225 000	0	0	587 330	0	5 285 970	31 098 300	25 000 000				389 630	0	3 506 670	28 896 300

(三) 晨科合金个别财务报表

1. 晨科合金 2011 年 12 月 31 日资产负债表如表 10-9 所示。

表 10-9　晨科合金 2011 年 12 月 31 日资产负债表　　　　（单位：元）

资　产	期末数	年初数	负债和股东权益	期末数	年初数
流动资产：			流动负债：		
货币资金	2 237 200	3 060 400	短期借款	20 000 000	25 000 000
交易性金融资产	0	0	应付票据	0	0
应收票据	0	0	应付账款	12 309 300	22 183 300
应收账款	11 223 800	14 135 700	预收款项	753 600	1 490 000
预付款项	427 800	549 200	应付职工薪酬	1 204 100	1 782 100
应收利息	0	0	应交税费	150 000	160 000
应收股利	0	0	应付利息	35 000	58 200
其他应收款	127 900	142 800	应付股利	0	0
存货	14 910 125	13 649 500	其他应付款	296 000	383 300
一年内到期的非流动资产	0	0	一年内到期的非流动负债	0	0
其他流动资产	0	0	其他流动负债	0	0
流动资产合计	28 926 825	31 537 600	流动负债合计	34 748 000	51 056 900
非流动资产：			非流动负债：		
可供出售金融资产	0	0	长期借款	0	0
持有至到期投资	0	0	应付债券	0	0
长期应收款	0	0	长期应付款	0	0
长期股权投资	0	0	专项应付款	0	0
投资性房地产	0	0	预计负债	0	0
固定资产	98 526 300	109 863 800	递延所得税负债	0	0
在建工程	0	0	其他非流动负债	0	0
工程物资	0	0	非流动负债合计	0	0
固定资产清理	0	0	负债合计	34 748 000	51 056 900
无形资产	0	0	股东权益：		
开发支出	0	0	股本	80 000 000	80 000 000
商誉	0	0	资本公积	0	0
长期待摊费用	0	0	减：库存股	0	0
递延所得税资产	380 875	212 500	盈余公积	1 308 600	1 055 700
其他非流动资产	0	0	未分配利润	11 777 400	9 501 300
非流动资产合计	98 907 175	110 076 300	股东权益合计	93 086 000	90 557 000
资产总计	127 834 000	141 613 900	负债和股东权益总计	127 834 000	141 613 900

2. 晨科合金 2011 年度利润表如表 10-10 所示。

表 10-10　晨科合金 2011 年度利润表　　　　　　　　（单位：元）

项　　目	本 期 金 额	上 期 金 额
一、营业收入	82 842 600	97 030 900
减：营业成本	68 316 900	80 736 800
营业税金及附加	0	0
销售费用	1 397 900	1 943 100
管理费用	7 998 300	8 831 700
财务费用	1 486 000	1 490 600
资产减值损失	673 500	694 700
加：公允价值变动收益（损失以"-"号填列）	0	0
投资收益（损失以"-"号填列）	0	0
其中：对联营企业和合营企业的投资收益	0	0
汇兑收益（损失以"-"号填列）	0	0
二、营业利润（亏损以"-"号填列）	2 970 000	3 334 000
加：营业外收入	405 000	62 000
减：营业外支出	3 000	20 000
其中：非流动资产处置损失	3 000	20 000
三、利润总额（亏损总额以"-"号填列）	3 372 000	3 376 000
减：所得税费用	843 000	844 000
四、净利润（净亏损以"-"号填列）	2 529 000	2 532 000
五、每股收益		
（一）基本每股收益		
（二）稀释每股收益		
六、其他综合收益	0	0
七、综合收益总额	2 529 000	2 532 000

3. 晨科合金 2011 年度所有者权益变动表如表 10-11 所示。

表 10-11 晨科合金 2011 年度所有者权益变动表

(单位：元)

项目	本期金额								上年同期金额							
	实收资本(或股本)	资本公积	减:库存股	专项储备	盈余公积	一般风险准备	未分配利润	所有者权益合计	实收资本(或股本)	资本公积	减:库存股	专项储备	盈余公积	一般风险准备	未分配利润	所有者权益合计
一、上年末余额	80 000 000	0	0	0	1 055 700	0	9 501 300	90 557 000	80 000 000				802 500		7 222 500	88 025 000
加：会计政策变更								0								
前期差错更正								0								
其他																
二、本年年初余额	80 000 000	0	0	0	1 055 700	0	9 501 300	90 557 000	80 000 000				802 500	0	7 222 500	88 025 000
三、本期增减变动金额(减少以"-"号填列)	0	0	0	0	252 900	0	2 276 100	2 529 000	0				253 200	0	2 278 800	2 532 000
(一) 净利润							2 529 000	2 529 000							2 532 000	2 532 000
(二) 其他综合收益								0								0
上述(一)和(二)小计							2 529 000	2 529 000							2 532 000	2 532 000
(三) 所有者投入和减少资本								0								0
1. 所有者投入资本								0								0
2. 股份支付计入所有者权益的金额								0								0
3. 其他								0								0
(四) 利润分配					252 900		-252 900	0					253 200		-253 200	0
1. 提取盈余公积					252 900		-252 900	0					253 200		-253 200	0
2. 提取一般风险准备								0								0
3. 对所有者(或股东)的分配								0								0
4. 其他								0								0
(五) 所有者权益内部结转								0								0
1. 资本公积转增资本(或股本)								0								0
2. 盈余公积转增资本(或股本)								0								0
3. 盈余公积弥补亏损								0								0
4. 其他								0								0
(六) 专项储备								0								0
(七) 其他																
四、本期期末余额	80 000 000	0	0	0	1 308 600	0	11 777 400	93 086 000	80 000 000				1 055 700	0	9 501 300	90 557 000

(四)晨泰机电个别财务报表

1. 晨泰机电 2011 年 12 月 30 日资产负债表有关数据如表 10-12 所示。

表 10-12　晨泰机电 2011 年 12 月 30 日资产负债表有关数据　　　（单位：元）

资　产	期末数	年初数	负债和股东权益	期末数	年初数
流动资产:			流动负债:		
货币资金	141 926 000	95 474 000	短期借款	68 000 000	62 000 000
交易性金融资产	0	0	应付票据	0	0
应收票据	91 800 000	135 000 000	应付账款	102 219 000	81 984 000
应收账款	256 393 000	277 161 000	预收款项	5 863 000	5 335 000
预付款项	28 956 000	15 486 000	应付职工薪酬	20 797 000	11 741 000
应收利息	0	0	应交税费	24 768 000	17 672 000
应收股利	0	0	应付利息	0	0
其他应收款	5 137 000	9 240 000	应付股利	0	0
存货	308 692 000	151 249 000	其他应付款	2 439 000	2 288 000
一年内到期的非流动资产	0	0	一年内到期的非流动负债	0	0
其他流动资产	0	0	其他流动负债	0	0
流动资产合计	832 904 000	683 610 000	流动负债合计	224 086 000	181 020 000
非流动资产:			非流动负债:		
可供出售金融资产	0	0	长期借款	50 000 000	50 000 000
持有至到期投资	0	0	应付债券	0	0
长期应收款	0	0	长期应付款	0	0
长期股权投资	96 500 000	96 500 000	专项应付款	0	0
投资性房地产			预计负债		
固定资产	642 809 500	564 875 000	递延所得税负债	0	0
在建工程	12 918 000		其他非流动负债	0	0
工程物资	0	0	非流动负债合计	50 000 000	50 000 000
固定资产清理	0	0	负债合计	274 086 000	231 020 000
无形资产	61 463 000	61 915 000	股东权益:		
开发支出	0	0	股本	1 000 000 000	1 000 000 000
商誉	0	0	资本公积	25 000 000	25 000 000
长期待摊费用			减：库存股	0	0
递延所得税资产	15 610 500	8 824 000	盈余公积	24 250 000	24 250 000
其他非流动资产	0	0	未分配利润	338 869 000	135 454 000
非流动资产合计	829 301 000	732 114 000	股东权益合计	1 388 119 000	1 184 704 000
资产总计	1 662 205 000	1 415 724 000	负债和股东权益总计	1 662 205 000	1 415 724 000

2. 晨泰机电 2011/01/01～2011/12/30 利润表有关数据如表 10-13 所示。

表 10-13　晨泰机电 2011/01/01～2011/12/30 利润表有关数据　　（单位：元）

项　目	本 期 金 额	上 期 金 额
一、营业收入	1 392 708 000	931 489 000
减：营业成本	886 405 000	556 151 000
营业税金及附加	5 101 000	3 458 000
销售费用	66 837 000	54 565 000
管理费用	132 573 000	113 174 000
财务费用	3 459 000	3 531 000
资产减值损失	27 146 000	28 651 000
加：公允价值变动收益（损失以"－"号填列）	0	0
投资收益（损失以"－"号填列）	0	0
其中：对联营企业和合营企业的投资收益	0	0
汇兑收益（损失以"－"号填列）	0	0
二、营业利润（亏损以"－"号填列）	271 187 000	171 959 000
加：营业外收入	5 335 000	10 443 000
减：营业外支出	5 302 000	1 750 000
其中：非流动资产处置损失	5 302 000	1 750 000
三、利润总额（亏损总额以"－"号填列）	271 220 000	180 652 000
减：所得税费用	67 805 000	45 163 000
四、净利润（净亏损以"－"号填列）	203 415 000	135 489 000
五、每股收益		
（一）基本每股收益		
（二）稀释每股收益		
六、其他综合收益	0	0
七、综合收益总额	203 415 000	135 489 000

3. 晨泰机电 2011/01/01～2011/12/30 所有者权益变动表有关数据如表 10-14 所示。

表 10-14 晨泰机电 2011/01/01～2011/12/30 所有者权益变动表有关数据

(单位：元)

项目	本期金额(2011/01/01～2011/12/30)							上年金额						
	实收资本(或股本)	资本公积	减：库存股	专项储备	盈余公积	一般风险准备	未分配利润	所有者权益合计	实收资本(或股本)	资本公积	减：库存股	专项储备	盈余公积	一般风险准备	未分配利润	所有者权益合计
一、上年末余额	1 000 000 000	25 000 000	0	0	24 250 000	0	135 454 000	1 184 704 000							13 513 900	1 049 215 000
加：会计政策变更								0								
前期差错更正								0								
其他																
二、本年初余额	1 000 000 000	25 000 000	0	0	24 250 000	0	135 454 000	1 184 704 000	1 000 000 000	25 000 000	0	0	10 701 100	0	13 513 900	1 049 215 000
三、本期增减变动金额(减少以"-"号填列)	0	0	0	0	0	0	203 415 000	203 415 000	0	0	0	0	13 548 900	0	121 940 100	135 489 000
(一)净利润							203 415 000	203 415 000							135 489 000	135 489 000
(二)其他综合收益								0								0
上述(一)和(二)小计							203 415 000	203 415 000							135 489 000	135 489 000
(三)所有者投入和减少资本								0								
1. 所有者投入资本								0								
2. 股份支付计入所有者权益的金额								0								
3. 其他								0								
(四)利润分配								0					13 548 900		-13 548 900	0
1. 提取盈余公积								0					13 548 900		-13 548 900	0
2. 提取一般风险准备								0								
3. 对所有者(或股东)的分配								0								
4. 其他								0								
(五)所有者权益内部结转								0								
1. 资本公积转增资本(或股本)								0								
2. 盈余公积转增资本(或股本)								0								
3. 盈余公积弥补亏损								0								
4. 其他								0								
(六)专项储备								0								
(七)其他																
四、本期期末余额	1 000 000 000	25 000 000	0	0	24 250 000	0	338 869 000	1 388 119 000	1 000 000 000	25 000 000	0	0	24 250 000	0	135 454 000	1 184 704 000

第六部分　实验要求

▶ 一、晨泰机电个别报表工作底稿(资产负债表、利润表和所有者权益变动表)

注：在实务中，2011 年度晨泰机电个别报表中已计入当年吸收合并、注销子公司及提取本年盈余公积的会计处理结果。但为了让实验者练习吸收合并及注销子公司的会计处理，故增加该项实验步骤。假设 2011 年 12 月 31 日晨泰机电仅发生吸收合并、注销子公司交易、注销子公司交易的所得税影响及提取本年盈余公积等经济业务，无其他经济业务影响，该日之前所发生交易或事项的会计处理均已完成。

1. 吸收合并、注销子公司及提取盈余公积分录表。
2. 本年度晨泰机电个别报表工作底稿(资产负债表、利润表和所有者权益变动表项目)。

▶ 二、晨泰机电个别财务报表

1. 晨泰机电 2011 年 12 月 31 日资产负债表。
2. 晨泰机电 2011 年度利润表。
3. 晨泰机电 2011 年度所有者权益变动表。

▶ 三、晨泰机电合并工作底稿

1. 调整分录表(对晨信光电、晨泰机电个别财务报表调整)。
2. 内部抵销分录表。
3. 上年度合并工作底稿(资产负债表、利润表和所有者权益变动表项目)。
4. 本年度合并工作底稿(资产负债表、利润表和所有者权益变动表项目)。

▶ 四、晨泰机电合并财务报表

1. 晨泰机电 2011 年 12 月 31 日合并资产负债表。
2. 晨泰机电 2011 年度合并利润表。
3. 晨泰机电 2011 年度合并所有者权益变动表。

第七部分　案例思考题

1. 你认为晨信光电注销法人地位变为分公司是否属于吸收合并？为什么？
2. 本案例中，晨信光电注销法人地位变为分公司后，其资产、负债在母公司个别财务报表中应当如何计量？请说明理由。
3. 对于晨信光电自购买日至本年注销时实现的净利润，在晨信光电注销法人地位变为晨泰机电的分公司时，你认为是否可以计入当期晨泰机电个别利润表中的投资收益？请说明理由。
4. 对于注销的晨信光电当初被收购时在合并财务报表中所确认的商誉，在该子公司注销法人地位后的处理，有两种不同观点：其一认为承载商誉的主体已经注销，商誉也就没有存在的基础，应当在注销当期计入投资损失；其二认为虽然该主体已经注销，但产生商誉的资产组和相关业务仍然存在,且可以单独核算该资产组和相关业务产生的现金流量,如果未发生减值,可以下推到晨泰机电个别财务报表层面,继续予以保留。你支持何种观点?请说明理由。

5. 若晨信光电本年未注销法人资格,编制的晨泰机电个别财务报表和合并财务报表将与本案中的编制结果有何不同?

6. 被吸收合并方永讯电子在合并日前形成的当年利润是否需要纳入合并方的个别利润表?请说明理由和理论依据。

7. 请结合本案例,比较吸收合并与子公司注销法人地位变为分公司两者会计处理的联系及区别。

8. 通过本案例的实验,你有哪些收获?

实验十一
反向购买(构成业务)及其合并报表

第一部分 实验目的

1. 熟悉反向购买合并交易的有关原始凭证和编制反向购买合并财务报表的基础资料。
2. 掌握反向购买交易中有关购买方和被购买方的判断标准。
3. 掌握反向购买交易中购买方合并成本和有关商誉的计量。
4. 掌握反向购买情况下个别财务报表的报告主体、编制特点与方法。
5. 掌握反向购买情况下合并财务报表的报告主体、编制特点与方法。
6. 掌握反向购买情况下每股收益的计算方法。

第二部分 教学内容提要

▶一、反向购买交易的特点

以发行权益性证券交换股权的方式进行的交易,如果发行权益性证券的一方(上市公司)的生产经营决策在合并后被参与合并的另一方所控制,发行权益性证券的上市公司是法律上的购买方,但出于会计处理的目的,其被认定为在会计上的被购买方,合并后实施控制的另一方则被认定为会计上的购买方,该类企业合并通常称为"反向购买"。

会计上的购买方必须符合业务的定义,该项交易才能作为反向购买进行会计处理。如果交易发生时,上市公司未持有任何资产负债或仅持有现金、交易性金融资产等不构成业务的资产或负债的,应当按照权益性交易的原则进行处理。

▶二、业务的界定

业务是由投入和作用于能够创造产出的投入的过程构成的。有关资产、负债的组合要形成一项业务,通常应具备以下要素:

1. 投入,指当一项或多项过程被运用时,创造或者有能力创造产出的经济资源,包括原材料、人工、必要的生产技术等无形资产以及构成生产能力的机器设备等其他长期资产的投入。
2. 加工处理过程,指作用于一项或多项投入可创造或有能力创造产生产出的系统、标准、协议、惯例或规则,能够组织投入形成产出,包括战略管理程序、经营程序和资源管理程序等。
3. 产出,指提供或者能够提供回报的投入和作用于投入的过程的结果,如生产出产成品,或是通过为其他部门提供服务来降低企业整体的运行成本等其他带来经济利益的方式,该组合能够独立计算其成本费用或所产生的收入,直接为投资者等提供股利、更低的成本或其他经济利益等形式的回报。

有关资产或资产、负债的组合要构成一项业务,不一定要同时具备上述三个要素,具备投入和加工处理过程两个要素即可认为构成一项业务。

三、反向购买下购买方合并成本的计量

反向购买中,会计上的购买方的企业合并成本是指其如果以发行权益性证券的方式为获取在合并后报告主体的股权比例,应向法律上母公司(被购买方)的股东发行的权益性证券数量与权益性证券的公允价值计算的结果。购买方的权益性证券在购买日存在公开报价的,通常应以公开报价作为其公允价值;购买方的权益性证券在购买日不存在可靠公开报价的,应参照购买方的公允价值和被购买方的公允价值两者之中有更为明显证据支持的作为基础,确定假设应发行权益性证券的公允价值。

四、反向购买下合并财务报表的编制

反向购买之后编制的合并财务报表应以法律上母公司(会计上被购买方)的名义发布,但是实质上是法律上子公司(即会计上购买方)财务报表的延续。

反向购买之后编制的合并财务报表代表了法律上子公司除资本结构外财务报表的延续,因此合并财务报表的编制原则如下:

法律上子公司的资产和负债按合并前的账面价值进行确认和计量。

合并财务报表中的留存收益和其他权益性余额应当反映法律上子公司在合并日前的留存收益和其他权益余额。

合并财务报表中的权益性工具的金额应当反映法律上子公司合并前发行在外的股份面值以及假定在确定该项企业合并成本过程中新发行的权益性工具的金额。但是在合并财务报表中的权益结构应当反映法律上母公司的权益结构,即法律上母公司发行在外权益性证券的数量及种类。

法律上母公司的有关可辨认资产、负债在并入合并财务报表时,应以其在购买日确定的公允价值进行合并,企业合并成本大于合并中取得的法律上母公司可辨认净资产公允价值的份额体现为商誉,小于合并中取得的法律上母公司可辨认净资产公允价值的份额确认为合并当期损益。

合并财务报表的比较信息应当是法律上子公司的比较信息(即法律上子公司的前期合并财务报表)。

法律上子公司的有关股东在合并过程中未将其持有的股份转换为对法律上母公司股份的,该部分股东享有的权益份额在合并财务报表中应作为少数股东权益列示。因法律上子公司的部分股东未将其持有的股份转换为法律上母公司的股权,其享有的权益份额仍仅限于对法律上子公司的部分,该部分少数股东权益反映的是少数股东按持股比例计算享有法律上子公司合并前净资产账面价值的份额。另外,对于法律上母公司的所有股东,虽然该项合并中其被认为被购买方,但其享有合并形成报告主体的净资产及损益,不应作为少数股东权益列示。

应当注意的是,上市公司在其个别财务报表中应当按照《企业会计准则第2号——长期股权投资》等的规定确定取得资产的入账价值。上市公司的前期比较个别财务报表应为其自身个别财务报表。

五、反向购买下每股基本收益的计算

$$\text{发生反向购买当期的每股基本收益} = \frac{\text{本年归属于母公司所有者的净利润}}{\text{报告期发行在外的普通股加权平均数}}$$

其中

$$\text{报告期的普通股加权平均数（每股收益计算中的分母）} = \text{报告期期初至购买日所处当月的普通股数量} + \text{购买日起次月至报告期期末的普通股数量}$$

报告期期初至购买日所处当月的普通股数量

$$= \frac{\text{法律上母公司（会计上被购买方）向法律上子公司股东发行的普通股数量} \times \text{期初至购买日所处当月的累计月数}}{\text{报告期月份数}}$$

或

$$= \frac{\text{法律上子公司（会计上购买方）普通股数量} \times \text{收购协议中的换股比例} \times \text{期初至购买日所处当月的累计月数}}{\text{报告期月份数}}$$

购买日起次月至报告期期末的普通股数量

$$= \frac{\text{法律上母公司（会计上被购买方）实际发行在外的普通股数量} \times \text{购买日起次月到报告期期末的累计月数}}{\text{报告期月份数}}$$

反向购买后对外提供比较合并财务报表的，其比较前期合并财务报表中的基本每股收益，应以法律上子公司的每一比较报表期间归属于母公司所有者的净利润除以在反向购买中法律上母公司向法律上子公司股东发行的普通股数量计算确定。

如果法律上子公司发行的普通股股数在比较期间内和自反向购买发生期间的期初至购买日之间内发生了变动，计算每股收益时应适当考虑其影响进行调整。

第三部分　案例公司概况

一、案例公司经营范围

甘肃星光集团有限公司（以下简称星光集团）经营范围：电子测量仪器、仪表及电子产品。

甘肃星光科技股份有限公司（以下简称星光科技）经营范围：通信及相关设备制造。

宁波银河控股有限公司（以下简称银河控股）经营范围：实业投资。

宁波银河房地产开发股份有限公司（以下简称银河房产）经营范围：房地产开发。

二、案例公司有关企业合并事项

（一）企业并购交易内容

2011年2月15日，星光科技与银河控股签署了《非公开发行股份购买资产协议》，拟以新增64 400万股股票作为对价，购买银河控股合法持有的银河房产100%股权。本次新增股份的价格为4.75元/股，为星光科技停牌公告日前20个交易日均价。根据评估基准日为2010年12月31日的《资产评估报告》，银河房产净资产的评估值为305 900万元。银河房产100%股权本次交易作价确定为305 900万元，星光科技将向银河控股定向发行不超过64 400万股股份，银河房产的现有股本为39 120万股，星光科技老股东按1∶0.607 453换入银河房产股份（即银河房产1股换1.646 217股星光科技股份）。定向增发后星光科技的股本由16 100万股增加至80 500万股。本次非公开发行股份购买资产完成后,银河控股合计持有星光科技64 400万股,持股比例为80%。星光科技更名为宁波银星股份有限公司(以下简称银星股份),其控股股东由星光集团变更为银河控股;其实际控制人由甘肃省国有资产监督管理委员会变更为忻瑞华。

(二) 企业并购交易进展情况

2011年6月22日,星光科技拟收购银河控股持有的银河房产100%的股权的非公开发行股份购买资产方案获得中国证监会上市公司并购重组审核委员会有条件审核通过。

2011年12月8日,星光科技发行股份购买资产获得中国证监会《关于核准甘肃星光科技股份有限公司向宁波银河控股有限公司发行股份购买资产的批复》。中国证监会以《关于核准宁波银河控股有限公司公告甘肃星光科技股份有限公司收购报告书并豁免其要约收购义务的批复》核准豁免银河控股应履行的要约收购义务等相关信息。

2011年12月10日,星光科技董事会通过董事会改组议案并报股东大会审议,经股东大会审议通过。

2011年12月30日,银河控股将其持有的银河房产100%股权全部过户至星光科技名下,并办理了银河房产股东变更的工商变更登记。星光科技原注册资本为16 100万元,收到银河控股本次以标的资产新增注册资本64 400万元后,星光科技累计注册资本和实收资本均为80 500万元,当日办理了验资及工商变更登记手续,更名为银星股份,并以货币资金支付非公开发行证券的承销及保荐费10 000万元。银星股份股票当日收盘价为8.00元。

2011年12月31日,银星股份以货币资金支付发行证券上市酒会费100万元。

假定2011年12月30日和12月31日,银星股份和银河房产除发生上述交易外无其他经济业务影响,且之前所发生其余交易或事项的会计处理均已完成。

三、案例公司的股权投资关系

1. 星光科技为上市公司。截至2011年12月29日,星光科技与其实际控制人之间的股权投资关系如图11-1所示。

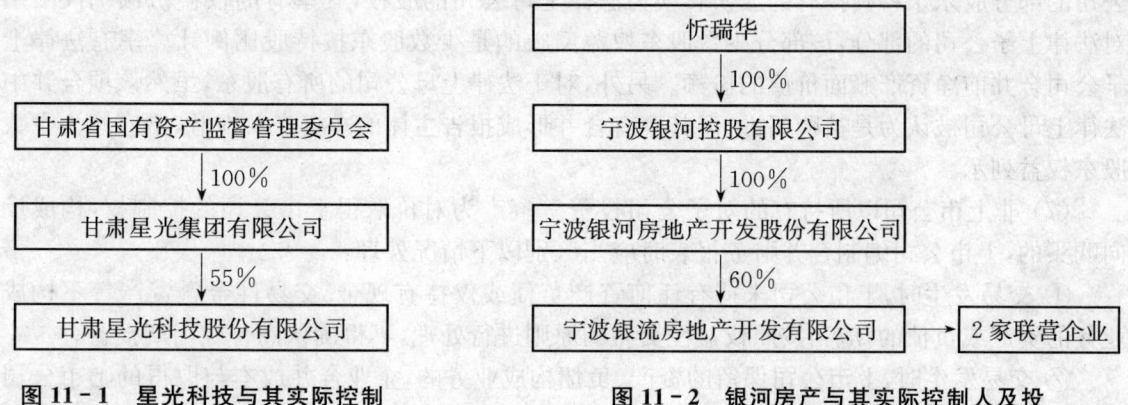

图11-1 星光科技与其实际控制人之间的股权投资关系

图11-2 银河房产与其实际控制人及投资企业的股权投资关系

2. 截至2011年12月29日,银河房产与其实际控制人及投资企业的股权投资关系如图11-2所示。

四、案例公司相关会计政策(部分)

(一) 反向购买

1. 企业合并成本。反向购买中,法律上子公司(购买方)的企业合并成本是指其如果以发行权益性证券的方式为获取在合并后报告主体的股权比例,应向法律上母公司(被购买方)的股东发行的权益性证券数量与权益性证券的公允价值计算的结果。购买方的权益性证券在购买日存在公开报价的,通常应以公开报价作为其公允价值;购买方的权益性证券在购买日不存在可靠公开报价的,应参照购买方的公允价值和被购买方的公允价值两者之中有更为明显证据支持的作为基础,确定假定应发行权益性证券的公允价值。

2. 合并财务报表的编制。

(1) 合并财务报表中,法律上子公司的资产、负债应以其在合并前的账面价值进行确认和计量。

(2) 合并财务报表中的留存收益和其他权益性余额应当反映的是法律上子公司在合并前的留存收益和其他权益余额。

(3) 合并财务报表中的权益性工具的金额应当反映法律上子公司合并前发行在外的股份面值以及假定在确定该项企业合并成本过程中新发行的权益性工具的金额。但是在合并财务报表中的权益结构应当反映法律上母公司的权益结构,即法律上母公司发行在外权益性证券的数量及种类。

(4) 法律上母公司的有关可辨认资产、负债在并入合并财务报表时,应以其在购买日确定的公允价值进行合并,企业合并成本大于合并中取得的法律上母公司可辨认净资产公允价值的份额体现为商誉,小于合并中取得的法律上母公司可辨认净资产公允价值的份额确认为合并当期损益。

(5) 合并财务报表的比较信息应当是法律上子公司的比较信息(即法律上子公司的前期合并财务报表)。

(6) 法律上子公司的有关股东在合并过程中未将其持有的股份转换为对法律上母公司股份的,该部分股东享有的权益份额在合并财务报表中应作为少数股东权益列示。因法律上子公司的部分股东未将其持有的股份转换为法律上母公司的股权,其享有的权益份额仍仅限于对法律上子公司的部分,该部分少数股东权益反映的是少数股东按持股比例计算享有法律上子公司合并前净资产账面价值的份额。另外,对于法律上母公司的所有股东,虽然该项合并中法律上母公司被认为是被购买方,但其享有合并形成报告主体的净资产及损益,不应作为少数股东权益列示。

(7) 非上市公司以所持有的对子公司投资等资产为对价取得上市公司的控制权,构成反向购买的,上市公司编制合并财务报表时应当区别以下情况处理:

① 交易发生时,上市公司未持有任何资产负债或仅持有现金、交易性金融资产等不构成业务的资产或负债的,应当按照权益性交易的原则进行处理,不得确认商誉或当期损益。

② 交易发生时,上市公司保留的资产、负债构成业务的,企业合并成本与取得的上市公司可辨认净资产公允价值份额的差额应当确认为商誉或计入当期损益。

3. 上市公司在其个别财务报表中,应当按照《企业会计准则第2号——长期股权投资》等的规定确定取得资产的入账价值。上市公司的前期比较个别财务报表应为其自身个别财务报表。

(二) 每股收益的计算

发生反向购买交易当期,用于计算每股收益的发行在外普通股加权平均数为:

1. 自当期期初至购买日,发行在外的普通股数量应假定为在该项合并中法律上母公司向法律上子公司股东发行的普通股数量。

2. 自购买日至期末发行在外的普通股数量为法律上母公司实际发行在外的普通股股数。

反向购买后对外提供比较合并财务报表的,其比较前期合并财务报表中的基本每股收益,应以法律上子公司的每一比较报表期间归属于普通股股东的净损益除以在反向购买中法律上母公司向法律上子公司股东发行的普通股股数计算确定。

如果法律上子公司发行的普通股股数在比较期间内和自反向购买发生期间的期初至购买日之间内发生了变动,计算每股收益时应适当考虑其影响进行调整。

(三) 关于发行权益性证券的交易费用及其他费用的会计处理

非同一控制下的企业合并中,购买方为企业合并发生的审计、法律服务、评估咨询等中介费用以及其他相关管理费用,应当于发生时计入当期损益;购买方作为合并对价发行的权益性证券或债务性证券的交易费用,应当计入权益性证券或债务性证券的初始确认金额[根据财政部《企业会计准则解释第4号》(财会〔2009〕15号)第1问答]。

上市公司为发行权益性证券发生的承销费、保荐费、上网发行费、招股说明书印刷费、申报会计师费、律师费、评估费等与发行权益性证券直接相关的新增外部费用,应自所发行权益性证券的发行收入中扣减,在权益性证券发行有溢价的情况下,自溢价收入中扣除,在权益性证券发行无溢价或溢价金额不足以扣减的情况下,应当冲减盈余公积和未分配利润;发行权益性证券过程中发行的广告费、路演及财经公关费、上市酒会费等其他费用应在发生时计入当期损益[根据中国证监会《上市公司执行企业会计准则监管问题解答(2009年第1期)》第3问答]。

▶ 五、案例公司的所得税税率及递延所得税资产的确认

银星股份、银河房产和银流房地产开发公司的所得税税率均为25%。

银星股份(更名前为星光科技)因连续亏损,难以确定未来是否能够产生足够的应纳税所得额供抵扣,因此对于发生的可抵扣暂时性差异未确认递延所得税资产。

▶ 六、案例公司的利润分配

银星股份、银河房产和宁波银流房地产开发有限公司(以下简称银流房产)均在年末按照当年实现净利润的10%提取法定盈余公积。

银星股份、银河房产和银流房产在2010年和2011年均未对所有者分配利润。

第四部分 银河房产反向购买星光科技的原始凭证

银河房产反向购买星光科技所涉及的原始凭证包括银河房产《资产评估报告》(评估基准日2010年12月31日)、《非公开发行股份购买资产协议》(2011年2月15日)、星光科技《资产评估报告》(评估基准日2011年10月31日)、中国证监会《关于核准甘肃星光科技股份有限公司向宁波银河控股有限公司发行股份购买资产的批复》、中国证监会《关于核准宁波银河控股

有限公司公告甘肃星光科技股份有限公司收购报告书并豁免其要约收购义务的批复》、2011年12月10日星光科技董事会通过的董事会改组议案、2011年12月30日银河控股将其持有的银河房产100%股权全部过户至星光科技的工商变更登记材料、变更后银星股份（工商登记变更前为星光科技）累计注册资本为805 000 000元的验资报告及工商变更登记材料等。由于篇幅限制，除前三种原始凭证外均省略不列。

一、银河房产《资产评估报告》(评估基准日2010年12月31日)

宁波银河房地产开发有限公司
股东全部权益价值评估项目
资产评估报告

甬亿资评报字〔2011〕8号

摘　要

以下内容摘自评估报告正文，欲了解本评估项目的详细情况和合理理解评估结论，应当认真阅读评估报告正文。

一、委托方和被评估单位及其他评估报告使用者

本次资产评估的委托方为甘肃星光科技股份有限公司（以下简称"星光科技"），本次资产评估的被评估单位为宁波银河房地产开发有限公司（以下简称"银河房产"）。根据《资产评估业务约定书》，本评估报告使用者为委托方、被评估单位及本次拟实施经济行为所涉各相关当事方。

二、评估目的

因甘肃星光科技股份有限公司拟向宁波银河控股有限公司非公开发行股票收购资产，为此委托宁波中亿资产评估有限公司对该行为涉及的宁波银河房地产开发有限公司的股东全部权益价值进行评估。

本次评估目的是为该经济行为提供"银河房产"股东全部权益价值的参考依据。

三、评估对象和评估范围

评估对象为涉及上述经济行为的"银河房产"的股东全部权益。

评估范围为"银河房产"的全部资产及相关负债，包括流动资产、非流动资产和流动负债。按照"银河房产"提供的2010年12月31日的财务报表，"银河房产"的资产为4 955 308 752元，负债为4 095 955 024元，股东权益为859 353 728元。

四、价值类型及其定义

本次评估的价值类型为市场价值。

市场价值是指自愿买方和自愿卖方在各自理性行事且未受任何强迫的情况下，评估对象在评估基准日进行正常公平交易的价值估计数额。

五、评估基准日

评估基准日为2010年12月31日。

六、评估方法

根据评估对象、价值类型、资料收集情况等相关条件，本次分别采用资产基础法和收益法进行评估。

七、评估结论

1. 资产基础法评估结果。在本报告所揭示的假设前提条件基础上,"银河房产"的资产、负债和股东权益在 2010 年 12 月 31 日的评估结果为:

资产账面价值 4 955 308 752 元,评估价值 7 154 955 024 元,评估增值 2 199 646 272 元,增值率为 44.39%;

负债账面价值 4 095 955 024 元,评估价值 4 095 955 024 元;

股东权益账面价值 859 353 728 元,评估价值 3 059 000 000 元,评估增值 2 199 646 272 元,增值率为 255.97%。

项 目	账面价值 A	评估价值 B	增减值 C=B−A	增值率 D=C/A*100%
一、流动资产	2 683 144 000	2 763 629 040	80 485 040	3.00
二、非流动资产	2 272 164 752	4 391 325 984	2 119 161 232	93.27
其中:长期股权投资	1 968 631 035	4 045 323 657	2 076 692 622	105.49
长期应收款	235 098 759	256 288 000	21 189 241	9.01
投资性房地产	4 056 938	6 602 285	2 545 347	62.74
建筑物类固定资产	16 296 956	31 504 163	15 207 207	93.31
设备类固定资产	5 324 680	8 981 495	3 656 815	68.68
在建工程				
无形资产——土地使用权				
无形资产——其他无形资产	544 809	544 809		
长期待摊费用	130 000	0	−130 000	−100.00
递延所得税资产	42 081 575	42 081 575		
资产总计	4 955 308 752	7 154 955 024	2 199 646 272	44.39
三、流动负债	4 095 955 024	4 095 955 024		
四、非流动负债				
其中:递延所得税负债				
负债合计	4 095 955 024	4 095 955 024		
股东权益合计	859 353 728	3 059 000 000	2 199 646 272	255.97

评估结论详细情况见评估明细表。

2. 收益法评估结果。在本报告所揭示的假设前提条件基础上,采用收益法对"银河房产"股东全部权益价值在 2010 年 12 月 31 日的评估结果为 3 382 345 300 元。

3. 两种方法评估结果的比较分析和评估价值的确定。"银河房产"资产基础法下股东全部权益价值的评估结果为 3 059 000 000 元,收益法下股东全部权益价值的评估结果为 3 382 345 300 元,两者相差 323 345 300 元,差异率为 10.57%。

经综合分析,我们认为上述两种评估方法的实施情况正常,参数选取合理。鉴于本次评估目的是为"星光科技"非公开发行股票收购资产提供价值参考依据,而收益预测是基于对未来宏观政策和房地产市场的预期及判断的基础上进行的,由于现行经济及市场环境的不确定因素较多,因此我们认为,本次采用资产基础法的评估结果更能准确揭示"银河房产"截至评估基准日的股东全部权益价值,故取资产基础法的评估结果 3 059 000 000 元为"银河房产"股东全部权益的评估值。

八、评估报告的使用有效期

本评估报告的使用有效期为1年,即自评估基准日 2010 年 12 月 31 日起至 2011 年 12 月 30 日止。

宁波中亿资产评估有限公司
2011 年 1 月 25 日

注:由于篇幅限制,此处省略《宁波银河房地产开发有限公司股东全部权益价值评估项目资产评估报告(正文)》。

二、《非公开发行股份购买资产协议》(2011 年 2 月 15 日)

甘肃星光科技股份有限公司
非公开发行股份购买资产协议

本《非公开发行股份购买资产协议》(下称"本协议")由以下双方于 2011 年 2 月 15 日在中华人民共和国甘肃省兰州市签署:

甘肃星光科技股份有限公司(简称"星光科技"),一家依据中国法律成立并有效存续的股份有限公司,其法定住所为兰州市高新技术开发区张南滩 888 号 8 楼,法定代表人为谢天;

和

宁波银河控股有限公司(简称"银河控股"),一家依据中国法律成立并有效存续的有限公司,其法定住所地为宁波保税区环球大厦 808 室,法定代表人为忻瑞华。

鉴于:

1) 星光科技系公开发行股票并在深圳证券交易所上市的股份有限公司,股票代码为 00××××;

2) 银河控股系有限公司,于本协议签署时未持有星光科技任何股份;

3) 银河控股拟以其持有的宁波银河房地产开发有限公司(简称"**银河房产**")100% 的股权认购星光科技向其发行的人民币普通股(A 股)。

为实现上述交易目的,甲、乙双方根据《重组办法》、《收购办法》、《暂行办法》等有关规定,经友好协商,达成一致协议如下:

第1条 定义

1.1 除非本协议另有规定,下述用语在本协议内有下列含义:

本次交易/本次重组	指星光科技向银河控股发行人民币普通股以购买银河控股持有的银河房产100%股权之交易;根据《重组办法》,本次交易构成星光科技重大资产重组暨关联交易事项;
本次发行	指星光科技向银河控股发行境内上市的人民币普通股之行为;
银星股份	指星光科技重大资产重组暨关联交易事项完成后更名为宁波银星股份有限公司;
银河房产	指宁波银河房地产开发有限公司,一家依据中国法律成立并有效存续的有限责任公司,银河控股持有其100%的股权;
银河房产标的资产	指银河控股所持银河房产100%的股权;
标的资产	指银河房产的资产;
标的资产交易价格	指星光科技购买标的资产应支付的交易对价,为本协议第2.2.1.2款规定之购买银河房产标的资产的交易价格;
发行价格	指本次交易中,根据《重组办法》以及本协议第2.2.2.2款规定确定的星光科技向银河控股发行人民币普通股的每股发行价格;
定价基准日	指星光科技首次审议本次交易事项的董事会决议公告日;
评估基准日	指2010年12月31日;
交割	指本协议第4条所规定的银河控股向星光科技交付标的资产、星光科技向银河控股交付本次发行的全部股份;
银业评估	指上海银业资产评估有限公司;
《资产评估报告》	指银业评估为本次交易对银河房产100%的股权于评估基准日的市场价值进行评估并出具的业经国有资产监管机构办理核准/备案手续的《资产评估报告》;
《重组办法》	指中国证监会2008年4月16日颁布并于2008年5月18日起施行的《上市公司重大资产重组管理办法》;
《收购办法》	指中国证监会2006年7月31日颁布并于2008年4月29日修订的《上市公司收购管理办法》;
《暂行办法》	指国务院国资委、中国证监会2007年6月30日颁布并于2007年7月1日起施行的《国有股东转让上市公司股份管理暂行办法》;
要约豁免申请	指根据本次交易安排,银河控股为避免其因认购本次发行的股票可能触发的要约收购义务而向中国证监会提出的豁免其向星光科技所有股东发出收购其所持有的全部股份的要约义务的申请;
中国证监会	指中国证券监督管理委员会;
国有资产监管机构	指国务院国资委或其下属的地方机构;

国务院国资委	指国务院国有资产监督管理委员会;
甘肃省国资委	指甘肃省人民政府国有资产监督管理委员会;
深交所	指深圳证券交易所;
股份登记机构	指中国证券登记结算有限公司深圳分公司;
协议签署日	指载于本协议文首的星光科技和银河控股签署本协议之日;
生效日	指本协议第3条规定的协议生效日期;
人民币	指中国的法定货币;
中国	指中华人民共和国,但为本协议之目的,不包括香港特别行政区、澳门特别行政区和台湾地区。

1.2 为叙述方便之目的,星光科技和银河控股在本协议中合称为"双方",单独称为"一方"或"各方"。

1.3 除非本协议中另有说明,任何涉及某一法律的表述指于适用之时有效的法律、法规、规章和其他规范性文件(包括上交所制定的规则)。

第2条 本次交易内容

2.1 本次交易方案概述:星光科技向银河控股发行股份,购买银河控股持有的银河房产100%的股权。本次交易完成后,星光科技将持有银河房产100%的股权,星光科技更名为银星股份。根据《重组办法》之有关规定,本次交易构成重大资产重组暨关联交易事项。

2.2 本次交易具体内容:

2.2.1 标的资产及交易价格:

2.2.1.1 本次交易的标的资产为银河控股所持的银河房产100%的股权。

2.2.1.2 标的资产的交易价格与定价依据:

银河房产标的资产的交易价格以经国有资产监管部门核准/备案的《资产评估报告》记载的评估结果为定价依据,并充分考虑包括中小股东在内的各方股东的利益,最终由双方协商确定;

如评估基准日至银河房产标的资产交割完成日期间,银河房产对评估基准日之前的滚存未分配利润进行分配,则应从银河房产标的资产的交易价格中相应扣减所分配的金额,剩余的未分配利润归星光科技所有。

2.2.2 本次发行:

2.2.2.1 发行股票的种类及面值:

本次发行的股份为境内上市的人民币普通股(A股),每股面值为人民币1.00元,发行方式为向特定对象非公开发行。

2.2.2.2 发行价格及价格调整机制:

1) 根据《重组办法》,本次发行的发行价格应不低于定价基准日前20个交易日星光科技股票交易的均价,经双方协商,发行价格确定为4.75元/股;

2) 如定价基准日至本次发行的股票发行日期间,星光科技发生派息、送股、转增股本、增发新股或配股等除权除息行为,将对发行价格作相应调整,具体调整方法如下:

假设调整前发行价格为 P_0,每股送股或转增股本数为 N,每股增发新股或配股数为 K,增发新股或配股价为 A,每股派息为 D,调整后发行价格为 P_1,则:

派息：$P_1 = P_0 - D$；
送股或转增股本：$P_1 = P_0/(1+N)$；
增发新股或配股：$P_1 = (P_0 + A \times K)/(1+K)$；
三项同时进行：$P_1 = (P_0 - D + A \times K)/(1 + K + N)$。

2.2.2.3 发行数量：

本次发行数量根据发行价格以及标的资产的交易价格确定。发行数量为标的资产交易价格除以发行价格所得之值向下取整数的结果。不足 1 股整数股的余额部分由星光科技以现金方式支付给银河控股。

本次发行的最终发行数量以中国证监会核准的发行数量为准。

2.2.2.4 持股锁定期安排：

银河控股在本次发行中认购的股份自本次发行结束之日起 36 个月内不转让，在上述锁定期届满后，其转让和交易按照届时有效的法律、法规和上交所的规则办理。

2.2.2.5 本次发行前滚存利润安排：

本次发行完成后，由星光科技全体股东按其持股比例共同享有本次发行前滚存的未分配利润。

第 3 条 生效条件

3.1 本次交易及本协议以下述条件为生效前提条件，并自下列条件全部成就之日中孰晚日期为生效日期：

3.1.1 星光科技董事会和股东大会决议审议通过本次交易；

3.1.2 银河控股董事会决议审议通过本次交易；

3.1.3 本次交易取得甘肃省国资委批准；

3.1.4 本次交易取得中国证监会核准；

3.1.5 要约豁免申请取得中国证监会核准。

第 4 条 交割

4.1 本协议生效后，双方应按下列规定办理标的资产的交割手续：于生效日后 30 日内，银河控股应采取一切所需的措施，以协助银河房产办理完毕将银河控股所持银河房产 100% 的股权转让给星光科技的工商变更登记手续，并向星光科技提供上述工商变更登记文件。上述股权工商变更登记完成之日为银河房产标的资产交割完成日。

4.2 本协议生效后，且星光科技按上述第 4.1 款完成上述标的资产的交割手续之日（以孰晚之日为准）后 30 日内，星光科技应通过银河控股在股份登记机构开立的股票账户向银河控股交付本次发行的全部股份，并向银河控股提供由股份登记机构出具的反映该等股份已完成登记的证明文件。上述股份登记完成之日为本次发行交割完成日。

第 5 条 期间损益的归属

就银河房产标的资产而言，自评估基准日至银河房产标的资产交割完成日期间，银河房产标的资产产生的损益归星光科技享有和承担。

第 6 条 人员安置

本次交易的标的资产为银河控股所持银河房产 100% 的股权，不涉及与标的资产有关的员工安置事宜。本次交易完成后，银河房产作为独立的企业法人继续存续，其与原有员工的劳动、社保关系保持不变，并继续有效。

第 7 条 债权债务处理

本次交易的标的资产为银河控股所持银河房产100％的股权,本次交易完成后,银河房产作为独立的企业法人继续存续,原有的债权债务仍由银河房产享有和承担。

第 8 条 税项和费用

因签署和履行本协议而产生的税项和费用应根据适用法律的规定由双方分别承担和支付;如无明确规定的,由双方平均承担和支付。

第 9 条 陈述和保证

9.1 于签署日,星光科技向银河控股作出如下陈述和保证:

9.1.1 星光科技为依据中国法律在中国设立并有效存续的股份有限公司,其已依法公开发行股份,其股票已在深交所上市交易,具有签署及履行本协议的主体资格;

9.1.2 星光科技具备进行本次交易的资格和条件;

9.1.3 星光科技签署本协议,并履行其于本协议项下的任何义务或行使其于本协议项下的任何权利将不会与中国适用法律、适用于星光科技的任何判决、裁定、裁决、授权、星光科技的公司章程或内部规章或以星光科技为一方或其资产受其约束的任何合同或协议的任何规定有抵触,或导致对上述规定的违反,或构成对上述规定的不履行;如果存在相抵触的情况,星光科技已取得相应的有效豁免、同意或批准,并且这些豁免、同意或批准根据中国适用法律具有法律约束力。

9.2 于签署日,银河控股向星光科技作出如下陈述和保证:

9.2.1 银河控股为依法在中国境内设立并有效存续的有限公司,具有签署及履行本协议的主体资格;

9.2.2 银河控股签署本协议,并履行其于本协议项下的任何义务或行使其于本协议项下的任何权利将不会与中国适用法律、适用于银河控股的任何判决、裁定、裁决、授权、银河控股的公司章程或内部规章或以银河控股为一方或其资产受其约束的任何合同或协议的任何规定有抵触,或导致对上述规定的违反,或构成对上述规定的不履行;如果存在相抵触的情况,银河控股已取得相应的有效豁免、同意或批准,并且这些豁免、同意或批准根据中国适用法律具有法律约束力;

9.2.3 于签署日,银河控股对标的资产享有完整、合法、有效的所有权和处分权,并且标的资产之上未设置任何质押或其他权利限制,不存在任何可能导致标的资产被查封、冻结或者限制或禁止转让的情形;且直至标的资产交割之前,未经星光科技事先书面同意,银河控股不得就标的资产设置质押等任何第三方权利;

9.2.4 于交割前,银河控股保证不会作出正常业务经营外的行为或怠于行使与标的资产有关的权利,从而使标的资产遭受在进行正常业务经营或积极行使与标的资产有关的权利的情况下不会遭受的风险、责任、损失或其他负面影响。

第 10 条 保密

10.1 为本次交易,双方确认,任何一方曾向或可能需向另一方披露如下资料和信息(包括书面资料和非书面资料,以下称"保密资料"):

10.1.1 有关任何一方或其关联人士业务、财务状况及其他经营管理的资料和信息;

10.1.2 任何一方基于本协议及为实现本次重组之目的而向另一方提供的资料和信息。

10.2 接受保密资料的一方应：

10.2.1 对保密资料予以保密；

10.2.2 除对因本次交易之目的履行其工作职责而需知晓保密资料的自身雇员外，不向任何他人或单位、组织、机构披露保密资料。

10.3 上述第10.2款的规定不适用于下述保密资料：

10.3.1 在披露方向接受方披露之前的书面证据能够证明已为接受方所合法知晓的资料；

10.3.2 非因接受方违反本协议而为公众所知的资料；

10.3.3 接受方从对保密资料不承担任何保密义务的第三方获得的资料；

10.3.4 在本次交易过程中已向公众公布的文件中所包含的资料。

10.4 上述第10.2款的规定不适用于下列情形：

10.4.1 为本次交易之目的将保密资料披露给各方的关联人士、为本次交易而介入的中介机构、每一方的雇员或顾问；但在此种情况下，只应向因履行其工作职责而需要知道该等资料的人士进行披露；

10.4.2 各方按照适用法律或监管机构的要求披露保密资料或将保密资料披露给监管机构或进行公开披露。

10.5 每一方均应确保其自身及其与本次交易有关的关联人士的董事、高级职员和其他与本次交易有关的雇员同样遵守本第10条所规定的保密义务。

第11条 违约责任

11.1 任何一方存在虚假、误导性或不实陈述的情形和/或违反其声明、保证、承诺，或不按本协议的约定履行其在本协议项下的任何责任与义务，即构成违约。违约方应当根据另一方的要求继续履行义务、采取补救措施或向守约方支付全面和足额的赔偿金。

11.2 任何一方由于不可抗力、法律变更或非因自身过错而造成不能履行或不能全面履行本协议的义务，不视为违约，但应尽最大努力采取一切必要的救济措施，减少上述原因给对方造成的损失。

第12条 不可抗力

12.1 如因自然灾害等不可预见、不可抗拒和不可预防的原因，致使一方不能履行或不能完全履行或需延迟履行本协议时，该方应立即将该等情况以书面形式通知另一方，并在该等情况发生之日起7个工作日内向另一方提供本协议不能履行或部分不能履行或需要迟延履行的理由及有效证明。按照该等不可抗力事件对本协议的影响程度，双方协商决定是否解除、变更或迟延履行本协议。

12.2 若因适用法律在签署日后发生调整而造成本协议不能履行或不能全部履行时，本协议各方互不追究因此而导致的未履行约定的违约责任，并协商决定是否解除、变更或迟延履行本协议。

第13条 适用法律和争议的解决

13.1 本协议的生效、解释、修改、履行和终止适用中国法律并依其解释。

13.2 因本协议引起的或与本协议有关的任何争议，应首先由双方友好协商解决。如未能通过协商方式解决的，任何一方有权将该争议提交人民法院通过诉讼方式解决。

第 14 条　其他

14.1　除本协议另有规定外,或双方另行以书面方式同意外,本协议任何一方不得向任何第三方转让其在本协议项下全部或部分权利或义务。

14.2　截至签署日,本协议构成双方之间就本次交易达成的全部和唯一的协议,此前双方就本次交易而达成的任何承诺、谅解、安排或约定。

14.3　与本协议矛盾、抵触、冲突或不一致的以本协议为准。

14.4　双方同意,双方可以就本协议中未尽事项签订进一步的书面补充协议,补充协议与本协议构成不可分割的整体,具有同等法律效力。

14.5　本协议的修改只能采取书面形式,并于双方法定代表人或授权代表签字并加盖双方公章时成立。

14.6　本协议附件构成本协议的有效组成部分,并与本协议具有同等法律效力。

14.7　如本协议的任何条款被认为全部或部分违法、无效或不可执行,则该条款或其相关部分仅在上述范围内视为不构成本协议的一部分,本协议其余部分的合法性、有效性和可执行性均不受影响。

14.8　一方未行使或延迟行使本协议下的任何权利或权力,不构成对该权利或权力的放弃,一方单次或部分行使任何权利或权力,亦不妨碍其再次行使或进一步行使该权利或权力,或该方行使本协议下的任何其他权利或权力。

14.9　本协议于双方法定代表人或授权代表签字并加盖双方公章时成立。

14.10　本协议正本一式拾份,双方各执贰份,其余正本按照有关监管机构不时的要求向其提供或留存于星光科技。每份正本具有相同的法律效力。

（本页以下无正文）

甘肃星光科技股份有限公司(公章)　　　　　宁波银河控股有限公司(公章)

法定代表人/授权代表：谢天(签字)　　　　　法定代表人/授权代表：忻瑞华(签字)

2011 年 2 月 15 日

三、星光科技《资产评估报告》(评估基准日 2011 年 10 月 31 日)

甘肃星光科技股份有限公司
股东全部权益价值评估项目
资产评估报告
甘志资评报字〔2011〕125 号

摘　要

以下内容摘自评估报告正文,欲了解本评估项目的详细情况和合理理解评估结论,应当认真阅读评估报告正文。

一、委托方和被评估单位及其他评估报告使用者

本次资产评估的委托方为甘肃星光集团有限公司(以下简称"星光集团"),本次资产评估的被评估单位为甘肃星光科技股份(以下简称"星光科技")。根据《资产评估业务约定书》,本评估报告使用者为委托方、被评估单位及本次拟实施经济行为所涉各相关当事方。

二、评估目的

因甘肃星光集团有限公司拟了解评估基准日甘肃星光科技股份有限公司的股东全部权益价值,为此委托上海银业资产评估有限公司对甘肃星光科技股份有限公司的股东全部权益价值进行评估。

本次评估目的是为该经济行为提供"星光科技"股东全部权益价值的参考依据。

三、评估对象和评估范围

评估对象为涉及上述经济行为的"星光科技"的股东全部权益。

评估范围为"星光科技"的全部资产及相关负债,包括流动资产、非流动资产和流动负债。按照"星光科技"提供的 2011 年 10 月 31 日的财务报表,"星光科技"的资产为 438 388 924 元,负债为 89 936 670 元,股东权益为 348 452 254 元。

四、价值类型及其定义

本次评估的价值类型为市场价值。

市场价值是指自愿买方和自愿卖方在各自理性行事且未受任何强迫的情况下,评估对象在评估基准日进行正常公平交易的价值估计数额。

五、评估基准日

评估基准日为 2011 年 10 月 31 日。

六、评估方法

根据评估对象、价值类型、资料收集情况等相关条件,本次分别采用资产基础法和收益法进行评估。

七、评估结论

1. 资产基础法评估结果:在本报告所揭示的假设前提条件基础上,"星光科技"的资产、负债和股东权益在 2011 年 10 月 31 日的评估结果为:

资产账面价值 438 388 924 元,评估价值 505 007 655 元,评估增值 66 618 731 元,增值率为 15.20%;

负债账面价值 89 936 670 元,评估价值 89 936 670 元;

股东权益账面价值 348 452 254 元,评估价值 415 070 985 元,评估增值 66 618 731 元,增值率为 19.12%。

项　　目	账面价值	评估价值	增减值	增值率
	A	B	C=B－A	D=C/A*100%
一、流动资产	298 622 264	298 622 264		
二、非流动资产	139 766 660	206 385 391	66 618 731	47.66
其中：投资性房地产	81 283 810	130 056 185	48 772 375	60.00
建筑物类固定资产	31 066 160	47 143 516	16 077 356	51.75
设备类固定资产	27 301 690	29 070 690	1 769 000	6.48
在建工程	115 000	115 000		
资产总计	438 388 924	505 007 655	66 618 731	15.20
三、流动负债	89 936 670	89 936 670		
四、非流动负债				
负债总计	89 936 670	89 936 670		
股东权益总计	348 452 254	415 070 985	66 618 731	19.12

注：评估结论详细情况见评估明细表。

2. 收益法评估结果。在本报告所揭示的假设前提条件基础上,采用收益法对"星光科技"股东全部权益价值在 2011 年 10 月 31 日的评估结果为 448 359 708 元。

3. 两种方法评估结果的比较分析和评估价值的确定。"星光科技"资产基础法下股东全部权益价值的评估结果为 415 070 985 元,收益法下股东全部权益价值的评估结果为 448 479 978 元,两者相差 33 408 993 元,差异率为 8.14%。

经综合分析,我们认为上述两种评估方法的实施情况正常,参数选取合理。鉴于本次评估目的是为星光集团了解评估基准日星光科技的股东全部权益价值提供参考依据,而收益预测是基于对未来宏观政策和市场预期及判断的基础上进行的,由于现行经济及市场环境的不确定因素较多,因此我们认为,本次采用资产基础法的评估结果更能准确揭示"星光科技"截至评估基准日的股东全部权益价值,故取资产基础法的评估结果 415 070 985 元为"星光科技"股东全部权益的评估值。

八、评估报告的使用有效期

本评估报告的使用有效期为 1 年,即自评估基准日 2011 年 10 月 31 日起至 2012 年 10 月 30 日止。

甘肃民志资产评估有限公司
2011 年 12 月 4 日

注：由于篇幅限制,此处省略《甘肃星光科技股份有限公司股东全部权益价值项目资产评估报告(正文)》。

第五部分 案例公司编制合并财务报表的基础资料

一、银河控股反向购买银星股份股权登记簿

银河控股反向购买银星股份股权登记簿如表 11-1 所示。

表 11-1 银河控股反向购买银星股份股权登记簿
购买日：2011 年 12 月 30 日 （单位：元）

项目	购买日账面价值	购买日公允价值	公允价值与账面价值的差额	剩余使用年限	预计净残值
被投资方——银星股份（更名前"星光科技"）					
一、流动资产	299 275 500	299 275 500			
二、非流动资产	138 855 210	205 166 370	66 311 160		
其中：投资性房地产	80 950 360	129 520 360	48 570 000	40 年	922 360
建筑物类固定资产	30 921 160	46 922 320	16 001 160	35 年	471 160
设备类固定资产	26 863 690	28 603 690	1 740 000	10 年	583 690
在建工程	120 000	120 000			
资产总计	438 130 710	504 441 870	66 311 160		
三、流动负债	90 076 870	90 076 870			
四、非流动负债					
负债总计	90 076 870	90 076 870			
股东权益总计	348 053 840	414 365 000	66 311 160		

二、星光科技个别财务报表和银河房产合并财务报表

本实验项目不要求编制现金流量表，因此所提供的星光科技个别财务报表和银河房产合并财务报表不包括现金流量表。

（一）星光科技个别财务报表

1. 星光科技 2011 年 12 月 29 日资产负债表有关数据如表 11-2 所示。

表 11-2 星光科技 2011 年 12 月 29 日资产负债表有关数据 （单位：元）

资产	期末数	年初数	负债和股东权益	期末数	年初数
流动资产：			流动负债：		
货币资金	281 905 500	279 745 510	短期借款	0	0
交易性金融资产	0	0	应付票据	0	0

(续表)

资　产	期末数	年初数	负债和股东权益	期末数	年初数
应收票据	0	0	应付账款	1 238 900	1 963 960
应收账款	16 447 200	37 032 230	预收款项	101 350	18 306 550
预付款项	0	0	应付职工薪酬	44 900	86 100
应收利息	894 300	0	应交税费	10 902 150	8 280 530
应收股利	0	0	应付利息		
其他应收款	28 500	3 203 220	应付股利		1 924 130
存货	0	0	其他应付款	77 789 570	81 050 280
一年内到期的非流动资产	0	0	一年内到期的非流动负债	0	0
其他流动资产	0	0	其他流动负债	0	0
流动资产合计	299 275 500	319 980 960	流动负债合计	90 076 870	111 611 550
非流动资产：			非流动负债：		
可供出售金融资产	0	0	长期借款	0	0
持有至到期投资	0	0	应付债券	0	0
长期应收款	0	0	长期应付款	0	0
长期股权投资	0	0	专项应付款		
投资性房地产	80 950 360	84 405 520	预计负债	0	2 339 200
固定资产	57 784 850	57 923 510	递延所得税负债	0	0
在建工程	120 000	0	其他非流动负债	0	0
工程物资	0	0	非流动负债合计	0	2 339 200
固定资产清理	0	0	负债合计	90 076 870	113 952 480
无形资产	0	0	股东权益：		
开发支出	0	0	股本	161 000 000	161 000 000
商誉	0	0	资本公积	693 858 230	693 858 230
长期待摊费用	0	0	减：库存股		
递延所得税资产	0	0	盈余公积	26 857 260	26 857 260
其他非流动资产	0	0	未分配利润	−533 661 650	−533 356 250
非流动资产合计	138 855 210	142 329 030	所有者权益合计	348 053 840	348 359 240
资产总计	438 130 710	462 309 990	负债和所有者权益总计	438 130 710	462 309 990

2. 星光科技 2011/01/01～2011/12/29 利润表有关数据如表 11-3 所示。

表 11-3　星光科技 2011/01/01～2011/12/29 利润表有关数据　（单位：元）

项　　目	本期金额 (01/01～12/29)	上年金额
一、营业收入	9 961 600	12 522 900
其中：营业成本	5 309 800	6 528 700
营业税金及附加	521 300	509 700
销售费用	0	0
管理费用	9 298 600	6 527 900
财务费用	-3 507 000	3 404 200
资产减值损失	-1 015 700	-3 400 800
加：公允价值变动收益（损失以"-"号填列）	0	0
投资收益（损失以"-"号填列）	0	0
其中：对联营企业和合营企业的投资收益	0	0
汇兑收益（损失以"-"号填列）	0	0
二、营业利润（亏损以"-"号填列）	-645 400	-1 046 800
加：营业外收入	340 000	560 200
减：营业外支出	0	177 900
其中：非流动资产处置损失	0	177 900
三、利润总额（亏损以"-"号填列）	-305 400	-664 500
减：所得税费用	0	0
四、净利润（亏损以"-"号填列）	-305 400	-664 500
五、每股收益		
（一）基本每股收益		
（二）稀释每股收益		
六、其他综合收益	0	0
七、综合收益总额	-305 400	-664 500

3. 星光科技 2011/01/01～2011/12/29 所有者权益变动表有关数据如表 11-4 所示。

表 11-4 星光科技 2011/01/01～2011/12/29 所有者权益变动表有关数据

(单位：元)

项目	本期金额(01/01～12/29)								上年金额							
	实收资本(或股本)	资本公积	减:库存股	专项储备	盈余公积	一般风险准备	未分配利润	所有者权益合计	实收资本(或股本)	资本公积	减:库存股	专项储备	盈余公积	一般风险准备	未分配利润	所有者权益合计
一、上年末余额	161 000 000	693 858 230			26 857 260		-533 356 250	348 359 240	161 000 000	693 858 230			26 857 260		-532 691 750	349 023 740
加：会计政策变更																
前期差错更正																
其他																
二、本年年初余额	161 000 000	693 858 230			26 857 260		-533 356 250	348 359 240	161 000 000	693 858 230			26 857 260		-532 691 750	349 023 740
三、本期增减变动金额(减少以"-"号填列)	0	0			0		-305 400	-305 400					0		-664 500	-664 500
（一）净利润							-305 400	-305 400							-664 500	-664 500
（二）其他综合收益																
上述(一)和(二)小计							-305 400	-305 400							-664 500	-664 500
（三）所有者投入和减少资本	0	0														
1. 所有者投入资本																
2. 股份支付计入所有者权益的金额																
3. 其他							0	0					0		0	0
（四）利润分配					0		0	0					0		0	0
1. 提取盈余公积																
2. 提取一般风险准备																
3. 对所有者(或股东)的分配																
4. 其他																
（五）所有者权益内部结转	0	0			0		0	0								
1. 资本公积转增资本(或股本)																
2. 盈余公积转增资本(或股本)																
3. 盈余公积弥补亏损																
4. 其他																
（六）专项储备																
（七）其他																
四、本期末余额	161 000 000	693 858 230			26 857 260		-533 661 650	348 053 840	161 000 000	693 858 230			26 857 260		-533 356 250	348 359 240

(二) 银河房产合并财务报表

1. 银河房产2011年12月31日合并资产负债表如表11-5所示。

表11-5　银河房产2011年12月31日合并资产负债表　　　　　（单位：元）

资产	期末数	年初数	负债和股东权益	期末数	年初数
流动资产：			流动负债：		
货币资金	491 015 769	2 441 373 434	短期借款	100 000 000	355 000 000
交易性金融资产	0	7 000 000	应付票据	0	0
应收票据	0	0	应付账款	729 852 571	779 067 520
应收账款	8 134 170	3 974 470	预收款项	4 647 189 172	4 749 794 530
预付款项	956 226 651	347 397 000	应付职工薪酬	13 161 810	12 298 900
应收利息	0	0	应交税费	19 532 391	12 530 260
应收股利	15 720 000	0	应付利息	37 227 928	27 907 120
其他应收款	314 204 464	207 859 750	应付股利	0	0
存货	9 283 717 705	8 155 778 880	其他应付款	1 382 083 754	1 603 259 780
一年内到期的非流动资产	0	0	一年内到期的非流动负债	1 478 500 000	1 051 940 000
其他流动资产	0	4 730 390	其他流动负债	363 579 624	238 908 190
流动资产合计	11 069 018 759	11 168 113 924	流动负债合计	8 771 127 250	8 830 706 300
非流动资产：			非流动负债：		
可供出售金融资产	0	0	长期借款	1 875 905 420	2 253 000 000
持有至到期投资	0	0	应付债券	0	0
长期应收款	823 925 572	679 001 380	长期应付款	5 842 024	5 866 600
长期股权投资	321 838 195	291 862 595	专项应付款	0	0
投资性房地产	41 078 290	7 952 930	预计负债	233 543	591 270
固定资产	79 760 824	84 903 740	递延所得税负债	0	0
在建工程	0	0	其他非流动负债	0	0
工程物资	0	0	非流动负债合计	1 881 980 987	2 259 457 870
固定资产清理	0	0	负债合计	10 653 108 237	11 090 164 170
无形资产	27 423 205	46 116 000	股东权益：		
开发支出	0	0	股本	391 200 000	391 200 000
商誉	0	0	资本公积	759 225	759 225
长期待摊费用	4 900 821	733 330	减：库存股	0	0
递延所得税资产	202 735 480	200 313 980	盈余公积	170 124 465	118 019 919
其他非流动资产	0	0	未分配利润	1 197 571 419	728 630 505
			归属于母公司所有者权益合计	1 759 655 109	1 238 609 649

(续表)

资产	期末数	年初数	负债和股东权益	期末数	年初数
			少数股东权益	157 917 800	150 224 060
非流动资产合计	1 501 662 387	1 310 883 955	所有者权益合计	1 917 572 909	1 388 833 709
资产总计	12 570 681 146	12 478 997 879	负债和所有者权益总计	12 570 681 146	12 478 997 879

2. 银河房产 2011 年度合并利润表如表 11-6 所示。

表 11-6 银河房产 2011 年度合并利润表 （单位：元）

项目	本期金额	上期金额
一、营业收入	4 106 759 400	4 459 094 000
减：营业成本	2 738 606 800	3 319 091 000
营业税金及附加	422 660 300	338 538 600
销售费用	122 684 600	138 216 900
管理费用	140 283 200	145 136 400
财务费用	49 590 400	78 963 600
资产减值损失	9 686 000	6 445 300
加：公允价值变动收益（损失以"－"号填列）	0	0
投资收益（损失以"－"号填列）	83 458 300	155 034 100
其中：对联营企业和合营企业的投资收益	29 975 600	9 141 100
汇兑收益（损失以"－"号填列）		
二、营业利润（亏损以"－"号填列）	706 706 400	587 736 300
加：营业外收入	15 755 900	31 356 300
减：营业外支出	13 232 200	14 555 700
其中：非流动资产处置损失	498 700	14 555 700
三、利润总额（亏损总额以"－"号填列）	709 230 100	604 536 900
减：所得税费用	180 490 900	151 134 225
四、净利润（净亏损以"－"号填列）	528 739 200	453 402 675
其中：被合并方在合并前实现的净利润	0	0
归属于母公司所有者的净利润	521 045 460	444 826 190
少数股东损益	7 693 740	8 576 485
五、每股收益		
（一）基本每股收益	1.33	1.14
（二）稀释每股收益	1.33	1.14
六、其他综合收益	0	0
七、综合收益总额	528 739 200	453 402 675
归属于母公司所有者的综合收益总额	521 045 460	444 826 190
归属于少数股东的综合收益总额	7 693 740	8 576 485

3. 银河房产 2011 年度合并所有者权益变动表如表 11-7 所示。

表 11-7 银河房产 2011 年度合并所有者权益变动表

(单位：元)

项目	本期金额 归属于母公司所有者权益 实收资本(或股本)	资本公积	减:库存股	专项储备	盈余公积	一般风险准备	未分配利润	其他	少数股东权益	所有者权益合计	上年同期金额 归属于母公司所有者权益 实收资本(或股本)	资本公积	减:库存股	专项储备	盈余公积	一般风险准备	未分配利润	其他	少数股东权益	所有者权益合计
一、上年末余额	391 200 000	759 225			118 019 919		728 630 505		150 224 060	1 388 833 709	391 200 000	759 225			73 537 300		328 286 934		141 647 575	935 431 034
加:会计政策变更																				
前期差错更正																				
其他																				
二、本年年初余额	391 200 000	759 225			118 019 919		728 630 505		150 224 060	1 388 833 709	391 200 000	759 225			73 537 300		328 286 934		141 647 575	935 431 034
三、本期增减变动金额(减少以"-"号填列)					52 104 546		468 940 914		7 693 740	528 739 200					44 482 619		400 343 571		8 576 485	453 402 675
(一)净利润							521 045 460		7 693 740	528 739 200							444 826 190		8 576 485	453 402 675
(二)其他综合收益																				
上述(一)和(二)小计							521 045 460		7 693 740	528 739 200							444 826 190		8 576 485	453 402 675
(三)所有者投入和减少资本																				
1. 所有者投入资本																				
2. 股份支付计入所有者权益的金额																				
3. 其他																				
(四)利润分配					52 104 546		-52 104 546								44 482 619		-44 482 619			
1. 提取盈余公积					52 104 546		-52 104 546								44 482 619		-44 482 619			
2. 提取一般风险准备																				
3. 对所有者(或股东)的分配																				
4. 其他																				
(五)所有者权益内部结转																				
1. 资本公积转增资本(或股本)																				
2. 盈余公积转增资本(或股本)																				
3. 盈余公积弥补亏损																				
4. 其他																				
(六)专项储备																				
(七)其他																				
四、本期末余额	391 200 000	759 225			170 124 465		1 197 571 419		157 917 800	1 917 572 909	391 200 000	759 225			118 019 919		728 630 505		150 224 060	1 388 833 709

第六部分　实验要求

▶ 一、银星股份个别报表工作底稿(资产负债表、利润表和所有者权益变动表)

注：在实务中，2011年度银星股份个别报表中已计入当年反向购买会计处理结果。但为了让实验者练习反向购买交易的会计处理，故增加该项实验步骤。假设2011年12月30日、31日银星股份仅发生非公开发行股份，支付上市酒会费、证券承销及保荐费等经济业务，无其他经济业务影响，12月30日之前所发生交易或事项的会计处理均已完成。

1. 反向购买分录表。
2. 本年度银星股份个别报表工作底稿(资产负债表、利润表和所有者权益变动表项目)。

▶ 二、银星股份个别财务报表

1. 银星股份2011年12月31日资产负债表。
2. 银星股份2011年度利润表。
3. 银星股份2011年度所有者权益变动表。

▶ 三、银星股份合并工作底稿(资产负债表、利润表和所有者权益变动表)

1. 股份结构及商誉计算表。
2. 调整分录表(对银星股份个别财务报表、银河房产合并财务报表调整)。
3. 内部抵销分录表。
4. 上年度合并工作底稿(资产负债表、利润表和所有者权益变动表项目)。
5. 本年度合并工作底稿(资产负债表、利润表和所有者权益变动表项目)。
6. 合并利润表基本每股收益计算表。

▶ 四、银星股份合并财务报表

1. 银星股份2011年12月31日合并资产负债表。
2. 银星股份2011年度合并利润表。
3. 银星股份2011年度合并所有者权益变动表。

第七部分　案例思考题

1. 在本案例中，你认定哪家公司为反向购买交易中的购买方？为什么？
2. 对于我国会计规范关于反向购买交易中购买方认定条件的规定，你认为是否合理、严谨、全面？请说明理由。你有何改进的建议？
3. 本案例中的反向购买交易是否构成业务？为什么？
4. 根据我国有关反向购买时商誉确认与计量的会计规范，请分析若"壳公司"保留小规模业务而确认巨额商誉的合理性。对于如何划分"壳公司"价值和构成业务的资产溢价，你有何建议？
5. 如果"壳公司"的经营状况不佳，甚至未分配利润为巨额负数，请分析反向购买交易可能会产生什么后果？

6. 在本案例中，法律上的母公司星光科技购买银河控股所持有的银河房产100%股权，作为对价而定向增发的64 400万股股票是如何计算出来的？

7. 结合本案例和证监会公告〔2011〕41号，计算会计上母公司的合并成本时，可以采用哪些计量基础？试分析其利弊及适用性。

8. 结合本案例，说明反向购买情况下个别财务报表与合并财务报表的报告主体有何不同。反向购买在会计处理上有何难点？你如何看待这一问题？

9. 结合本案例，说明反向购买情况下每股收益的计算有何特点。

10. 在本案例中，银星股份的合并财务报表中是否应当列报少数股东权益？为什么？

11. 若法律上被购买方的有关股东在合并过程中未将其持有的股份转换为对法律上母公司股份的，此类股东享有法律上被购买方的权益在合并财务报表中应当如何列报与计量？

12. 通过本案例的实验，你有哪些收获？

实验步骤及指导

▶ 一、实验准备

（一）熟悉案例公司有关资料

阅读案例公司有关原始凭证与其他资料，熟悉案例公司的会计政策与会计估计，了解实验要求。

（二）熟悉会计规范和其他相关法规

1. 我国有关企业会计准则。

（1）《企业会计准则第 2 号——长期股权投资》、《企业会计准则第 8 号——资产减值》、《企业会计准则第 18 号——所得税》、《企业会计准则第 20 号——企业合并》、《企业会计准则第 33 号——合并财务报表》。

（2）《企业会计准则——应用指南》。

（3）《企业会计准则解释第 1 号》、《企业会计准则解释第 2 号》、《企业会计准则解释第 3 号》、《企业会计准则解释第 4 号》、《企业会计准则解释第 5 号》。

（4）《企业会计准则讲解（2010）》。

2. 其他相关法规。

（1）财政部关于做好执行会计准则企业 2008 年年报工作的通知（财会函[2008]60 号）。

（2）财政部关于执行企业会计准则的上市公司和非上市企业做好 2009 年年报工作的通知（财会[2009]16 号）。

（3）关于非上市公司购买上市公司股权实现间接上市会计处理的复函（财会便[2009]17 号）。

（4）财政部关于执行企业会计准则的上市公司和非上市企业做好 2010 年年报工作的通知（财会[2010]25 号）。

（5）财政部关于做好执行企业会计准则的企业 2011 年年报监管工作的通知（财会[2011]25 号）。

（6）关于做好执行企业会计准则的企业 2012 年年报工作的通知（财会[2012]25 号）。

（7）关于企业重组业务企业所得税处理若干问题的通知（财税[2009]59 号）。

（8）《公开发行证券的公司信息披露编报规则第 9 号——净资产收益率和每股收益的计算及披露》（2010 年修订）（证监会公告[2010]2 号）。

3. 国际财务报告准则有关规范。

（1）国际会计准则第 27 号——合并财务报表和单独财务报表。

（2）国际财务报告准则第 3 号——企业合并。

（3）国际财务报告准则第 10 号——合并财务报表。

二、完成案例公司特定业务的会计处理与个别财务报表(仅实验十、实验十一要求编制)

实验十和实验十一要求对吸收合并、子公司注销变为分公司、反向购买等特定业务进行会计处理,编制有关会计分录,完成报告期末有关公司个别财务报表的编制。

在实务中,有关公司个别财务报表中已计入当年发生上述特定业务的会计处理结果。为了有利于掌握特定经济业务或事项的会计处理与列报,在实验十与实验十一所提供的有关个别财务报表中,报告年度案例公司除上述特定业务之外,其余交易或事项的会计处理均已完成,但需要实验者对有关特定业务进行会计处理并完成个别财务报表的列报。

三、编制完成合并工作底稿

(一) 在合并工作底稿中调整子公司个别财务报表

(1) 根据案例公司股权登记簿,对有关资产的公允价值变动,编制对有关子公司个别财务报表的调整分录。同一个报表项目可能涉及多项调整,为了便于检查,调整分录可以在调整分录表中进行。

操作提示:部分实验项目中,有些子公司系以新设方式成立,其资产、负债的初始确认价值可以视为购买日公允价值,编制合并财务报表时不需要再对其计量基础进行调整。

(2) 调整分录编制完成后,过入合并工作底稿有关子公司个别财务报表的"调整过程"栏目,以计算个别财务报表各项目"调整后"栏目金额,完成合并工作底稿中调整后的子公司个别财务报表。

操作提示:在合并工作底稿中按照可辨认净资产公允价值调整子公司个别财务报表时,统一采用"资本公积"作为净资产的调整项目,该项资本公积在进行内部抵销时予以抵销。合并工作底稿中"未分配利润——本期增减变动"的明细项目"净利润/归属于母公司股东的净利润",在个别报表中是指"净利润",在合并财务报表中是指"归属于母公司股东的净利润"。

(二) 在合并工作底稿中调整母公司个别财务报表

(1) 个别实验项目(如实验四)在调整母公司个别财务报表之前,还需要先编制"初次投资账面价值与购买日公允价值的差额计算表",然后据此编制相关长期股权投资与投资收益的调整分录。

(2) 根据调整后的子公司个别财务报表,按照权益法的要求编制调整分录,完成合并工作底稿中母公司个别财务报表的调整。

操作提示:为了便于编制合并所有者权益变动表,对于以前年度子公司的净损益和其他权益变动(如有变动),分别调整"未分配利润——年初"、"资本公积——年初"项目的金额。在合并财务报表中按照权益法调整投资收益,不调整盈余公积的提取数。

(三) 编制合并工作底稿中内部抵销分录

(1) 完成相关的商誉计算表(仅实验四、实验十一要求编制)。

基于实验四的分步实现企业合并交易的会计实务,在进行内部抵销前,需先编制"通过多次交易分步实现非同一控制下企业合并的商誉计算表",以便于在抵销子公司所有者权益与相关长期股权投资时据此确认合并商誉。

基于实验十一的反向购买交易的会计实务,在进行内部抵销前,需先编制"股份结构及商誉计算表",以便于在抵销子公司所有者权益与相关长期股权投资时据此确认合并商誉。

(2) 根据调整后的各公司个别财务报表及集团内部交易情况,在抵销分录表中编制有关的内部抵销分录,过入合并工作底稿的"抵销分录"栏目。

操作提示:为了便于编制合并所有者权益变动表,对于"股本"、"资本公积"、"盈余公积"和"少数股东权益"的年末数抵销,在抵销分录中应分别抵销各项目"年初"、"本期增减变动"(如有变动)等明细项目。未分配利润年初数、本期增减变动和年末数的抵销直接抵销该项目的"年初"、"本期增减变动"(如有变动)和"期末"等明细项目。

(3) 填列少数股东损益和少数股东权益调整计算表,据此编制少数股东分摊内部逆流交易未实现损益的调整分录,调整相关少数股东损益与少数股东权益,过入合并工作底稿的"抵销分录"栏目。

操作提示:实验七涉及多家子公司和子公司超额亏损,为了便于调整相关少数股东损益与少数股东权益,该项实验要求编制的"少数股东损益及权益调整计算表",内容及格式与其他实验项目要求编制的有所不同,可采用此表的实验七专用格式。

(四) 完成合并工作底稿的编制

操作提示:合并工作底稿"抵销分录"栏中,"未分配利润——本期增减变动"的明细项目"归属于母公司股东的净利润"的借方金额应为"净利润"和"少数股东损益"项目的借方金额合计;"未分配利润——本期增减变动"的明细项目"归属于母公司股东的净利润"的贷方金额应为"净利润"和"少数股东损益"项目的贷方金额合计。

四、编制案例公司的合并财务报表

为减少重复的实验工作量,除实验一要求编制合并资产负债表、合并利润表、合并所有者权益变动表与合并现金流量表以外,其他实验项目不要求编制所有种类的合并财务报表,请根据实验要求完成要求编制的合并财务报表种类。

需要注意的是,由于实验十一的内容涉及反向购买交易,在编制合并利润表之前,需先填列"合并利润表基本每股收益计算表",据此列报每股收益。

空白表格样式

由于教材篇幅所限,本教材只提供表格样式。

▶ 一、专项计算表

1. 初次投资账面价值与购买日公允价值的差额计算表(仅供实验四使用)。

初次投资账面价值与购买日公允价值的差额计算表　　　　　（单位：元）

项目	内容	金额
一、购买日启明机械净资产公允价值及其调整	购买日启明机械净资产的公允价值	
	减:8月末内部逆流交易未实现损益	
	加:8月末内部逆流交易未实现损益在合并财务报表层面的所得税影响	
	调整后购买日启明机械净资产的公允价值	
二、长期股权投资(49%股权)调整差额	初次投资(49%股权)购买日的公允价值	
	购买日之前长期股权投资账面价值	
	差额	

2. 通过多次交易分步实现非同一控制下企业合并的商誉计算表(仅供实验四使用)。

通过多次交易分步实现的非同一控制下企业合并商誉计算表　　　　　（单位：元）

项目	内容	金额
一、购买日长期股权投资账面价值	初次投资(49%股权)购买日的公允价值	
	追加投资(46%股权)的新增投资成本	
	合计	
二、购买日享有启明机械可辨认净资产公允价值	购买日启明机械可辨认净资产公允价值	
	减:8月末逆流未实现利润	
	加:8月末逆流未实现利润在合并财务报表层面对所得税的影响	
	调整后购买日启明机械可辨认净资产公允价值	
	应享有购买日启明机械可辨认净资产公允价值的份额(95%)	
三、商誉	—	

3. 股份结构及商誉计算表(仅供实验十一使用)。

股份结构及商誉计算表

项 目	内 容	金 额
一、定向增发数量及股数占比	星光科技定向增发前股份数量	
	星光科技定向增发的股份数量	
	星光科技定向增发后股份数量	
	星光科技定向增发股数占发行后总股份数量比例	
	定向增发后银河控股持有星光科技的股份数量	
	定向增发后银河控股持有星光科技的股权比例	
二、模拟发行股份数量	银河房产原股份数量	
	银河房产原股份数量占模拟发行后股份总数的比例	
	银河房产模拟发行股份后股份总数	
	银河房产模拟发行股份数量	
	星光科技老股东1股股份可换入银河房产股份数	
三、企业合并成本	购买日银星股份股票当日收盘价	
	企业合并成本	
四、商誉	可辨认净资产公允价值	
	商誉	

4. 合并利润表基本每股收益计算表(仅供实验十一使用)。

合并利润表基本每股收益计算表

项 目	内 容	金 额
基本每股收益本年数	年初至购买日发行在外的普通股数量	
	购买日至年末发行在外的普通股数量	
	发行在外普通股加权平均数	
	本年归属于母公司所有者的净利润	
	基本每股收益本年数	
基本每股收益上年数	上年归属于母公司所有者的净利润	
	基本每股收益上年数	

二、少数股东损益和少数股东权益调整计算表

1. 少数股东损益和少数股东权益调整计算表。

少数股东损益和少数股东权益调整计算表 （单位：元）

单 位	项 目		子公司净利润	合并净利润中少数股东损益
子公司××	持股比例（××月××日前）		—	
	持股比例（××月××日前）		—	
	按合并日公允价值调整后净利润份额（××月××日至××月××日）（未分担内部交易未实现损益）			
	按合并日公允价值调整后净利润份额（××月××日至××月××日）（未分担内部交易未实现损益）			
	抵销过程	内部购销交易的抵销		
		内部交易抵销的所得税影响		
		计提坏账准备的抵销		
		抵销坏账准备的所得税影响		
		内部未实现损益抵销小计		
	抵销内部未实现损益后净利润份额			
子公司××	持股比例		—	
	按合并日公允价值调整后净利润份额（未分担内部交易未实现损益）			
	抵销过程	内部购销交易的抵销		
		内部交易抵销的所得税影响		
		计提坏账准备的抵销		
		抵销坏账准备的所得税影响		
		内部未实现损益抵销小计		
	抵销内部未实现损益后净利润份额			
少数股东损益（未分担内部交易未实现损益）合计				
减：少数股东损益（已分担内部交易未实现损益）合计				
少数股东损益调整金额（应分担的内部交易未实现损益）合计				
对于本年度少数股东损益的调整分录：（同时调整少数股东权益和损益）				
对于以前年度少数股东损益的调整分录：（同时调整年初少数股东权益和未分配利润）				

2. 少数股东损益和少数股东权益调整计算表(仅供实验七使用)。

少数股东损益和少数股东权益调整计算表 （单位：元）

年份	项目	NO.1店	NO.2店	NO.3店	NO.4店	合计
2010	年初纳入合并财务报表的净资产	11 908 500	1 185 070	−661 070	−2 066 780	10 365 720
	纳入合并财务报表的净利润					
	期末纳入合并财务报表的净资产					
	少数股东股权比例					
	少数股东权益——年初					
	少数股东损益					
	归属于少数股东的其他综合收益					
	少数股东投入或减少资本					
	对少数股东的利润分配					
	少数股东权益——期末					
2011	纳入合并财务报表的净利润					
	年末纳入合并财务报表的净资产					
	少数股东股权比例					
	少数股东权益——年初					
	少数股东损益					
	归属于少数股东的其他综合收益					
	少数股东投入或减少资本					
	对少数股东的利润分配					
	少数股东权益——期末					

三、会计处理分录表和合并工作底稿

(一) 会计处理分录表(或调整分录表、抵销分录表)

会计处理分录表(或调整分录表、抵销分录表)　　　　　　(单位:元)

序号	分录摘要	报表项目	金额	
			借方	贷方
对上年度数据调整/抵销:				
对本年度数据调整/抵销或编制本年度会计分录:				

(二) 合并工作底稿

为节约版面,个别报表工作底稿及上年度合并工作底稿请参照本年度合并工作底稿编制;若子公司数目较多,请参照标准格式自行增加。

1. 合并工作底稿(资产负债表、利润表及所有者权益变动表项目)。

本年度合并工作底稿(资产负债表、利润表及所有者权益变动表项目)

(单位: 元)

项目	子公司××个别报表			母公司个别报表			合并范围内个别报表合计金额	抵销分录		合并金额
	调整前	调整过程	调整后	调整前	调整过程	调整后		借方	贷方	
(利润表项目)										
营业收入										
营业成本										
营业税金及附加										
销售费用										
管理费用										
财务费用										
资产减值损失										
公允价值变动收益										
投资收益										
其中:对联营企业和合营企业的投资收益										
营业利润										
营业外收入										
营业外支出										
其中:非流动资产处置损失										
利润总额										
所得税费用										
净利润										

项目												
其中：被合并方在合并前实现的净利润												
归属于母公司股东的净利润												
少数股东损益												
其他综合收益												
综合收益总额												
归属于母公司股东的综合收益总额												
归属于少数股东的综合收益总额												
（所有者权益变动表项目）												
未分配利润——年初												
其中：前期差错更正												
其他												
未分配利润——本期增减变动												
其中：净利润/归属于母公司股东的利润												
提取盈余公积												
对股东的分配												
股东投入或减少资本												
其他												
未分配利润——期末												
少数股东权益——年初												
其中：前期差错更正												
其他												
少数股东权益——本期增减变动												
其中：少数股东损益												

(续表)

项　目	子公司×××个别报表			子公司×××个别报表			母公司个别报表			合并范围内个别报表合计金额	抵销分录		合并金额
	调整前	调整过程	调整后	调整前	调整过程	调整后	调整前	调整过程	调整后		借方	贷方	
归属于少数股东的其他综合收益													
少数股东投入或减少资本													
对少数股东的利润分配													
少数股东权益——期末													
股本——年初													
其中：前期差错更正													
其他													
股本——本期增减变动													
股本——期末													
资本公积——年初													
资本公积——本期增减变动													
其中：资本溢价													
其他综合收益													
资本公积——期末													
盈余公积——年初													
其中：前期差错更正													
其他													
盈余公积——本期增减变动													
其中：提取盈余公积													

股东投入或减少资本													
其他													
盈余公积——期末													
（资产负债表项目）													
流动资产：													
货币资金													
交易性金融资产													
应收票据													
应收账款													
其中：应收××账款													
预付款项													
应收利息													
应收股利													
其他应收款													
存货													
其中：向××购入存货													
向××购入存货													
一年内到期的非流动资产													
其他流动资产													
流动资产合计													
非流动资产：													
可供出售金融资产													
持有至到期投资													

(续表)

项目	子公司×××个别报表			子公司×××个别报表			母公司个别报表			合并范围内个别报表合计金额	抵销分录		合并金额
	调整前	调整过程	调整后	调整前	调整过程	调整后	调整前	调整过程	调整后		借方	贷方	
长期应收款													
长期股权投资													
其中:对××投资													
对××投资													
投资性房地产													
固定资产													
其中:向××购入固定资产													
在建工程													
工程物资													
固定资产清理													
无形资产													
开发支出													
商誉													
长期待摊费用													
递延所得税资产													
其他非流动资产													
非流动资产合计													
资产总计													
流动负债:													

短期借款																		
应付票据																		
应付账款																		
其中：应付××账款																		
预收款项																		
应付职工薪酬																		
应交税费																		
应付利息																		
应付股利																		
其他应付款																		
一年内到期的流动负债																		
其他流动负债																		
流动负债合计																		
非流动负债：																		
长期借款																		
应付债券																		
长期应付款																		
专项应付款																		
预计负债																		
递延所得税负债																		
其他非流动负债																		
非流动负债合计																		
负债合计																		

(续表)

项目	子公司××个别报表			母公司个别报表			合并范围内个别报表合计金额	抵销分录		合并金额
	调整前	调整过程	调整后	调整前	调整过程	调整后		借方	贷方	
股东权益：										
股本										
资本公积										
减：库存股										
盈余公积										
未分配利润										
少数股东权益										
股东权益合计										
负债和股东权益总计										

2. 合并工作底稿（现金流量表项目）。

合并工作底稿（现金流量表项目） （单位：元）

项　目	子公司×× 个别报表	子公司×× 个别报表	母公司 个别报表	合并范围内 个别报表 合计金额	抵销分录 借方	抵销分录 贷方	合并金额
经营活动产生的现金流量							
销售商品、提供劳务收到的现金							
收到的税费返还							
收到其他与经营活动有关的现金							
经营活动现金流入小计							
购买商品、接受劳务支付的现金							
支付给职工以及为职工支付的现金							
支付的各项税费							
支付其他与经营活动有关的现金							
经营活动现金流出小计							
经营活动产生的现金流量净额							
投资活动产生的现金流量							
收回投资收到的现金							
取得投资收益收到的现金							
处置固定资产、无形资产和其他长期资产收回的现金净额							
处置子公司及其他营业单位收到的现金净额							
收到其他与投资活动有关的现金							
投资活动现金流入小计							
购建固定资产、无形资产和其他长期资产支付的现金							
投资支付的现金							
取得子公司及其他营业单位支付的现金净额							
支付其他与投资活动有关的现金							
投资活动现金流出小计							
投资活动产生的现金流量净额							

(续表)

项目	子公司×× 个别报表	子公司×× 个别报表	母公司 个别报表	合并范围内个别报表合计金额	抵销分录 借方	抵销分录 贷方	合并金额
筹资活动产生的现金流量							
吸收投资收到的现金							
其中：子公司吸收少数股东投资收到的现金							
取得借款收到的现金							
发行债券收到的现金							
收到其他与筹资活动有关的现金							
筹资活动现金流入小计							
偿还债务支付的现金							
分配股利、利润或偿付利息支付的现金							
其中：子公司支付给少数股东的股利、利润							
支付其他与筹资活动有关的现金							
筹资活动现金流出小计							
筹资活动产生的现金流量净额							
汇率变动对现金的影响额							
现金及现金等价物净增加额							
期初现金及现金等价物余额							
期末现金及现金等价物余额							

四、个别财务报表和合并财务报表

（一）个别财务报表

1. 资产负债表。

××公司 2011 年 12 月 31 日资产负债表　　　　　　　　　（单位：元）

资　　产	期末数	年初数	负债和股东权益	期末数	年初数
流动资产：			流动负债：		
货币资金			短期借款		
交易性金融资产			应付票据		

(续表)

资　　产	期末数	年初数	负债和股东权益	期末数	年初数
应收票据			应付账款		
应收账款			预收款项		
预付款项			应付职工薪酬		
应收利息			应交税费		
应收股利			应付利息		
其他应收款			应付股利		
存货			其他应付款		
一年内到期的非流动资产			一年内到期的非流动负债		
其他流动资产			其他流动负债		
流动资产合计			流动负债合计		
非流动资产：			非流动负债：		
可供出售金融资产			长期借款		
持有至到期投资			应付债券		
长期应收款			长期应付款		
长期股权投资			专项应付款		
投资性房地产			预计负债		
固定资产			递延所得税负债		
在建工程			其他非流动负债		
工程物资			非流动负债合计		
固定资产清理			负债合计		
无形资产			股东权益：		
开发支出			股本		
商誉			资本公积		
长期待摊费用			减：库存股		
递延所得税资产			盈余公积		
其他非流动资产			未分配利润		
非流动资产合计			股东权益合计		
资产总计			负债和股东权益总计		

2. 利润表。

××公司 2011 年度利润表　　　　　　　　　　　　　　（单位：元）

项　　　　目	本 期 金 额	上 期 金 额
一、营业收入		
减：营业成本		
营业税金及附加		
销售费用		
管理费用		
财务费用		
资产减值损失		
加：公允价值变动收益（损失以"－"号填列）		
投资收益（损失以"－"号填列）		
其中：对联营企业和合营企业的投资收益		
汇兑收益（损失以"－"号填列）		
二、营业利润（亏损以"－"号填列）		
加：营业外收入		
减：营业外支出		
其中：非流动资产处置损失		
三、利润总额（亏损总额以"－"号填列）		
减：所得税费用		
四、净利润（净亏损以"－"号填列）		
五、每股收益		
（一）基本每股收益		
（二）稀释每股收益		
六、其他综合收益		
七、综合收益总额		

3. 所有者权益变动表。

××公司 2011 年度所有者权益变动表

(单位：元)

项　目	本　期　金　额							上　年　金　额						
	实收资本（或股本）	资本公积	减：库存股	专项储备	盈余公积	一般风险准备	未分配利润	所有者权益合计	实收资本（或股本）	资本公积	减：库存股	专项储备	盈余公积	一般风险准备	未分配利润	所有者权益合计
一、上年年末余额																
加：会计政策变更																
前期差错更正																
其他																
二、本年年初余额																
三、本期增减变动金额（减少以"-"号填列）																
（一）净利润																
（二）其他综合收益																
上述（一）和（二）小计																
（三）所有者投入和减少资本																
1. 所有者投入资本																
2. 股份支付计入所有者权益的金额																
3. 其他																
（四）利润分配																
1. 提取盈余公积																
2. 提取一般风险准备																
3. 对所有者（或股东）的分配																
4. 其他																
（五）所有者权益内部结转																
1. 资本公积转增资本（或股本）																
2. 盈余公积转增资本（或股本）																
3. 盈余公积弥补亏损																
4. 其他																
（六）专项储备																
（七）其他																
四、本期期末余额																

（二）合并财务报表

1. 合并资产负债表。

20××年12月31日合并资产负债表 （单位：元）

资　产	期末数	年初数	负债和股东权益	期末数	年初数
流动资产：			流动负债：		
货币资金			短期借款		
交易性金融资产			应付票据		
应收票据			应付账款		
应收账款			预收款项		
预付款项			应付职工薪酬		
应收利息			应交税费		
应收股利			应付利息		
其他应收款			应付股利		
存货			其他应付款		
一年内到期的非流动资产			一年内到期的非流动负债		
其他流动资产			其他流动负债		
流动资产合计			流动负债合计		
非流动资产：			非流动负债：		
可供出售金融资产			长期借款		
持有至到期投资			应付债券		
长期应收款			长期应付款		
长期股权投资			专项应付款		
投资性房地产			预计负债		
固定资产			递延所得税负债		
在建工程			其他非流动负债		
工程物资			非流动负债合计		
固定资产清理			负债合计		
无形资产			股东权益：		
商誉			股本①		
长期待摊费用			资本公积		

(续表)

资　　产	期末数	年初数	负债和股东权益	期末数	年初数
递延所得税资产			减：库存股		
其他非流动资产			盈余公积		
非流动资产合计			未分配利润		
			归属于母公司所有者权益合计		
			少数股东权益		
			股东权益合计		
资产总计			负债和股东权益总计		

① 实验十一应在此处备注股份数。

2. 合并利润表。

20××年度合并利润表　　　　　　　　　　　　（单位：元）

项　　　　目	本 期 金 额	上 期 金 额
一、营业收入		
减：营业成本		
营业税金及附加		
销售费用		
管理费用		
财务费用		
资产减值损失		
加：公允价值变动收益（损失以"－"号填列）		
投资收益（损失以"－"号填列）		
其中：对联营企业和合营企业的投资收益		
汇兑收益（损失以"－"号填列）		
二、营业利润（亏损以"－"号填列）		
加：营业外收入		
减：营业外支出		
其中：非流动资产处置损失		
三、利润总额（亏损总额以"－"号填列）		
减：所得税费用		

(续表)

项　　　目	本 期 金 额	上 期 金 额
四、净利润（净亏损以"－"号填列）		
其中：被合并方在合并前实现的净利润		
归属于母公司所有者的净利润		
少数股东损益		
五、每股收益		
（一）基本每股收益		
（二）稀释每股收益		
六、其他综合收益		
七、综合收益总额		
归属于母公司所有者的综合收益总额		
归属于少数股东的综合收益总额		

3. 合并现金流量表。

20××年度合并现金流量表　　　　　　　　（单位：元）

项　　　目	本 期 金 额	上 期 金 额
一、经营活动产生的现金流量		
销售商品、提供劳务收到的现金		
收到的税费返还		
收到其他与经营活动有关的现金		
经营活动现金流入小计		
购买商品、接受劳务支付的现金		
支付给职工以及为职工支付的现金		
支付的各项税费		
支付其他与经营活动有关的现金		
经营活动现金流出小计		
经营活动产生的现金流量净额		
二、投资活动产生的现金流量		
收回投资收到的现金		
取得投资收益收到的现金		

(续表)

项　　　目	本期金额	上期金额
处置固定资产、无形资产和其他长期资产收回的现金净额		
处置子公司及其他营业单位收到的现金净额		
收到其他与投资活动有关的现金		
投资活动现金流入小计		
购建固定资产、无形资产和其他长期资产支付的现金		
投资支付的现金		
取得子公司及其他营业单位支付的现金净额		
支付其他与投资活动有关的现金		
投资活动现金流出小计		
投资活动产生的现金流量净额		
三、筹资活动产生的现金流量		
吸收投资收到的现金		
其中：子公司吸收少数股东投资收到的现金		
取得借款收到的现金		
发行债券收到的现金		
收到其他与筹资活动有关的现金		
筹资活动现金流入小计		
偿还债务支付的现金		
分配股利、利润或偿付利息支付的现金		
其中：子公司支付给少数股东的股利、利润		
支付其他与筹资活动有关的现金		
筹资活动现金流出小计		
筹资活动产生的现金流量净额		
四、汇率变动对现金的影响额		
五、现金及现金等价物净增加额		
加：期初现金及现金等价物余额		
六、期末现金及现金等价物余额		

4. 合并所有者权益变动表。

20××年度合并所有者权益变动表

(单位：元)

项目	本期金额									上年同期金额								
	归属于母公司所有者权益							少数股东权益	所有者权益合计	归属于母公司所有者权益							少数股东权益	所有者权益合计
	实收资本(或股本)	资本公积	减：库存股	专项储备	盈余公积	一般风险准备	未分配利润	其他			实收资本(或股本)	资本公积	减：库存股	专项储备	盈余公积	一般风险准备	未分配利润	其他		
一、上年年末余额																				
加：会计政策变更																				
前期差错更正																				
其他																				
二、本年年初余额																				
三、本期增减变动金额(减少以"-"号填列)																				
(一)净利润																				
(二)其他综合收益																				
上述(一)和(二)小计																				
(三)所有者投入和减少资本																				
1.所有者投入资本																				
2.股份支付计入所有者权益的金额																				
3.其他																				
(四)利润分配																				
1.提取盈余公积																				
2.提取一般风险准备																				
3.对所有者(或股东)的分配																				
4.其他																				
(五)所有者权益内部结转																				
1.资本公积转增资本(或股本)																				
2.盈余公积转增资本(或股本)																				
3.盈余公积弥补亏损																				
4.其他																				
(六)专项储备																				
(七)其他																				
四、本期期末余额																				

部分参考答案

说明：本部分涉及的金额统一以"元"为计量单位，以下不再一一标注。

实验一 非同一控制下企业合并及其合并财务报表

▶ 一、调整分录

1. 按公允价值调整上年度利泉公司个别财务报表。

借：无形资产——办公楼土地使用权　　　　　　　　　　　　　　2 400 000
　　贷：资本公积——2009年增减变动　　　　　　　　　　　　　　2 400 000

2. 调整上年度利泉公司个别财务报表，对无形资产的增值补提折旧。

借：管理费用　　　　　　　　　　　　　　　　　　　　　　　　96 000
　　贷：无形资产——办公楼土地使用权　　　　　　　　　　　　　96 000

▶ 二、合并抵销分录

1. 上年度利华公司对利泉公司长期股权投资与利泉公司所有者权益的抵销。

借：股本——2009年年初　　　　　　　　　　　　　　　　　　70 600 000
　　资本公积——2009年年初　　　　　　　　　　　　　　　　　　60 000
　　资本公积——2009年增减变动　　　　　　　　　　　　　　2 400 000
　　盈余公积——2009年年初　　　　　　　　　　　　　　　　2 392 000
　　盈余公积——2009年增减变动　　　　　　　　　　　　　　　828 750
　　未分配利润——2009年年末　　　　　　　　　　　　　　　17 912 750
　　贷：长期股权投资——对利泉投资　　　　　　　　　　　　　84 774 150
　　　　少数股东权益——2009年增减变动——少数股东投入或减少资本　8 600 200
　　　　少数股东权益——2009年增减变动——少数股东损益　　　　819 150

2. 上年度利华公司对利泉公司的投资收益与利泉公司净损益的抵销。

借：投资收益　　　　　　　　　　　　　　　　　　　　　　　7 372 350
　　少数股东损益　　　　　　　　　　　　　　　　　　　　　　819 150
　　未分配利润——2009年年初　　　　　　　　　　　　　　　10 550 000
　　贷：未分配利润——2009年增减变动——提取盈余公积　　　　　828 750
　　　　未分配利润——2009年年末　　　　　　　　　　　　　17 912 750

3. 上年度利华公司对收购利泉公司的现金流抵销。

借：取得子公司及其他营业单位支付的现金净额   16 660 000
   贷：2009年初现金及现金等价物余额   16 660 000

4. 本年度利华公司对利泉公司长期股权投资与利泉公司所有者权益的抵销。

借：股本——年初   70 600 000
   资本公积——年初   2 460 000
   盈余公积——年初   3 220 750
   盈余公积——本期增减变动   660 750
   未分配利润——期末   20 233 500
  贷：长期股权投资——对利泉投资   87 457 500
    少数股东权益——年初   9 419 350
    少数股东权益——本期增减变动——少数股东损益   651 150
    少数股东权益——本期增减变动——对少数股东利润分配   −353 000

5. 本年度利华公司对利泉公司的投资收益与利泉公司净损益的抵销。

借：投资收益   5 860 350
   少数股东损益   651 150
   未分配利润——年初   17 912 750
  贷：未分配利润——本期增减变动——提取盈余公积   660 750
    未分配利润——本期增减变动——对股东的分配   3 530 000
    未分配利润——期末   20 233 500

6. 本年度抵销利华公司销售存货给申川公司的内部购销交易。

借：营业收入   1 000 000
  贷：营业成本   700 000
    存货——向利华购入PET瓶   300 000

7. 本年度抵销利华公司销售存货给申川公司的内部购销交易的所得税影响。

借：递延所得税资产   75 000
  贷：所得税费用   75 000

8. 本年度抵销利华公司销售存货给申川公司的内部购销交易现金流量。

借：购买商品、接受劳务支付的现金   1 170 000
  贷：销售商品、提供劳务收到的现金   1 170 000

9. 本年度内部固定资产购销交易抵销。

借：营业外收入   630 000
  贷：固定资产——向利华购入仓库   630 000

10. 本年度内部固定资产购销交易毛利所提折旧抵销。

借：固定资产——向利华购入仓库   21 000
  贷：管理费用   21 000

11. 本年度内部固定资产购销交易抵销对所得税的影响。

借：递延所得税资产 152 250
 贷：所得税费用 152 250

12. 本年度抵销内部固定资产购销抵销的现金流量。

借：购建固定资产、无形资产和其他长期资产支付的现金 1 830 000
 贷：处置固定资产、无形资产和其他长期资产收回的现金净额 1 830 000

13. 本年度内部轿车租赁交易抵销。

借：营业收入 80 000
 贷：营业成本 60 000
   管理费用 20 000

14. 本年度内部轿车租赁现金流抵销。

借：支付其他与经营活动有关的现金 80 000
 贷：收到其他与经营活动有关的现金 80 000

三、本年度少数股东损益和少数股东权益调整计算表

1. "利泉公司/抵销内部未实现损益后净利润份额"项目的"少数股东损益"栏目金额为 638 700，即 6 387 000×10%，其中 6 387 000 为 6 511 500（按合并日公允价值调整后净利润）－400 000（内部存货购销交易抵销）＋100 000（内部交易抵销的所得税影响）＋234 000（内部应收账款坏账准备抵销）－58 500（抵销坏账准备的所得税影响）。

2. "申川公司/抵销内部未实现损益后净利润份额"项目的"少数股东损益"栏目金额为 417 500，即 2 087 500×20%，其中 2 087 500 为 2 087 500（按合并日公允价值调整后净利润）＋0（无内部交易未实现损益）。

3. 根据少数股东应分摊的内部交易未实现损益调整少数股东损益及权益。

借：少数股东权益——本期增减变动——少数股东损益 12 450
 贷：少数股东损益 12 450

四、合并财务报表

1. 合并资产负债表。
(1) 存货/期末数：247 090 000
(2) 商誉/期末数：1 048 000
(3) 递延所得税资产/期末数：5 871 250
(4) 盈余公积/期末数：38 966 905
(5) 未分配利润/期末数：216 859 045
(6) 少数股东权益/期末数：14 610 550

2. 合并利润表。
(1) 营业收入/本期金额：1 111 010 000
(2) 营业成本/本期金额：861 850 700
(3) 管理费用/本期金额：75 463 400

(4) 资产减值损失/本期金额：10 736 000
(5) 所得税费用/本期金额：23 033 000
(6) 归属于母公司所有者的净利润/本期金额：64 649 800
(7) 少数股东损益/本期金额：1 056 200

3. 合并现金流量表。
(1) 销售商品、提供劳务收到的现金/本期金额：1 339 812 690
(2) 收到其他与经营活动有关的现金/本期金额：37 363 360
(3) 购买商品、接受劳务支付的现金/本期金额：1 085 136 862
(4) 支付其他与经营活动有关的现金/本期金额：60 215 160
(5) 处置固定资产、无形资产和其他长期资产收回的现金净额/本期金额：33 367 850
(6) 购建固定资产、无形资产和其他长期资产支付的现金/本期金额：79 723 920
(7) 取得子公司及其他营业单位支付的现金净额/本期金额：17 427 580
(8) 分配股利、利润或偿付利息支付的现金/本期金额：36 972 010
(9) 期初现金及现金等价物余额/本期金额：241 192 875

4. 合并所有者权益变动表。
(1) 本期金额——少数股东权益/所有者投入和减少资本/其他：4 488 000
(2) 上年同期金额——少数股东权益/所有者投入和减少资本/其他：8 600 200

实验二　合并财务报表的连续编制

一、合并调整及抵销分录

1. 上年度利华公司按权益法调整对利泉公司的投资。

借：长期股权投资——对利泉投资	12 220 200
贷：投资收益	5 860 350
未分配利润——2009 年年末	7 372 350
未分配利润——前期差错更正	−1 012 500

2. 上年度利华公司对利泉公司长期股权投资与利泉公司所有者权益的抵销。

借：股本——2010 年年初	70 600 000
资本公积——2010 年年初	2 460 000
盈余公积——2009 年年末	3 220 750
盈余公积——前期差错更正	−112 500
盈余公积——2010 年增减变动	660 750
未分配利润——2010 年年末	19 221 000
贷：长期股权投资——对利泉投资	86 445 000
少数股东权益——2009 年年末	9 419 350
少数股东权益——前期差错更正	−112 500
少数股东权益——2010 年增减变动——少数股东损益	651 150
少数股东权益——2010 年增减变动——对少数股东利润分配	−353 000

3. 上年度利华公司对利泉公司的投资收益与利泉公司净损益的抵销。

借：投资收益	5 860 350
少数股东损益	651 150
未分配利润——2009年年末	17 912 750
未分配利润——前期差错更正	−1 012 500
贷：未分配利润——2010年增减变动——提取盈余公积	660 750
未分配利润——2010年增减变动——对股东的分配	3 530 000
未分配利润——2010年年末	19 221 000

4．本年度利华公司购买申川公司少数股权，申川公司成为利华公司全资子公司，可以分别编制利华公司对申川公司的长期股权投资与申川公司股东权益的抵销分录、少数股东权益增减变动分录。

（1）抵销利华公司对申川公司的长期股权投资与申川公司股东权益。

借：股本——年初	10 000 000
资本公积——年初	300 000
盈余公积——年初	698 750
盈余公积——本期增减变动	216 060
未分配利润——期末	14 413 290
商誉	1 048 000
贷：长期股权投资——对申川投资	26 170 380
资本公积——本期增减变动	505 720

（2）因购买申川公司少数股权而调整相关少数股东权益。

借：少数股东权益——本期增减变动——对少数股东的利润分配	200 000
少数股东权益——本期增减变动——少数股东投入或减少资本	5 035 720
贷：少数股东权益——年初	4 905 500
少数股东权益——本期增减变动——少数股东损益	330 220

也可将上述分录合并成一笔抵销分录。

5．本年度对上期内部固定资产购销交易抵销。

借：未分配利润——年初	630 000
贷：固定资产——向利华购入仓库	630 000

6．本年度对上期内部固定资产购销交易毛利所提折旧抵销。

借：固定资产——向利华购入仓库	63 000
贷：管理费用	42 000
未分配利润——年初	21 000

7．本年度对上期内部固定资产购销交易抵销确认所得税影响。

借：递延所得税资产	141 750
所得税费用	10 500
贷：未分配利润——年初	152 250

8．本年度房屋内部租赁的重分类调整。

借：固定资产——向子公司出租房屋　　　　　　　　　　　　　　　9 700 000
　　投资性房地产　　　　　　　　　　　　　　　　　　　（相关折旧）2 640 000
　贷：投资性房地产　　　　　　　　　　　　　　　　　　　　　　9 700 000
　　固定资产——向子公司出租房屋　　　　　　　　　　　（相关折旧）2 640 000

二、本年度少数股东损益和少数股东权益调整计算表

1. "利泉公司/抵销内部未实现损益后净利润份额"项目的"少数股东损益"栏目金额为834 615。
2. "申川公司/抵销内部未实现损益后净利润份额"项目的"少数股东损益"栏目金额为330 220。
3. 本年度对于上年度少数股东损益的连续调整。

借：少数股东权益——年初　　　　　　　　　　　　　　　　　　12 450
　贷：未分配利润——年初　　　　　　　　　　　　　　　　　　12 450

三、合并财务报表

1. 合并资产负债表。
(1) 存货/期末数：313 880 000
(2) 固定资产/期末数：652 604 400
(3) 商誉/期末数：1 048 000
(4) 递延所得税资产/期末数：8 877 450
(5) 盈余公积/期末数：46 054 105
(6) 未分配利润/年初数：215 846 545
(7) 未分配利润/期末数：278 257 260
(8) 少数股东权益/年初数：14 498 050
(9) 少数股东权益/期末数：10 427 165

2. 合并利润表。
(1) 营业收入/本期金额：1 175 820 000
(2) 营业成本/本期金额：906 650 000
(3) 管理费用/本期金额：71 514 000
(4) 资产减值损失/本期金额：12 366 800
(5) 所得税费用/本期金额：27 216 250
(6) 归属于母公司所有者的净利润/本期金额：79 497 915
(7) 少数股东损益/本期金额：1 164 835

3. 合并所有者权益变动表。
(1) 本期金额——资本公积/所有者投入和减少资本/其他：505 720
(2) 本期金额——少数股东权益/所有者投入和减少资本/其他：−5 035 720
(3) 上年同期金额——未分配利润/前期差错更正：−1 012 500
(4) 上年同期金额——少数股东权益/前期差错更正：−112 500

实验三　合并财务报表的编制方法——层层合并法与一次合并法

一、调整分录

1. 层层合并法下,申海公司按权益法调整对申江公司的投资。

借：长期股权投资——对申江投资　　　　　　　　　　　　80 016 896
　　贷：未分配利润——年初　　　　　　　　　　　　　　　60 287 936
　　　　投资收益　　　　　　　　　　　　　　　　　　　　19 728 960

2. 一次合并法下,申海公司按权益法调整对申江公司的投资。

借：长期股权投资——对申江投资　　　　　　　　　　　　80 344 496
　　贷：未分配利润——年初　　　　　　　　　　　　　　　60 287 936
　　　　投资收益　　　　　　　　　　　　　　　　　　　　20 056 560

二、合并抵销分录

一次合并法下,分别抵销申海公司对江山公司长期股权投资与江山公司股东权益的分录,以及对申江公司购买江山公司少数股权差额的分拆。

1. 申海公司对江山公司的长期股权投资与江山公司股东权益的抵销分录。

借：股本——年初　　　　　　　　　　　　　　　　　　　10 000 000
　　资本公积——本期增减变动——资本溢价　　　　　　　　1 016 470
　　盈余公积——年初　　　　　　　　　　　　　　　　　　1 220 500
　　盈余公积——本期增减变动——提取盈余公积　　　　　　　933 000
　　未分配利润——期末　　　　　　　　　　　　　　　　　16 572 300
　　商誉　　　　　　　　　　　　　　　　　　　　　　　　1 232 800
　　贷：长期股权投资——对江山投资　　　　　　　　　　　23 715 620
　　　　少数股东权益——年初　　　　　　　　　　　　　　　7 908 080
　　　　少数股东权益——本期增减变动——少数股东投入或减少资本　-2 965 530
　　　　少数股东权益——本期增减变动——少数股东损益　　　2 316 900

2. 申海公司对申江公司购买江山公司少数股权所产生差额的分拆。

借：少数股东权益——本期增减变动——少数股东投入或减少资本　140 894
　　贷：资本公积——本期增减变动——资本溢价　　　　　　　140 894

也可以将上述分录合并成为一笔抵销分录。

三、本年度少数股东损益及权益调整计算表

1. 层层合并法下,在申江公司合并财务报表层面计算的"江山公司抵销内部未实现损益后净利润份额"项目的"少数股东损益"栏目金额为 2 180 400 元。

2. 层层合并法下,在申江公司合并财务报表层面根据少数股东应分摊的内部交易未实现损益调整少数股东损益及权益。

借：少数股东权益——本期增减变动——少数股东损益　　　　　　　　　　136 500
　　　　贷：少数股东损益　　　　　　　　　　　　　　　　　　　　　　　　136 500

　　3. 一次合并法下，在申海公司合并财务报表层面计算的"江山公司抵销内部未实现损益后净利润份额"项目的"少数股东栏目"金额为 3 488 640 元。

　　4. 一次合并法下，根据少数股东应分摊的内部交易未实现损益调整少数股东损益及权益。

　　借：少数股东权益——本期增减变动——少数股东损益　　　　　　　　　　218 400
　　　　贷：少数股东损益　　　　　　　　　　　　　　　　　　　　　　　　218 400

四、合并财务报表

1. 申江公司合并资产负债表。
(1) 存货/期末数：10 061 000
(2) 商誉/期末数：1 232 800
(3) 递延所得税资产/期末数：673 000
(4) 盈余公积/期末数：10 379 030
(5) 未分配利润/期末数：88 937 620
(6) 少数股东权益/期末数：7 122 950

2. 申江公司合并利润表。
(1) 营业收入/本期金额：381 563 700
(2) 营业成本/本期金额：290 832 600
(3) 所得税费用/本期金额：8 968 000
(4) 归属于母公司所有者的净利润/本期金额：24 661 200
(5) 少数股东损益/本期金额：2 180 400

3. 申江公司合并所有者权益变动表。
(1) 本期金额——盈余公积/所有者投入和减少资本/其他：-704 470
(2) 本期金额——少数股东权益/所有者投入和减少资本/其他：-2 965 530

4. 申海公司合并资产负债表。
(1) 存货/期末数：16 317 500
(2) 商誉/期末数：1 232 800
(3) 递延所得税资产/期末数：1 031 650
(4) 资本公积/期末数：494 311 424
(5) 盈余公积/期末数：618 281 725
(6) 未分配利润/期末数：328 252 421
(7) 少数股东权益/期末数：106 986 280

5. 申海公司合并利润表。
(1) 营业收入/本期金额：921 321 700
(2) 营业成本/本期金额：691 841 600
(3) 所得税费用/本期金额：26 583 500
(4) 归属于母公司所有者的净利润/本期金额：72 575 460
(5) 少数股东损益/本期金额：7 112 640

6. 申海公司合并所有者权益变动表。
(1) 本期金额——资本公积/所有者投入和减少资本/其他：-563 576
(2) 本期金额——少数股东权益/所有者投入和减少资本/其他：-3 106 424

实验四　分步实现企业合并及其合并财务报表

▶ 一、调整分录

1. 按启明机械49%股权在购买日的公允价值调整长期股权投资账面价值。

借：长期股权投资　　　　　　　　　　　　　　　　　　　　　30 508 150
　　贷：投资收益　　　　　　　　　　　　　　　　　　　　　　　30 508 150

其中：30 508 150＝84 960 120（启明机械49%股权投资购买日的公允价值）-54 451 970（调整前长期股权投资账面价值）。

2. 购买日之前持有的启明机械49%股权对应的其他综合收益调整。

借：资本公积——本期增减变动　　　　　　　　　　　　　　　　771 750
　　贷：投资收益　　　　　　　　　　　　　　　　　　　　　　　　771 750

▶ 二、商誉计算表参考答案

商誉＝17 571 420＝164 960 120（购买日对启明机械95%股权长期股权投资的账面价值）-147 388 700（应享有购买日启明机械可辨认净资产公允价值的份额）

▶ 三、合并财务报表

1. 合并资产负债表。
(1) 存货/期末数：86 115 000
(2) 递延所得税资产/期末数：4 195 200
(3) 资本公积/期末数：1 649 510
(4) 未分配利润/期末数：123 723 521
(5) 少数股东权益/期末数：7 813 675
2. 合并利润表。
(1) 营业成本/本期金额：82 759 000
(2) 投资收益/本期金额：32 155 040
(3) 所得税费用/本期金额：7 255 500
(4) 少数股东损益/本期金额：60 125
(5) 其他综合收益/本期金额：-798 240
(6) 归属于少数股东的综合收益总额/本期金额：56 375
3. 合并所有者权益变动表。
(1) 本期金额——资本公积/其他综合收益：-843 000
(2) 本期金额——少数股东权益/所有者投入和减少资本/其他：7 757 300

实验五 同一控制下企业合并及其合并财务报表

▶ 一、调整分录

1. 对运通股份上年度个别财务报表调整：以万达电器2010年年初净资产为基础，模拟对万达电器的投资。

   借：长期股权投资——对万达电器投资　　　　　　　　　　　　　　70 506 000
   　　贷：资本公积——2010年年初　　　　　　　　　　　　　　　　70 506 000

2. 对运通股份上年度个别财务报表进行调整：根据万达电器2010年年初留存收益，按运通股份所拥有份额从资本公积转入。

   借：资本公积——2010年年初　　　　　　　　　　　　　　　　　1 206 000
   　　贷：盈余公积——2010年年初　　　　　　　　　　　　　　　　831 600
   　　　　未分配利润——2010年年初　　　　　　　　　　　　　　　374 400

3. 对运通股份上年度个别财务报表进行调整：根据万达电器2010年实现净利润，按权益法调整对万达电器的投资。

   借：长期股权投资——对万达电器投资　　　　　　　　　　　　　　15 849 000
   　　贷：投资收益　　　　　　　　　　　　　　　　　　　　　　　15 849 000

4. 对运通股份上年度个别财务报表进行调整：根据万达电器2010年净利润提取的盈余公积，对未分配利润的变动作相应调整。

   借：未分配利润——2010年增减变动——提取盈余公积　　　　　　　1 584 900
   　　贷：盈余公积——2010年增减变动　　　　　　　　　　　　　　1 584 900

5. 对运通股份本年度个别财务报表调整：以万达电器2011年年初净资产为基础，模拟以前年度合并万达电器对资本公积的影响，并且在本年度冲销，以反映实际合并对股东权益的影响。

   借：资本公积——本期增减变动　　　　　　　　　　　　　　　　　86 355 000
   　　贷：资本公积——年初(70 506 000+15 849 000)　　　　　　　86 355 000

6. 对运通股份本年度个别财务报表调整：根据万达电器合并日后实现的净利润，对万达电器投资按权益法调整。

   借：长期股权投资——对万达电器投资　　　　　　　　　　　　　　9 026 100
   　　贷：投资收益　　　　　　　　　　　　　　　　　　　　　　　9 026 100

7. 调整运通股份本年度个别财务报表时，对万达电器被合并前留存收益按照运通股份享有的份额从资本公积转入。

   借：资本公积——年初　　　　　　　　　　　　　　　　　　　　　17 055 000
   　　　资本公积——本期增减变动　　　　　　　　　　　　　　　　4 428 000
   　　贷：盈余公积——年初　　　　　　　　　　　　　　　　　　　2 416 500
   　　　　未分配利润——年初　　　　　　　　　　　　　　　　　　14 638 500
   　　　　投资收益　　　　　　　　　　　　　　　　　　　　　　　4 428 000

二、合并财务报表

1. 合并资产负债表。
(1) 盈余公积/年初数：29 729 500
(2) 盈余公积/期末数：33 126 345
(3) 资本公积/年初数：257 781 000
(4) 资本公积/期末数：236 730 000
(5) 少数股东权益/上期金额：83 106 600
(6) 少数股东权益/本期金额：87 062 375

2. 合并利润表。
(1) 被合并方在合并前实现的净利润/上期金额：17 610 000
(2) 被合并方在合并前实现的净利润/本期金额：4 908 750
(3) 归属于母公司所有者的净利润/上期金额：58 509 375
(4) 归属于母公司所有者的净利润/本期金额：50 966 300
(5) 少数股东损益/上期金额：1 761 000
(6) 少数股东损益/本期金额：6 779 775

3. 合并现金流量表。
(1) 期初现金及现金等价物余额/上期金额：234 494 000
(2) 期初现金及现金等价物余额/本期金额：203 750 750

4. 合并所有者权益变动表。
(1) 上年同期金额——资本公积/上年年末余额/其他：69 300 000
(2) 上年同期金额——盈余公积/上年年末余额/其他：831 600
(3) 上年同期金额——未分配利润/上年年末余额/其他：374 400
(4) 上年同期金额——少数股东权益/上年年末余额/其他：7 834 000
(5) 本期金额——资本公积/上年年末余额/其他：69 300 000
(6) 本期金额——盈余公积/上年年末余额/其他：2 416 500
(7) 本期金额——未分配利润/上年年末余额/其他：14 638 500
(8) 本期金额——少数股东权益/上年年末余额/其他：9 595 000
(9) 本期金额——资本公积/所有者投入和减少资本/其他：−21 051 000

实验六　仅依据合同达成企业合并及其合并财务报表

一、调整分录

1. 按母公司的会计估计调整广田公司的会计估计。

借：资产减值损失　　　　　　　　　　　　　　　　　　　　　400 000
　　贷：应收账款　　　　　　　　　　　　　　　　　　　　　　　　400 000

2. 统一会计估计的所得税影响。

借：递延所得税资产　　　　　　　　　　　　　　　　　　　　　　100 000
　　贷：所得税费用　　　　　　　　　　　　　　　　　　　　　　　　100 000

二、合并抵销分录

1. 本年度南山公司对广田公司长期股权投资与广田公司所有者权益的抵销。

借：股本　　　　　　　　　　　　　　　　　　　　　　　　　　1 000 000
　　盈余公积　　　　　　　　　　　　　　　　　　　　　　　　　258 660
　　未分配利润——期末　　　　　　　　　　　　　　　　　　　　1 583 580
　　贷：长期股权投资——对广田投资　　　　　　　　　　　　　　　2 036 600
　　　　少数股东权益　　　　　　　　　　　　　　　　　　　　　　805 640

2. 本年度南山公司对广田公司的投资收益与广田公司净损益的抵销。

借：投资收益　　　　　　　　　　　　　　　　　　　　　　　　2 036 600
　　少数股东损益　　　　　　　　　　　　　　　　　　　　　　　250 000
　　未分配利润——年初　　　　　　　　　　　　　　　　　　　　−444 360
　　贷：未分配利润——本期增减变动——提取盈余公积　　　　　　　　258 660
　　　　未分配利润——期末　　　　　　　　　　　　　　　　　　1 583 580

三、合并财务报表

1. 合并资产负债表。
(1) 应收账款/期末数：15 950 000
(2) 递延所得税资产/期末数：1 275 500
(3) 未分配利润/期末数：8 258 611
(4) 少数股东权益/期末数：805 640
2. 合并利润表。
(1) 资产减值损失/本期金额：2 432 000
(2) 所得税费用/本期金额：2 538 892
(3) 少数股东损益/本期金额：250 000

实验七　超额亏损子公司纳入与退出合并财务报表

一、合并抵销分录

1. 本年度嘉佳超市对 NO.4 店长期股权投资与 NO.4 店所有者权益的抵销。

借：股本——年初　　　　　　　　　　　　　　　　　　　　　　　　　0
　　未分配利润——期末　　　　　　　　　　　　　　　　　　　　　　0
　　贷：长期股权投资——对 NO.4 店投资　　　　　　　　　　　　　　　0
　　　　少数股东权益——年初　　　　　　　　　　　　　　　　　−1 706 732
　　　　少数股东权益——本期增减变动——少数股东损益　　　　　　　−468 660
　　　　少数股东权益——本期增减变动——少数股东投入或减少资本　　2 175 392

2. 本年度嘉佳超市对 NO.4 店的投资收益与 NO.4 店净损益的抵销。

借：投资收益　　　　　　　　　　　　　　　　　　　　　　－702 990
　　少数股东损益　　　　　　　　　　　　　　　　　　　　　－468 660
　　未分配利润——年初　　　　　　　　　　　　　　　　　　－5 266 830
　贷：未分配利润——期末　　　　　　　　　　　　　　　　　　－6 438 480

二、少数股东损益和少数股东权益调整计算表

1. 2010年"少数股东权益——期末"项目的"NO.3店"栏目金额为－196 046。
2. 2010年"少数股东权益——期末"项目的"NO.4店"栏目金额为－1 706 732。
3. 本期"少数股东权益——期末"项目的"NO.4店"栏目金额为0。

三、合并财务报表

1. 合并资产负债表。
(1) 未分配利润/年初数：376 106 881
(2) 未分配利润/期末数：789 879 289
(3) 少数股东权益/年初数：－15 663
(4) 少数股东权益/期末数：2 510 099

2. 合并利润表。
(1) 投资收益/上期金额：1 236 000
(2) 投资收益/本期金额：3 263 088
(3) 归属于母公司所有者的净利润/上期金额：367 432 964
(4) 归属于母公司所有者的净利润/本期金额：492 137 468
(5) 少数股东损益/上期金额：－366 094
(6) 少数股东损益/本期金额：350 370
(7) 基本(稀释)每股收益/上期金额：1.11
(8) 基本(稀释)每股收益/本期金额：1.49

实验八　处置子公司部分股权未丧失控制权

一、本年调整分录

1. 按权益法调整对华伟公司60%股权的长期股权投资。

借：长期股权投资——对华伟投资　　　　　　　　　　　　　　26 781 300
　贷：投资收益　　　　　　　　　　　　　　　　　　　　　　　9 334 800
　　　未分配利润——年初　　　　　　　　　　　　　　　　　　17 418 600
　　　资本公积——年初　　　　　　　　　　　　　　　　　　　109 800
　　　资本公积——本期增减变动——其他综合收益　　　　　　　－81 900

2. 按权益法核算结果调整对华伟公司40%股权的处置收益。

借：投资收益　　　　　　　　　　　　　　　　　　　　　　　12 204 200
　贷：投资收益　　　　　　　　　　　　　　　　　　　　　　　518 600
　　　未分配利润——年初　　　　　　　　　　　　　　　　　　11 612 400

3. 转回在处置40%股权时冲销的商誉份额。

借：长期股权投资——对华伟投资 740 000
　　贷：投资收益 740 000

二、合并抵销分录

1. 本年度华通公司对华伟公司长期股权投资与华伟公司所有者权益的抵销。

借：股本——年初 150 000 000
　　资本公积——年初 13 833 000
　　资本公积——本期增减变动——其他综合收益 －136 500
　　盈余公积——年初 8 542 100
　　盈余公积——本期增减变动——提取盈余公积 1 597 800
　　未分配利润——期末 6 894 910
　　商誉 1 850 000
　贷：长期股权投资——对方湖投资 147 521 300
　　少数股东权益——本期增减变动——少数股东损益 5 704 600
　　少数股东权益——本期增减变动——归属于少数股东的其他综合收益 －54 600
　　少数股东权益——本期增减变动——少数股东投入或减少资本 91 464 200

2. 将处置华伟40%股权的价款与该股权对应享有华伟净资产份额的差额调整资本公积（资本溢价）。

借：投资收益 20 535 800
　　贷：资本公积——本期增减变动——资本溢价 20 535 800

三、本年度少数股东损益和少数股东权益调整计算表

1. 本年"华伟公司/抵销过程/内部未实现损益抵销小计"项目的"少数股东损益"栏目金额为 921 600。

2. 本年"华伟公司/抵销内部未实现损益后净利润份额"项目的"少数股东损益"栏目金额为 6 626 200。

四、合并财务报表

1. 合并资产负债表。
(1) 资本公积/期末数：203 467 900
(2) 未分配利润/期末数：115 984 600
(3) 少数股东权益/期末数：98 035 800

2. 合并利润表。
(1) 归属于母公司所有者的净利润/本期金额：68 449 800
(2) 少数股东损益/本期金额：6 626 200
(3) 其他综合收益/本期金额：－136 500

实验九　处置子公司部分股权且丧失控制权

一、本年调整分录

1. 按权益法调整 2011 年 1～3 月份方圆公司对方海公司的长期股权投资核算。

   借：长期股权投资——对方海投资　　　　　　　　　　　　　　　-177 600
   　　贷：投资收益　　　　　　　　　　　　　　　　　　　　　　-39 200
   　　　　未分配利润——年初　　　　　　　　　　　　　　　　　-138 400

2. 按权益法核算结果调整方圆公司处置方海公司 40% 股权的投资收益。

   借：投资收益　　　　　　　　　　　　　　　　　　　　　　　　-177 600
   　　贷：长期股权投资——对方海投资　　　　　　　　　　　　　-177 600

3. 方圆公司对剩余 20% 股权按丧失控制权日方海公司净资产公允价值重新计量。

   借：长期股权投资——对方海投资　　　　　　　　　　　　　　　482 040 000
   　　贷：长期股权投资——对方海投资　　　　　　　　　　　　　199 911 200
   　　　　投资收益　　　　　　　　　　　　　　　　　　　　　　282 128 800

4. 方圆公司调整剩余 20% 股权公允价值变动产生的所得税影响。

   借：所得税费用　　　　　　　　　　　　　　　　　　　　　　　70 532 200
   　　贷：递延所得税负债　　　　　　　　　　　　　　　　　　　70 532 200

5. 方圆公司按权益法调整剩余 20% 股权应享有以前年度损益份额的归属期。

   借：未分配利润——本期增减变动——其他　　　　　　　　　　　-69 200
   　　贷：未分配利润——年初　　　　　　　　　　　　　　　　　-69 200

二、合并抵销分录

1. 因丧失对方海公司控制权而调整相关少数股东权益。

   借：少数股东权益——本期增减变动——少数股东投入或减少资本　399 822 400
   　　贷：少数股东权益——本期增减变动——少数股东损益　　　　-39 200
   　　　　少数股东权益——年初　　　　　　　　　　　　　　　　399 861 600

2. 本年 1～3 月份方圆公司对方海公司的投资收益与方海公司净损益的抵销。

   借：投资收益　　　　　　　　　　　　　　　　　　　　　　　　-58 800
   　　少数股东损益　　　　　　　　　　　　　　　　　　　　　　-39 200
   　　未分配利润——年初　　　　　　　　　　　　　　　　　　　-346 000
   　　贷：未分配利润——期末　　　　　　　　　　　　　　　　　-444 000

3. 转销上年内部劳务交易（方华提供给方海）。

   借：未分配利润——年初　　　　　　　　　　　　　　　　　　　2 427 000
   　　贷：投资收益　　　　　　　　　　　　　　　　　　　　　　2 427 000

4. 转销上年内部劳务交易的所得税影响。

借：投资收益　　　　　　　　　　　　　　　　　　　606 750
　　贷：未分配利润——年初　　　　　　　　　　　　　　　606 750

5. 恢复已抵销的方华公司与方海公司以前年度内部往来所提坏账准备。

借：投资收益　　　　　　　　　　　　　　　　　　　253 600
　　贷：未分配利润——年初　　　　　　　　　　　　　　　253 600

6. 恢复已抵销的与坏账准备相关的所得税影响。

借：未分配利润——年初　　　　　　　　　　　　　　　63 400
　　贷：投资收益　　　　　　　　　　　　　　　　　　　　63 400

三、少数股东损益和少数股东权益调整计算表

1. 上年"方华公司/抵销过程/内部未实现损益抵销小计"项目的"少数股东损益"栏目金额为－555 390。

2. 本年"方华公司/抵销过程/内部未实现损益抵销小计"项目的"少数股东损益"栏目金额为 30 375。

四、合并财务报表

1. 合并资产负债表。
(1) 长期股权投资/期末数：481 962 600
(2) 递延所得税负债/期末数：70 532 200
(3) 资本公积/年初数：70 819 120
(4) 资本公积/期末数：70 819 120
(5) 盈余公积/年初数：31 194 255
(6) 盈余公积/期末数：82 059 760
(7) 未分配利润/年初数：140 086 785
(8) 未分配利润/期末数：606 917 425
(9) 少数股东权益/年初数：434 671 810
(10) 少数股东权益/期末数：43 520 715

2. 合并利润表。
(1) 投资收益/本期金额：952 459 050
(2) 所得税费用/上期金额：12 737 500
(3) 所得税费用/本期金额：264 771 400
(4) 归属于母公司所有者的净利润/上期金额：34 225 590
(5) 归属于母公司所有者的净利润/本期金额：781 371 145
(6) 少数股东损益/上期金额：3 640 910
(7) 少数股东损益/本期金额：9 271 305

实验十 吸收合并与子公司注销变为分公司

一、注销子公司晨信光电变为分公司的分录(部分项目及金额省略)

借：货币资金	1 707 700
......	
固定资产	21 924 100
商誉	5 094 200
贷：应付票据	1 600 000
......	
长期股权投资	32 500 000
资本公积——本年增减变动——其他综合收益	225 000
投资收益	3 657 500

二、个别财务报表

1. 晨泰机电个别资产负债表。
(1) 长期股权投资/期末数：64 000 000
(2) 商誉/期末数：6 183 400
(3) 资产合计/期末数：1 681 555 550
(4) 递延所得税负债/期末数：122 500
(5) 负债合计/期末数：289 601 550
(6) 资本公积/期末数：25 225 000
(7) 盈余公积/期末数：44 952 500
(8) 未分配利润/期末数：321 776 500

2. 晨泰机电个别利润表。
(1) 投资收益/本期金额：3 657 500
(2) 其他综合收益/本期金额：225 000

三、合并财务报表

1. 晨泰机电合并资产负债表。
(1) 存货/期末数：331 484 325
(2) 递延所得税资产/期末数：16 740 475
(3) 资本公积/期末数：25 225 000
(4) 盈余公积/期末数：44 952 500
(5) 未分配利润/期末数：331 457 800
(6) 少数股东权益/年初数：18 111 400
(7) 少数股东权益/期末数：18 617 200

2. 晨泰机电合并利润表。

(1) 营业收入/本期金额：1 484 747 600
(2) 营业成本/本期金额：958 828 400
(3) 所得税费用/本期金额：69 092 000
(4) 少数股东损益：505 800

实验十一　反向购买(构成业务)及其合并报表

一、反向购买分录

1. 星光科技非公开发行股票。

借：长期股权投资　　　　　　　　　　　　　　　　　　5 152 000 000
　　贷：股本——本期增减变动　　　　　　　　　　　　　　　644 000 000
　　　　资本公积——本期增减变动　　　　　　　　　　　　4 508 000 000

2. 星光科技支付证券发行承销及保荐费。

借：资本公积——本期增减变动　　　　　　　　　　　　　　100 000 000
　　贷：货币资金　　　　　　　　　　　　　　　　　　　　　100 000 000

3. 星光科技支付上市酒会费。

借：管理费用　　　　　　　　　　　　　　　　　　　　　　　1 000 000
　　贷：货币资金　　　　　　　　　　　　　　　　　　　　　　1 000 000

二、股份结构及商誉计算表

1. "模拟发行股份相关指标/银河房产模拟发行股份后股份总数"项目的金额为489 000 000，即391 200 000(银河房产现有股本)÷80%。

2. "模拟发行股份相关指标/银河房产模拟发行股份数量"项目的金额为97 800 000，即银河房产模拟发行股份后股份总数489 000 000扣除其现有股本391 200 000后的差额。

3. "企业合并成本"项目的金额为1 288 000 000，即161 000 000(星光科技原股本)×8(购买日银星股份股票当日收盘价)。

4. "商誉"项目的金额为873 635 000，即企业合并成本1 288 000 000大于合并中取得的星光科技可辨认净资产公允价值的份额414 365 000的差额。

三、调整分录

1. 对银星股份个别财务报表的调整。
(1) 冲销原个别财务报表中已编制的对银河房产的股权投资分录。

借：长期股权投资　　　　　　　　　　　　　　　　　　−5 152 000 000
　　贷：股本——本期增减变动　　　　　　　　　　　　　　−644 000 000
　　　　资本公积——本期增减变动　　　　　　　　　　　−4 508 000 000

(2) 按评估增值调整资产账面价值。

借：投资性房地产　　　　　　　　　　　　　　　　　　　　　　　　48 570 000
　　　固定资产　　　　　　　　　　　　　　　　　　　　　　　　　17 741 160
　　贷：资本公积——本期增减变动　　　　　　　　　　　　　　　　　66 311 160

2. 对银河房产合并财务报表的调整。

（1）模拟银河房产对银星股份的股权投资。

借：长期股权投资　　　　　　　　　　　　　　　　　　　　　　1 288 000 000
　　贷：股本——本期增减变动　　　　　　　　　　　　　　　　　　97 800 000
　　　　资本公积——本期增减变动　　　　　　　　　　　　　　1 190 200 000

（2）模拟银河房产对银星股份股权投资的承销及保荐费影响。

借：长期股权投资　　　　　　　　　　　　　　　　　　　　　　－100 000 000
　　贷：资本公积——本期增减变动　　　　　　　　　　　　　　　－100 000 000

（3）按权益法调整对银星股份的投资。

借：长期股权投资　　　　　　　　　　　　　　　　　　　　　　　－1 000 000
　　贷：投资收益　　　　　　　　　　　　　　　　　　　　　　　　－1 000 000

四、合并财务报表

1. 合并资产负债表。

（1）长期股权投资/年初数：291 862 595
（2）长期股权投资/期末数：321 838 195
（3）投资性房地产/期末数：170 598 650
（4）固定资产/期末数：155 286 834
（5）商誉/期末数：873 635 000
（6）股本/年初数：391 200 000
（7）股本/期末数：489 000 000
（8）股数/年初（末）数：805 000 000 股
（9）资本公积/年初数：759 225
（10）资本公积/期末数：1 090 959 225
（11）盈余公积/年初数：118 019 919
（12）盈余公积/期末数：170 124 465
（13）未分配利润/年初数：728 630 505
（14）未分配利润/期末数：1 196 571 419
（15）少数股东权益/年初数：150 224 060
（16）少数股东权益/期末数：157 917 800

2. 合并利润表。

（1）投资收益/上期金额：155 034 100
（2）投资收益/本期金额：83 458 300
（3）归属于母公司所有者的净利润/上期金额：444 826 190
（4）归属于母公司所有者的净利润/本期金额：520 045 460

(5) 少数股东损益/上期金额：8 576 485
(6) 少数股东损益/本期金额：7 693 740
(7) 基本(稀释)每股收益/上期金额：0.69
(8) 基本(稀释)每股收益/本期金额：0.81

疑难问题解答

实验一 非同一控制下企业合并及其合并财务报表

1. 问：在实务中，合并工作底稿项目的设置，是否与对外报出的各种合并财务报表项目完全相同？

答：不完全相同。在设计合并工作底稿时，应当注意增加相关的明细项目。例如，为了便于编制合并所有者权益变动表，以及对合并过程中数据和合并结果进行分析验证，可以在所有者权益变动表项目"未分配利润——年初"下设置"前期差错更正"和"其他"等明细项目，"未分配利润——本期增减变动"下设置"净利润/归属于母公司股东的净利润"、"提取盈余公积"、"对股东的分配"、"股东投入或减少资本"和"其他"等明细项目；又如，为了能够清晰反映集团内部交易情况，有利于分析验证所编制内部交易抵销分录和合并结果的正确性，可以在往来项目"应收账款"和"应付账款"下分别设置"应收××账款"和"应付××账款"等明细项目，在资产类项目"存货"和"固定资产"下分别设置"向××购入存货"和"向××购入固定资产"等明细项目；存在多家子公司的情况下，按照各子公司名称在资产类项目"长期股权投资"下分别设置"对××投资"，使得合并过程中对各子公司的调整和抵销更加清晰明了。

2. 问：本实验项目中，利华公司股权登记簿所列示的申川公司净资产在购买日的公允价值 22 440 000 元是如何确定的？

答：从评估基准日（2009 年 12 月 31 日）至购买日（2010 年 2 月 28 日）期间，被购买公司净资产的公允价值会受到经营业绩和资产价值变动部分折旧或摊销等事项的影响。在本实验项目中，申川公司净资产购买日的公允价值 22 440 000 元，是在其评估基准日公允价值 22 050 000 元（根据申川公司股权转让项目股东全部权益价值评估报告）的基础上，加上 2010 年 1～2 月实现的净利润 400 000 元并减去固定资产（管理系统）评估增值部分 2010 年 1～2 月折旧额后的计算结果。

其中，固定资产（管理系统）评估增值部分 2010 年 1～2 月折旧额＝（955 900－655 900）÷5×2÷12＝300 000÷5×2÷12＝10 000（元）

3. 问：利华公司购买申川公司股权后取得控制权，在合并工作底稿中为什么要对申川公司个别财务报表的计量基础进行调整？如何进行调整？

答：利华公司购买申川公司股权，属于非同一控制下的企业合并，应当以企业合并成本作为长期股权投资的初始投资成本，即包括购买方付出的资产、发生或承担的负债、发行的权益性证券的公允价值之和。在将非同一控制下企业合并中取得的申川公司纳入合并财务报表时，应当对该子公司的个别财务报表进行调整，以使子公司的个别财务报表反映为在购买日公允价值基础上确定的可辨认资产、负债及或有负债在本期资产负债表日的金额，有助于在合并抵销过程中确定合并商誉或者合并利得。

在本实验项目中，利华公司购买申川公司的当年，根据母公司为该子公司设置的备查簿（股权登记簿）记录，以记录的该子公司各项可辨认资产、负债及或有负债等在购买日的公允价值为基础，对于申川公司的固定资产（管理系统）按购买日公允价值持续计量的结果进行调整。在合并工作底稿中，应当编制如下调整分录：

按其固定资产（管理系统）增值调整资产价值：

借：固定资产（955 900－655 900）　　　　　　　　　　　　　300 000
　　贷：资本公积——本期增减变动　　　　　　　　　　　　　　　300 000

上述计入资本公积的增减变动，在抵销子公司所有者权益与母公司相关长期股权投资时一并抵销。

按其固定资产（管理系统）增值部分当年折旧额调整折旧费用：

借：管理费用（300 000÷5×10/12）　　　　　　　　　　　　　50 000
　　贷：固定资产　　　　　　　　　　　　　　　　　　　　　　　50 000

4. 问：利华公司在编制合并财务报表时，对子公司个别财务报表按公允价值调整，是否会产生暂时性差异从而确认递延所得税资产或负债？

答：根据《关于企业重组业务企业所得税处理若干问题的通知》（财税〔2009〕59号）规定，收购方取得的股权（即对子公司的长期股权投资）的计税基础应以公允价值为基础确定（除符合特殊性税务处理条件而选择账面价值外），即意味着对非同一控制下企业合并取得子公司的长期股权投资在初始确认时与其计税基础不存在差异。在合并财务报表层面，母公司对子公司的长期股权投资实际上代表了子公司的各项资产、负债。按照企业会计准则有关规定，非同一控制下的企业合并，子公司的各项资产、负债在合并财务报表中按购买日公允价值持续计量，所确定的账面价值与其计税基础相同，不存在暂时性差异。因此，母公司在合并财务报表层面不需要对子公司有关资产增值及其折旧或摊销确定递延所得税影响。商誉作为长期股权投资成本的组成部分，也不存在暂时性差异。

5. 问：在编制合并财务报表过程中，无论是编制对个别财务报表的调整分录还是对合并财务报表的抵销分录，涉及所有者权益项目的调整与抵销，为何需要列示其明细项目？

答：由于所有者权益变动表反映的是构成所有者权益的各组成部分的增减变动情况，需要区分导致所有者权益变动的具体原因分别列示，为便于合并所有者权益变动表的编制，合并过程中涉及所有者权益项目的调整及抵销，应当标明其明细项目，以便于揭示所有者权益各项目的具体变动原因。

6. 问：在合并财务报表中抵销母公司与子公司之间的内部交易，是否按持股比例抵销相应的份额？

答：由于子公司纳入合并财务报表范围，其资产、负债、收入、费用全部被纳入合并财务报表，因此，母公司与子公司之间的内部交易应全额予以抵销。联营企业（或合营企业）则不然，其净资产的增减变动金额仅按持股比例计入长期股权投资价值，投资企业与联营企业（或合营企业）之间的内部交易应当按计入长期股权投资的份额予以抵销。

7. 问：对于顺流和逆流的内部交易未实现损益，是否需要按照持股比例在母公司所有者与少数股东之间进行分摊？

答：关于顺流交易，由于内部交易未实现损益全部归属于母公司所有者，与子公司少数股东无关,因此在母公司合并财务报表层面不需要按持股比例进行分摊。但将母公司合并财务报表再纳入其控股股东合并财务报表时,控股股东根据母公司合并财务报表(已抵销内部未实现损益)采用权益法调整长期股权投资并抵销,则在其控股股东合并财务报表层面,控股股东与母公司少数股东实际按持股比例承担了该内部交易未实现损益。

关于逆流交易,内部交易未实现损益是否在母公司所有者与少数股东之间分摊,现行会计准则未对此作明确规定,实务中存在两种不同处理方法:其一,不分摊,全部调整归属于母公司所有者的净利润,此种方法是"母公司理论"的体现;其二,按持有相关子公司的股权比例,在母公司所有者与少数股东之间分摊,即分别调整归属于母公司所有者的净利润和少数股东损益,此种方法是"经济实体理论"(亦称"主体理论")的具体表现。后者与主导现行合并财务报表会计准则制定的"经济实体理论"保持一致。基于此,利华公司采用了将内部交易未实现损益按持股比例在母公司所有者与少数股东之间分摊的方法。

8. 问: 在编制合并财务报表的过程中,对于内部逆流交易的未实现损益,何时和如何在母公司所有者与少数股东之间分摊?

答: 内部逆流交易的未实现损益在母公司所有者与少数股东之间分摊,在实务中有不同的处理方法:其一为先对子公司净利润扣除内部交易及其所得税影响,然后按权益法对母公司个别财务报表进行调整;其二为按权益法调整时暂不考虑内部交易及其所得税影响,待以后合并净利润在母公司所有者与少数股东之间分拆时一并扣除。利华公司采用上述第二种方法,具体处理如下:

在合并工作底稿中对母公司个别财务报表按权益法调整时,不考虑内部交易的影响。待全额抵销所有内部交易未实现损益及其所得税影响后,在少数股东损益计算调整表中,按照各有关子公司少数股东的持股比例计算应分担内部逆流交易未实现损益净额(应分担内部交易未实现损益扣除所得税影响后的余额),编制调整分录,对少数股东损益与少数股东权益进行调整。从合并净利润中扣除调整后少数股东损益的余额,为归属于母公司所有者的净利润。

9. 问: 利华公司在编制合并财务报表时,对个别财务报表计量基础进行调整以及对内部交易进行抵销而发生的损益变动,是否应当调整盈余公积的提取?

答: 不需要,盈余公积应当以单个法人主体的净利润为基础计提。

10. 问: 在编制合并财务报表时,抵销内部交易是否需要调整递延所得税资产或负债?

答: 抵销内部交易,往往会涉及有关资产、负债项目在合并资产负债表中列示价值的调整,从而可能导致与有关资产、负债所属单个纳税主体的计税基础产生差异,应当在合并财务报表中确认该暂时性差异的递延所得税影响。

11. 问: 对于因利泉公司向利华公司销售瓶盖、标签的内部逆流交易而确认的递延所得税影响 100 000 元,是否需要在母公司所有者与少数股东之间进行分摊?

答: 对于因逆流交易确认的递延所得税影响如何在母公司所有者与少数股东之间进行分摊,企业会计准则并无明确规定。实务中主要存在两种观点:

一种观点认为,未实现内部交易损益会引起资产负债项目在合并资产负债表中列示的价值与其所属的购入方个别资产负债表中的价值不同,进而可能产生与有关资产、负债所属个别纳税主体计税基础的不同,从合并财务报表作为一个完整经济主体的角度,应当确认合并引发的该暂时性差异的所得税影响。根据资产负债表债务法,递延所得税影响是以购入方资产、负债为基础确认的,因而未实现内部损益抵销确认的所得税影响应当归属资产所属的企业。本案内部交易中利华公司为瓶盖、标签等资产的购入方,由该资产产生的可抵扣暂时性差异所确认的所得税影响,应作为对利华公司净利润的影响,即应当全部计入归属于母公司所有者的净利润。

另一种观点认为,利泉公司个别财务报表中因该内部购销交易承担了未实现损益及所得税费用,合并中抵销的未实现内部损益 400 000 元已全部作为利泉公司净利润的抵销,因该未实现内部损益抵销产生的递延所得税影响也作为利泉公司净利润的抵销更为合理,即该所得税影响应作为利泉公司净利润的抵销,按其持股比例分拆计入归属于母公司所有者的净利润(90%)及少数股东损益(10%)。但抵销税率采用购入方的法定税率确定。

在企业会计准则对此无明确规定以前,利华公司采纳了后者,将该递延所得税影响按照利华公司对利泉公司的持股比例,在母公司所有者与少数股东之间进行分摊。

本教材其他案例中的公司均采用上述第二种处理方法。

12. 问: 利华公司收购申川公司,被购买方申川公司在购买日之前实现的当年 1~2 月损益在编制合并财务报表时如何处理?

答: 利华公司在编制合并财务报表时,对于被购买方申川公司在购买日之前实现的损益不应计入合并利润表。在合并工作底稿中,对于申川公司自购买当年年初至购买日实现的净利润,视同其当年年初未分配利润的组成部分,计入其个别财务报表购买当年的年初未分配利润,最终在合并抵销时予以抵销。

13. 问: 利华公司 2010 年和 2009 年均发生非同一控制下企业合并,对于所购买子公司(申川公司和利泉公司)可辨认净资产公允价值在购买日归属于少数股东的部分,在合并所有者权益变动表中如何列报?

答: 非同一控制下企业合并,子公司可辨认净资产公允价值在购买日归属于少数股东的部分(即少数股东权益),在合并工作底稿中应作为"少数股东投入或减少资本"项目的增加数填列,合并所有者权益变动表中应在"本期增减变动金额——所有者投入和减少资本——其他"项的"少数股东权益"栏目列报。

14. 合并所有者权益变动表与合并资产负债表中,都需要列报所有者权益项目的期末余额,在合并工作底稿中,先计算确定哪张报表所有者权益项目的余额?

答: 所有者权益变动表能够反映所有者权益各项目的具体变动原因及增减变动金额,实际上反映了所有者权益各项目的计算过程。所以,一般而言,在合并工作底稿中,应先确定合并所有者权益变动表中所有者权益项目的期末余额,即等于"合并金额"栏"未分配利润——年初"数据和"未分配利润——本期增减变动"数据相加减的金额,然后过入合并资产负债表中相应项目。

15. 合并工作底稿中所有者权益变动表"未分配利润——本期增减变动"的明细项目"归属于母公司股东的净利润",其"抵销分录"栏借方和贷方金额如何计算得出?

答: 在合并工作底稿"抵销分录"栏中,"未分配利润——本期增减变动"明细项目"归属于母公司股东的净利润"的借方金额应为"净利润"和"少数股东损益"项目的借方金额合计,由于"净利润"和"少数股东损益"表示增减变动的借贷方向相反,故"净利润"和"少数股东损益"借方合计实际为净利润扣除少数股东损益的余额,未分配利润——本期增减变动"明细项目"归属于母公司股东的净利润"的贷方金额的计算与此相同。

16. 问: 非同一控制下企业合并的当年,在编制合并现金流量表时,被购买方在购买日持有的现金及现金等价物是否均作为减项计入"取得子公司及其他营业单位支付的现金净额"项目? 该项目是否会出现负数?

答:在非同一控制下企业合并当年编制合并现金流量表时,母公司购买子公司的现金流出与该子公司在购买日持有的现金及现金等价物应当相互抵减,并区分以下情况进行处理:

(1) 若被购买方在购买日持有的现金及现金等价物小于母公司支付的现金对价,按母公司购买子公司支付的现金对价减去被购买方在购买日持有的现金及现金等价物后的净额,在"取得子公司及其他营业单位支付的现金净额"项目反映,应编制的抵销分录为:借记"取得子公司及其他营业单位支付的现金净额"项目(抵减取得子公司支付的现金),贷记"年初现金及现金等价物余额"项目(抵销申川公司在购买日持有的现金及现金等价物)。需要说明的是,购买日申川公司持有的现金及现金等价物,在合并工作底稿(该公司个别现金流量表项目)中应视为年初数计入"年初现金及现金等价物余额"项目。

在本实验项目中,利华公司合并财务报表中"取得子公司及其他营业单位支付的现金净额"项目列报金额为 17 427 580 元,为收购申川公司支付的现金 19 000 000 元扣减申川公司被收购时持有的现金及现金等价物 1 572 420 元后的净额。

(2) 若被购买方在购买日持有的现金及现金等价物大于母公司支付的现金对价,按被购买方在购买日持有的现金及现金等价物减去母公司购买子公司支付的现金对价后的净额,在"收到其他与投资活动有关的现金"项目反映,应编制的抵销分录为:借记"取得子公司及其他营业单位支付的现金净额"项目和"收到其他与投资活动有关的现金"项目,贷记"年初现金及现金等价物余额"项目。

例如,被购买方在购买日持有的现金及现金等价物为 7 390 000 元,母公司购买子公司支付的现金对价为 6 100 000 元,若该年无其他收购交易,则合并现金流量表中"取得子公司及其他营业单位支付的现金净额"项目金额经抵减后为零,此项交易计入"收到其他与投资活动有关的现金"项目的金额为 1 290 000 元。

因此,在合并现金流量表中的"取得子公司及其他营业单位支付的现金净额"项目不会出现负数。

17. 问:本年利华公司向利泉公司出租轿车取得经营租赁现金流入 80 000 元,在编制合并现金流量表时应当如何处理?

答:本实验项目中,利华公司与其子公司利泉公司之间经营租赁轿车发生的现金流入与流出,属于内部交易产生的现金流量,应当在合并现金流量表中予以抵销。由于经营租赁固定资产支付和收到的现金分别在现金流量表的"支付其他与经营活动有关的现金"和"收到其他与经营活动有关的现金"项目中反映,所以在编制合并现金流量表时,应当同时抵销计入上述两个项目的该项现金流量。

实验二 合并财务报表的连续编制

18. 问:利华公司连续编制合并财务报表时,对于以前年度内部逆流交易的未实现损益在母公司所有者与少数股东之间的分摊应当如何处理?

答:对于当年内部交易未实现损益在母公司所有者与少数股东之间分摊,应同时调整少数股东损益与少数股东权益。在连续编制合并财务报表时,对于以前年度因内部交易未实现损益调整的少数股东损益和少数股东权益,本年度应同时调整"未分配利润——年初"与"少数股东权益——年初"项目的金额。

19. 问：利华公司对于子公司（利泉公司）前期重大会计差错更正，在合并财务报表中应当如何列报？

答：对于子公司发生的前期重大会计差错更正，由于母公司在个别财务报表层面采用成本法进行会计处理未能进行追溯调整，故应当在编制合并财务报表时对子公司该项前期差错进行追溯调整。

利泉公司前期（2009 年）漏计提固定资产折旧事项的更正系重大会计差错更正。在合并工作底稿中对利华公司个别财务报表采用权益法调整的同时，还需要对利泉公司的前期差错更正按权益法进行追溯调整。根据调整后的个别财务报表编制合并财务报表时，追溯调整的结果已计入本实验报告年度合并所有者权益变动表"上年同期金额"部分的"上年年末余额"的调整项目"前期差错更正"金额，从而调整得出"上年同期金额"部分的"本年年初余额"，即调整后的 2010 年年初余额。

20. 问：为什么在《财政部关于做好执行企业会计准则的企业 2011 年年报监管工作的通知》（财会〔2011〕25 号）中规定，作为合并所有者权益变动表"本年金额"部分中"上年年末余额"的调整项目，"会计政策变更"和"前期差错更正"项目，不得填列金额？

答：以重大会计差错更正为例说明。对于报告年度而言，企业发生重大会计差错的时期可以区分以下三种情况：上年度之前、上年度、报告年度。

对于上年度之前发生的重大会计差错，经过追溯调整，计入合并所有者权益变动表"上年同期金额"部分中"上年年末余额"的调整项目——"前期差错更正"项目。调整后的合并所有者权益变动表"上年同期金额"部分"本年年初余额"已经包括该项重大会计差错的相关调整，无需在合并所有者权益变动表"本期金额"部分再对此项前期差错进行更正。

对于上年度发生的重大会计差错，经过追溯调整，合并所有者权益变动表"上年同期金额"部分中"本期期末余额"，也已经包括重大会计差错的相关调整，无需在合并所有者权益变动表"本期金额"部分中再对"上年年末余额"项目进行调整。

对于报告年度发生的重大会计差错，在上年年末尚未发生，不存在对合并所有者权益变动表"本期金额"部分中的"上年年末余额"项目进行调整的问题。

综上所述，作为合并所有者权益变动表"本期金额"部分中"上年年末余额"的调整项目，"会计政策变更"和"前期差错更正"项目，不应当填列金额。

需要说明的是，财会〔2011〕25 号仅提到作为合并所有者权益变动表"本年金额"部分中"上年年末余额"的调整项目，"会计政策变更"和"前期差错更正"项目，不得填列金额。其实，出于相同的理由，作为个别所有者权益变动表"本期金额"部分中"上年年末余额"的调整项目，"会计政策变更"和"前期差错更正"项目，也不得填列金额。

21. 问：利华公司收购申川公司少数股权，在非同一控制下合并申川公司当时确认的商誉是否会因此而发生变化？

答：利华公司购买申川公司少数股权，未改变利华公司对于申川公司经济资源的控制权，也不会影响申川公司获取超额收益的能力，只是母公司与少数股东在申川公司净资产中拥有的权益相对比例发生变化。所以，在合并资产负债表中不能对购买少数股权交易确认商誉，即在非同一控制下合并申川公司当时确认的商誉不会因此而发生变化。

22. 问：利华公司收购申川公司少数股权，对于申川公司的长期股权投资成本与按照新增持股比例计算应享有申川公司自购买日开始持续计算的可辨认净资产份额之间的差额，应当如何处理？在编制合并所有者权益变动表时应当如何列报？

答：购买少数股权交易属于权益性交易。在本实验项目中，利华公司因购买少数股权新增的长期股权投资成本小于按照新增持股比例计算确定应享有子公司自购买日开始持续计算的可辨认净资产份额之间的差额505 720元(25 178 600×20%－4 530 000)，在合并工作底稿中抵销申川公司所有者权益与利华公司相关长期股权投资时，作为贷差调增资本公积(资本溢价或股本溢价)。

在合并所有者权益变动表中，该项资本公积增加数计入"本期增减变动金额——所有者投入和减少资本——其他"项目的"资本公积"栏目。

23. 问：利华公司购买申川公司少数股权，在编制合并财务报表时对于该项少数股东权益的变动如何处理和列报？

答：购买少数股权时，按照新增持股比例计算自购买日持续计算的子公司可辨认净资产公允价值份额，在股权变更日前系归属于少数股东的权益，在本实验项目中，利华公司增持的申川公司20%股权享有自购买日持续计算的该子公司可辨认净资产公允价值的份额为5 035 720元(25 178 600×20%)。

该项金额在合并工作底稿(所有者权益变动表项目)"少数股东投入或减少资本"中以借方金额转出，在合并所有者权益变动表中"本期增减变动金额——所有者投入和减少资本——其他"项的"少数股东权益"栏目以负数计入，以反映少数股东权益的减少。至此，申川公司成为利华公司的全资子公司，申川公司的少数股东权益金额减少至零，在利华公司合并资产负债表中的"少数股东权益"项目金额与申川公司无关。

实验三　合并财务报表的编制方法——层层合并法与一次合并法

24. 问：采用层层合并法和一次合并法对申海公司个别财务报表按权益法进行调整时，计算申海公司享有申江公司权益的基础有何不同？

答：采用层层合并法对申海公司个别财务报表按权益法进行调整时，以申江公司合并财务报表中的"归属于母公司所有者权益合计"和"归属于母公司所有者的净利润"，作为计算享有申江公司权益和损益的基础；采用一次合并法按权益法调整申海公司个别财务报表时，以申江公司按权益法调整后个别财务报表中"所有者权益"和"净利润"，作为计算享有申江公司权益和损益的基础。

25. 问：采用一次合并法编制申海公司合并财务报表时，对于申江公司(申海公司的子公司)与江山公司(申海公司的孙公司)的内部逆流交易未实现损益，如何在母公司所有者与少数股东之间分摊？

答：本实验项目中，申江公司持有江山公司75%的股权，而申海公司持有申江公司80%的股权，则申海公司实际享有江山公司的股权份额为60%(75%×80%)，在采用一次合并法编制申海公司合并财务报表时，对于申江公司与江山公司的内部逆流交易未实现损益，申海公司、少数股东应分别按照60%、40%的比例分摊。上述处理的结果，可以与采用层层合并法的结果保持一致。

26. 问：申海公司采用一次合并法编制合并财务报表时，对于申江公司购买江山公司少数股权新增长期股权投资成本与按照新增持股比例计算应享有江山公司自购买日持续计算的

净资产公允价值的差额应当如何处理？

答：在本实验项目中，申江公司购买江山公司少数股权，对于申江公司新增长期股权投资成本与按照新增持股比例计算应享有江山公司自购买日持续计算的净资产公允价值之差额，因申海公司持有申江公司80%股权，故申海公司在采用一次合并法编制合并财务报表时，按其80%计入资本公积，按其20%计入少数股东权益。上述处理的结果，可以与采用层层合并法的结果保持一致。

27. 问：采用一次合并法编制申海公司合并财务报表时，对于申江公司购买江山公司少数股权，其新增长期股权投资成本与按照新增持股比例计算应享有江山公司自购买日开始持续计算的可辨认净资产份额之间的差额，如何在申海公司合并所有者权益变动表中列报？与采用层层合并法的结果是否相同？

答：对于申江公司新增长期股权投资成本减去按照新增持股比例计算应享有江山公司自购买日开始持续计算的可辨认净资产份额的差额 704 470 元（3 670 000－19 770 200×15%），申海公司资本公积（资本溢价）足够冲减，应按照持股比例分拆为 563 576 元（704 470×80%）和 140 894 元（704 470×20%），在合并所有者权益变动表中，分别以负数计入"本期增减变动金额——所有者投入和减少资本——其他"项的"资本公积"和"少数股东权益"栏目。上述处理的结果与采用层层合并法的结果相同。

28. 问：采用层层合并法编制合并财务报表时，对于申江公司购买江山公司少数股权，在申江公司合并所有者权益变动表和申海公司合并所有者权益变动表中分别如何处理和列报？

答：对于本项购买少数股权的交易，申江公司新增长期股权投资成本减去按照新增持股比例计算应享有江山公司自购买日开始持续计算的可辨认净资产份额的差额为借差 704 470 元。

在编制申江公司合并财务报表时，申江公司资本公积（资本溢价）无余额，该差额依次冲减盈余公积，申江公司盈余公积有足够的余额可供冲减。在申江公司合并所有者权益变动表中，该差额以负数计入"本期增减变动金额——所有者投入和减少资本——其他"项的"盈余公积"栏目。此项冲减调整不会影响最终结果，因为申海公司编制合并财务报表时会抵销申江公司所有者权益。

申海公司根据自身个别财务报表和申江公司合并财务报表编制整个集团合并财务报表时，抵销申江公司所有者权益与申海公司相关长期股权投资所产生的差额（借差）为 563 576 元（70 447×80%），应冲减"资本公积——本期增减变动——资本溢价"，在申海公司合并所有者权益变动表中，以负数计入"本期增减变动金额——所有者投入和减少资本——其他"项目的"资本公积"栏目。

需要说明的是，上述抵销申江公司所有者权益是指申江公司合并财务报表列示的归属于母公司的所有者权益，不包括申江公司合并财务报表列示的少数股东权益。

29. 问：分别采用层层合并法和一次合并法编制合并财务报表，申海公司合并资产负债表中列报的少数股东权益期末数是否相同？

答：采用层层合并法和一次合并法，编制的申海公司合并财务报表中少数股东权益的合并结果相同，均为 106 986 280 元，两种方法的处理方法分别具体如下：

层层合并法下，先由申江公司合并江山公司个别财务报表，申江公司合并财务报表中少数股东权益年末金额为 7 122 950 元，即调整后江山公司年初净资产 19 770 200×25%＋调整后江山公司本年净利润 9 267 600×25%－归属于少数股东的内部未实现损益 546 000×25%；再由申海公司合并申江公司合并财务报表,编制合并抵销分录时,少数股东权益增加 99 863 330 元,即申江公司合并年初归属于母公司净资产 475 359 920×20%＋申江公司合并归属于母公司股东的净利润 24 674 700×20%－申江公司购买江山公司少数股权的差额(借差)704 470×20%。申江公司合并财务报表中原少数股东权益 7 122 950 元加上编制申海公司合并财务报表增加的少数股东权益 99 863 330 元即为 106 986 280 元。

一次合并法下,申海公司同时编制对江山公司和申江公司的抵销分录,抵销江山公司所有者权益时得出的少数股东权益为 7 118 556 元(未抵销内部交易未实现损益),即调整后江山公司年初净资产 19 770 200×25%＋调整后江山公司本年净利润 9 267 600×25%－申江公司购买江山公司少数股权的差额(借差)704 470×20%;抵销申江公司所有者权益时得出的少数股东权益为 100 086 124 元,即申江公司个别财务报表年初净资产 475 359 920×20%＋申江公司个别财务报表净利润 25 070 700(未抵销内部交易未实现损益)×20%;调整归属于少数股东的内部未实现损益－546 000×40%;三者相加,即为 106 986 280 元。

实验四　分步实现企业合并及其合并财务报表

30. 问：我国对通过多次交易分步实现的非同一控制下企业合并的会计处理的规范有哪些？

答：2006 年 2 月,财政部发布了《企业会计准则第 1 号——存货》等 38 项具体准则,在《企业会计准则第 20 号——企业合并》及其应用指南中规范了非同一控制下企业合并的会计处理,同时明确了通过多次交换交易分步实现的非同一控制下企业合并的会计处理方法。

2007 年 4 月,由财政部会计司编写的《企业会计准则讲解(2006)》第二十一章企业合并第三节,对非同一控制下企业合并的会计处理作出了规范。同时在该节第三部分,专门对通过多次交易分步实现的非同一控制下企业合并的会计处理进行了规范,并提供了通过多次交易分步实现的非同一控制下企业合并的会计处理示例。

2010 年 7 月,财政部发布了《关于印发企业会计准则解释第 4 号的通知》(财会〔2010〕15 号),在第三条中对通过多次交易分步实现的非同一控制下企业合并的会计处理作出了修改。

2010 年 12 月,由财政部会计司编写的《企业会计准则讲解(2010)》第二十一章企业合并第三节第三部分,对通过多次交易分步实现的非同一控制下企业合并的会计处理也作出了同步修改。

31. 问：启明机械购买日(**2011 年 8 月 31 日**)净资产账面价值为 **96 671 000 元**,而可辨认净资产公允价值为 **155 671 000 元**,其调整的依据是什么？调整金额是如何计算的？在调整可辨认净资产公允价值时是否考虑所得税的影响？

答：因股权转让,评估机构采用资产基础法和收益法对启明机械基准日(2011 年 3 月 31 日)的净资产进行了评估,其中根据收益法评估的结果为 173 913 000 元;根据资产基础法评估的结果为 155 117 000 元,增值项目全部为投资性房地产,增值金额为 60 000 000 元。

在确定启明机械购买日(2011 年 8 月 31 日)可辨认净资产公允价值时,根据资产基础法评估结果对其进行了调整,调整的项目为投资性房地产,调整的金额为评估增值额减去 2011 年 4~8 月份(5 个月)的折旧。即：

购买日可辨认净资产公允价值＝96 671 000(购买日启明机械账面净资产)＋60 000 000(投资性房地产评估增值)－200 000(投资性房地产月折旧额)×5(个月)＝155 671 000(元)

根据《关于企业重组业务企业所得税处理若干问题的通知》(财税〔2009〕59号)规定,收购方取得的股权(即对子公司的长期股权投资)的计税基础应以公允价值为基础确定,即意味着对非同一控制下企业合并取得子公司的长期股权投资在初始确认时与其计税基础不存在差异,在合并财务报表层面,母公司对子公司的长期股权投资实际上代表了子公司的各项资产、负债,也即意味着在合并财务报表层面,子公司的各项资产、负债在税收上实际是按公允价值确定计税基础的,与会计上相同,不存在暂时性差异。因此,在合并财务报表层面按可辨认净资产公允价值调整子公司报表时,不需考虑资产增值及其折旧与摊销对所得税的影响。

32. 问：本实验项目中,合并财务报表层面的原持有的被购买方49%股权,其购买日的公允价值是如何确定的？

答：2011年8月,申光股份在收购启明机械46%股权时,以启明机械的评估价值173 913 000元作为定价依据。该结果是采用收益法评估得出的,未考虑转让控制权的价值,因此可以认为该评估结果是公允的,按原持股比例49%计算,可确定原持有的被购买方股权在购买日的公允价值,并在此基础上调整了购买日前因内部交易损益对购买日公允价值的影响。

33. 问：本实验项目中,对启明机械销售给申光股份的逆流内部交易是如何抵销的？

答：股权购买日(2011年8月31日)之前,作为申光股份的联营企业的启明机械,于2011年8月18日销售给申光股份一批存货,销售收入200万元,销售成本130万元,销售利润70万元。股权购买日申光股份尚未将该批存货对外销售,2011年9～12月间该批200万元的存货中,已对外实现销售140万元,尚有60万元未实现销售。

在股权购买日(2011年8月31日)之前,启明机械作为申光股份的联营企业,不纳入合并财务报表范围;购买日之后,由于申光股份取得了启明机械的控制权,其9～12月份的个别财务报表应纳入合并财务报表范围内。

因此在2011年8月31日之前,申光股份个别财务报表对启明机械的长期股权投资,应在其原可辨认净资产公允价值持续计算的基础上按权益法调整,同时扣除8月份因逆流交易中未实现的内部交易损益及其所得税的影响。

2011年9～12月份,启明机械按购买日的可辨认公允价值调整后的个别财务报表纳入合并财务报表时,在合并财务报表层面应对9～12月份发生的已实现或未实现的内部交易损益进行抵销。

34. 问：在合并财务报表层面,应将与购买日之前持有的被购买方的股权相关的其他综合收益转为购买日所属当期投资收益。本实验项目中,应结转的其他综合收益是如何获取的？

答：本实验项目中,根据所提供的"申光股份原长期股权投资(49%部分)变动情况表",申光股份自初次取得启明机械股权起至2011年8月31日,按照权益法调整启明机械净资产中因其他综合收益变动的影响共计771 750元,该金额即应在合并财务报表层面结转的其他综合收益。

35. 问：本实验项目中,在合并财务报表层面,为何要在购买日将申光股份原持有的启明机械49%股权,按购买日公允价值重新计量,并且将与其相关的其他综合收益转为购买日所属当期投资收益？

答：《企业会计准则解释第4号》根据国际财务报告准则的变化,在有关控制权发生转移的会计规范中,引入了"跨越会计处理界线"处理原则,其理论依据是把控制权的取得或丧失看作重大经济事项,是改变计量基础和核算方法的分界线。例如,申光股份增持启明机械46%

股权对其具有控制权的投资与购买日前原持有的不具有控制权的49%投资相比,其性质和风险报酬特征已经发生了重大变化。申光股份只有在取得控制权日(购买日)才能在合并财务报表中运用购买法对启明机械的净资产按公允价值重新计量,也只有与实现企业合并取得控制权(而不是前期或后续取得股权)相关的商誉才能在合并财务报表中确认。

根据上述原则,对于本实验项目的交易,在合并财务报表层面实质上按以下两项交易进行会计处理:① 申光股份按购买日公允价值处置原持有的启明机械49%股权,并将处置损益计入当期损益;② 随即按购买日公允价值购入购买日后拥有的权益(包括原持有的启明机械49%股权的购买日公允价值、第二次实现合并而购买股权的公允价值)。上述第②步交易构成企业合并,形成商誉确认的基础。

由于在购买日将原持有的启明机械49%股权视同处置的原因,因此要求"购买日之前持有的被购买方的股权涉及其他综合收益的,与其相关的其他综合收益应当转为购买日所属当期投资收益"。

《企业会计准则解释第4号》第四问答关于丧失控制权的会计规范,对剩余股权及与原有子公司股权投资相关的其他综合收益,也采用了同样的处理原则。

36. 通过多次交易分步购买取得被购买方100%股权时,被购买方个别财务报表是否可以按购买日确定的可辨认资产、负债的公允价值调整其账面价值?

答:《企业会计准则讲解(2010)》第二十一章(P338)规定:"非同一控制下的企业合并中,购买方通过企业合并取得被购买方100%股权的,被购买方可以按照合并中确定的可辨认资产、负债的公允价值调整其账面价值。除此之外,其他情况下被购买方不应因企业合并改记有关资产、负债的账面价值。"

该规定主要是为了在购买方编制合并报表时,减轻其按购买日公允价值进行调整的工作量。但该做法毕竟是对历史成本原则的例外,应该严格控制其适用范围。因此,按企业会计准则的规定,只有在购买方一次性取得被购买方全部股权时,被购买方才可以按公允价值调整其账面价值。

实验五 同一控制下企业合并及其合并财务报表

37. 问:运通股份同一控制下控股合并万达电器而发生的差额,是否属于其他综合收益?在其个别所有者权益变动表中如何列报?

答:不属于其他综合收益,应当计入合并当年所有者权益变动表中"本期增减变动金额——所有者投入和减少资本——其他"项的"资本公积"栏目。

38. 问:对于同一控制下的企业控股合并,在运通股份合并工作底稿中,如何调整年初数和上期金额?

答:根据同一控制下企业合并编制合并财务报表的原则,运通股份在合并当年编制合并财务报表时需要调整年初数和上年比较数据,将万达电器的财务数据并入,视同合并后的报告主体在以前期间一直存在,即在比较报表中如同上年度已经存在该项投资。有关运通股份在同一控制下控股合并万达电器而调整合并报表年初数与上年比较数的步骤为:首先,在调整分录表中编制模拟投资的分录及按权益法核算的分录,并编制延续万达电器合并前留存收益的调整分录;其次,将有关调整分录过入合并工作底稿,对同一控制下控股合并的合并方运通股份个别财务报表(包括比较数据)进行调整;最后,通过抵销运通股份与万达电器的股权投资关系及投资收益,将万达电器的财务数据纳入合并财务报表,完成同一控制下编制合并财务报表时对年初数和上年比较数的调整。

在编制比较期间模拟投资的调整分录时,应当以万达电器上年年初净资产账面价值78 340 000元为基础,按照持股比例模拟增加对万达电器的长期股权投资70 506 000元(78 340 000×90%),由于以前年度运通股份尚未实施增发股份合并万达电器的计划,故采取同时调增上年年初"资本公积"的方式较合适。

在编制比较期间延续万达电器合并前留存收益的调整分录时,应当以万达电器比较报表上年(即2010年)年初盈余公积924 000元和未分配利润416 000元为基础,按照运通股份投资比例(90%)计算应享有的份额,从资本公积重分类转入留存收益,分别调整增加上年年初的盈余公积831 600元和未分配利润374 400元。

在编制比较期间按权益法核算的调整分录时,应以享有万达电器上年比较数据2010年实现净利润的份额为基础,调整增加万达电器的长期股权投资和投资收益15 849 000元(17 610 000×90%)。由于万达电器已按2010年净利润的10%提取了盈余公积,导致其与未分配利润之间发生增减变动,因此,运通股份需对比较期间有关数据再作相应调整,即按照1 584 900元(15 849 000×10%)调增"盈余公积——2010年增减变动",调减"未分配利润——2010年增减变动——提取盈余公积",以与本年度的调整相衔接。

39. 问:因模拟上年年初存在的对万达电器股权投资而增加的资本公积,在合并所有者权益变动表中如何列报?

答:合并方在以发行自身权益工具作为合并对价时,按照实际发行的权益工具面值21 051 000元从资本公积转入股本。

运通股份合并所有者权益变动表"本年金额"部分中"本期增减变动金额——所有者投入和减少资本——其他"项"资本公积"栏目,列报金额为−21 051 000元(即当期减少数),该项金额验证过程如下:

已计入母公司个别财务报表的 股份发行溢价 69 732 000 − 合并日万达电器净资产90%的份额 90 783 000 = −21 051 000(元)

其中,合并日万达电器净资产90%的份额90 783 000元=上年年初万达电器净资产90%的份额70 506 000元(模拟投资时形成资本公积)+上年度万达电器净利润90%的份额15 849 000元+本年年初至本年合并日万达电器净利润90%的份额4 428 000元。

40. 问:合并利润表中列报的"被合并方在合并前实现的净利润"金额是否包括归属于少数股东的部分?

答:合并利润表中列报的"被合并方在合并前实现的净利润"金额应当列报被合并方从合并当年年初至合并日的全部净损益,因此,该项金额同时包括归属于母公司所有者与少数股东的份额。

41. 问:运通股份在进行所得税会计处理时,对于取得万达电器股权的计税基础有关选择是否正确?

答:根据财政部财税〔2009〕59号文"关于企业重组业务企业所得税处理若干问题的通知"第六条(二)规定,股权收购,收购企业购买的股权不低于被收购企业全部股权的75%,并且收购企业在该股权收购发生时的股权支付金额不低于其交易支付总额的85%,可以选择按被收购股权的原有计税基础,来确定取得被收购企业股权的计税基础。

运通股份同一控制下控股合并万达电器,受让其90%的股权,且合并对价全部以股份支付,对照财政部财税〔2009〕59号文"关于企业重组业务企业所得税处理若干问题的通知"第六条(二)的规定,符合特殊性税务处理的条件,可以选择以万达电器股权的原有计税基础,来确定取得该项股权的计税基础。

实验六　仅依据合同达成企业合并及其合并财务报表

42. 问：对于没有转移对价实现的合并,有关的会计规范有哪些?

答：我国财政部会计司发布的财会〔2010〕25号《财政部关于执行企业会计准则的上市公司和非上市企业做好2010年年报工作的通知》第二条(六)规定：仅通过合同而不是所有权份额将两个或者两个以上单独的企业(或特殊目的主体)合并形成一个报告主体的企业合并,也应当按照《企业会计准则第20号——企业合并》第五条至第十九条的规定进行会计处理。

《国际财务报告准则第3号——企业合并》(参见2011版准则部分)"没有转移对价实现的合并"第43～44段：

第43段：有时,购买方没有转移对价就取得了对被购买方的控制权。企业合并会计处理的购买法适用于这些合并。这些情形包括：

(1) 被购买方为使现有投资者(购买方)获得控制权而回购了足够数量的自身股份。

(2) 少数股东丧失否决权。购买方之前虽拥有多数投票权,但因少数否决权的存在而无法控制被购买方。

(3) 购买方和被购买方仅依据合同达成合并协议。无论在购买日当天还是在购买日之前,购买方都未为换取对被购买方的控制权而转移对价,也未持有被购买方的任何权益。仅依据合同实现的企业合并的例子包括通过"装订安排"而将两项业务合并起来,或者是建立双重上市的公司。

第44段：在仅依据合同达成的企业合并中,购买方应将根据本国际财务报告准则确认的被购买方净资产的金额归属于被购买方的所有者。换言之,由非购买方的其他方持有的被购买方权益在购买方合并后的财务报表中属于非控制性权益,即使其结果是被购买方的所有权益都归属于非控制性权益。

43. 问：南山公司编制合并财务报表时,对于广田公司在合同生效之前的所有者权益如何处理?

答：南山公司编制合并财务报表时,对于广田公司在合同生效之前的所有者权益555 640元应全部作为少数股东权益确认。因为,在合同生效之前南山公司对于广田公司既未通过持股控制,又未通过合同控制,不能享有广田公司的权益。

44. 问：南山公司编制合并财务报表时,对于广田公司少数股东享有的权益应当如何列报?

答：广田公司少数股东享有的权益计入南山公司合并资产负债表中"少数股东权益"项目,其年末数为805 640元,构成如下：

归属于法律上股东的广田公司年初股东权益555 640元；

按合同约定归属于法律上股东的广田公司本期净利润250 000元。

本实验项目未要求编制所有者权益变动表,在实务中编制所有者权益变动表时,对于归属于法律上股东的广田公司年初股东权益555 640元,计入"本期增减变动金额——其他"项"少数股东权益"栏目列报;对于按合同约定归属于法律上股东的广田公司本期净利润 250 000 元,计入"本期增减变动金额——净利润"项"少数股东权益"栏目列报。

45. 问:南山公司编制合并财务报表时,对于广田公司的可辨认资产、负债如何计量?

答:在本实验项目中,广田公司在合并日尚属新设企业,其可辨认资产、负债的账面价值可以视为公允价值,编制合并财务报表时可以不作调整。

46. 问:南山公司与广田公司的会计政策、会计估计不一致,编制合并财务报表时应当如何处理?

答:在按权益法调整南山公司个别财务报表之前,首先要根据南山公司的会计政策与会计估计调整广田公司的个别财务报表,然后才能根据调整后的广田公司个别财务报表确认南山公司合并当年应享有或承担广田公司的损益。

47. 问:按南山公司的会计政策与会计估计调整广田公司的个别财务报表时,是否应当确认相应的递延所得税资产或递延所得税负债?

答:按南山公司的会计政策与会计估计调整广田公司的个别财务报表时,广田公司资产、负债的账面价值有可能调整,从而导致纳入合并财务报表的广田公司相关资产、负债列示价值与其计税基础产生差异,应当在满足条件的情况下确认相应的递延所得税资产或递延所得税负债。

48. 问:在按权益法调整南山公司个别财务报表时,如何确认其应享有的对广田公司投资的损益?

答:按权益法调整南山公司个别财务报表时,比照长期股权投资采用权益法确认投资损益,但不能根据持股比例计量,而应当根据合同约定计量其享有广田公司的损益金额,即从广田公司报告期净利润(调整后)中扣除约定的广茂公司所享有利润后的余额。在本实验项目中,抵销内部交易未实现损益应当全部减少归属于母公司所有者的净利润。

实验七　超额亏损子公司纳入与退出合并财务报表

49. 问:在合并财务报表中对于子公司发生超额亏损的确认,与投资企业对于联营企业或合营企业发生超额亏损的确认相比,有何不同?

答:子公司的资产、负债和损益全部纳入母公司的合并财务报表,为了反映企业集团的整体经营情况,对于子公司发生的超额亏损,在合并财务报表中应当全部确认;而联营企业或合营企业并未全部纳入投资企业的财务报表,投资企业只确认其在被投资企业净损益和净资产中应享有的份额,确认投资损失以其出资额(包括长期权益)和约定的其他责任义务为限。

50. 问:在本实验项目中,对于子公司 NO.4 店发生的超额亏损,少数股东是否应当分担?

答:在合并财务报表中,对于子公司发生的超额亏损,子公司少数股东应当按照持股比例分担超额亏损。即在合并财务报表中,子公司少数股东分担的当期亏损超过了少数股东在该子公司期初所有者权益中所享有的份额时,其余额应当继续冲减少数股东权益。因此,少数股东权益金额会出现负数。

51. 问:在合并工作底稿中按照权益法调整母公司个别财务报表时,对于子公司的超额亏损,应当如何确认投资损失?

答：在合并工作底稿中，对母公司个别财务报表按权益法确认投资收益编制调整分录时，对于子公司发生的超额亏损，母公司可以继续按持股比例确认投资损失，以便利用"年初未分配利润＋当年净利润（投资收益＋少数股东损益）＝当年分配利润＋年末未分配利润"的数量关系，抵销内部投资收益和确认少数股东损益。同时，也便于在处置超额亏损子公司时的计量与结转：将母公司所有者已确认的累计超额亏损（即上述调整后长期股权投资为负数的价值）直接结转为投资收益。详见问答53。

52. 问：为什么在处置超额亏损的子公司时，在合并财务报表中可能导致投资收益的确认？

答：在处置超额亏损子公司当期的合并财务报表中，相关投资收益主要受到下列两个因素的影响：处置价款和母公司所有者已经确认的超额亏损。虽然在合并财务报表中为了反映企业集团的整体经营情况确认了子公司发生的超额亏损，但由于股东承担的是有限责任，所以合并财务报表中已经确认而母公司所有者无需承担的子公司超额亏损，应当在处置当期的合并财务报表中确认投资收益。

53. 问：处置超额亏损的子公司 NO.4 店时，截至处置日在合并财务报表中母公司（嘉佳超市）所有者累计确认的子公司超额亏损，应当如何处理？

答：处置超额亏损的子公司 NO.4 店时，截至处置日在合并财务报表中母公司（嘉佳超市）所有者累计确认的子公司超额亏损，在按权益法调整母公司个别财务报表时转为投资收益。计入合并利润表的处置 NO.4 店收益，最终为处置价款与截至处置日母公司所有者累计确认的子公司超额亏损绝对值之和。在合并工作底稿中，对嘉佳超市个别财务报表可作如下相关调整：

（1）冲回个别财务报表中按成本法确认的处置收益－600 000元（0－账面价值 600 000）：

借：投资收益 －600 000
  贷：长期股权投资——对 NO.4 店投资 －600 000

（2）对 NO.4 店的股权投资按权益法调减 3 863 088 元（NO.4 店累计亏损 6 438 480×持股60%，无其他权益变动）：

借：长期股权投资——对 NO.4 店投资 －3 863 088
  贷：未分配利润——年初 －3 160 098
    投资收益 －702 990

（3）将嘉佳超市已确认的 NO.4 店累计超额亏损 3 263 088 元（NO.4 店累计超额亏损 5 438 480×60%），在处置 NO.4 店股权时结转投资收益：

借：投资收益 －3 263 088
  贷：长期股权投资——对 NO.4 店投资 （上述两项调整轧差）－3 263 088

54. 问：嘉佳超市处置子公司 NO.4 店的当年，该子公司可辨认净资产公允价值在处置日归属于少数股东的部分，在合并所有者权益变动表中应如何列报？

答：嘉佳超市处置子公司 NO.4 店的当年，该子公司可辨认净资产公允价值在处置日归属于少数股东的部分（即少数股东权益），应当在合并工作底稿（所有者权益变动表项目）"少数股东投入或减少资本"中作为减少数填列，如转出的少数股东权益为正数需用减号，如转出的少数股东权益为负数（即减去负数）则以正数填列；并且在合并所有者权益变动表"本期增减变动金额——所有者投入和减少资本——其他"项"少数股东权益"栏目中列报该项变动。

55. 问：对于嘉佳超市 2011 年实际发放的股票股利，在计算 2011 年度合并利润表中的每股收益时应当如何处理？

答：企业派发股票股利，会增加其发行在外普通股数量，但并不影响所有者权益总额。虽然不影响企业所拥有或控制的经济资源，也不改变企业的盈利能力，但意味着同样的损益现在要由扩大了的股份规模来享有。因此，为了保持会计指标的前后期可比性，嘉佳超市应当按实际派发股票股利后的股数，计算 2011 年度合并利润表中的本年每股收益和上年每股收益。如果其个别财务报表需要列报每股收益，也按上述原则计算。

56. 问：有关子公司少数股东对于超额亏损的承担，有哪些会计规范？

答：我国财政部会计司发布的财会〔2010〕15 号《企业会计准则解释第 4 号》中第六问答的规定，修订了有关子公司的超额亏损在合并财务报表中少数股东承担份额的处理：在合并财务报表中，子公司少数股东分担的当期亏损超过了少数股东在该子公司期初所有者权益中所享有的份额的，其余额仍应当冲减少数股东权益。

《国际会计准则第 27 号——合并财务报表和单独财务报表》（参见 2011 版准则部分）第 28 段：

损益和其他综合收益的每一组成部分归属于母公司所有者和非控制性权益。综合收益总额应归属于母公司所有者和非控制性权益，即使这将导致非控制性权益的金额为负。

国际会计准则理事会 2011 年 5 月发布的自 2013 年 1 月 1 日起实施的《IFRS10——合并财务报表》附录二"非控制性权益"部分第 94 段内容与此相同。

57. 问：我国与国际的会计准则关于少数股东对超额亏损承担的规范，体现了合并报表理论的何种观点？

答：我国企业会计准则与国际财务报告准则关于少数股东对超额亏损承担的规范，体现了"经济实体理论"（亦称"主体理论"）的原则，强调母公司股东与少数股东（或称非控制性权益人）均为公司的股东，均应按归属份额共同承担公司的超额亏损，而非由母公司股东单独承担。

实验八　处置子公司部分股权未丧失控制权

58. 问：华通公司处置华伟公司 40% 股权后，是否会改变华伟公司的资产、负债在华通公司合并财务报表中的计量基础？

答：华通公司处置华伟公司 40% 股权后仍然对华伟公司实施控制，不能因此而改变华伟公司的资产、负债在合并财务报表中的计量基础。在上述股权处置前或后，华伟公司的全部资产和负债均纳入合并财务报表范围，处置 40% 股权只是改变了母公司（华通公司）和少数股东在华伟公司净资产中所占权益的相对比例。

59. 问：华通公司处置华伟公司 40% 股权后，原先购买华伟公司时在合并财务报表中确认的商誉价值是否应当相应减少？如果不应当因此而减少，华通公司处置华伟公司 40% 股权后，个别财务报表中持有华伟公司的长期股权投资价值（包括隐含的商誉）已相应减少，在编制合并财务报表时如何处理才能不改变商誉的计量？

答：华通公司处置华伟公司 40% 股权而未丧失控制权，在与华伟公司相关的商誉未发生减值的情况下，合并财务报表中的商誉价值不应当因此而改变。因为，在处置前或后，华伟公司的全部资产和负债均纳入合并财务报表范围，与华伟公司相关的商誉预期给企业带来超额收益的能力并未因此而受到影响。

华通公司当初合并华伟公司时确认的商誉
＝初始投资成本－购买日华伟公司净资产公允价值＝200 000 000－198 150 000＝1 850 000（元）

在合并工作底稿中对华通公司个别财务报表进行调整时，应编制调整分录转回处置40%股权时已冲销的隐含在长期股权投资中的商誉份额：

借：长期股权投资——对华伟投资（1 850 000×40%）　　　　　　740 000
　　贷：投资收益　　　　　　　　　　　　　　　　　　　　　　　　740 000

经过上述调整，在将华伟公司所有者权益项目与华通公司相关长期股权投资抵销时，所确认的商誉仍然为1 850 000元，即不会改变在合并财务报表中与华伟公司有关的商誉计量。

60. 问：在华通公司合并财务报表中能否确认处置华伟公司40%股权的损益？

答：华通公司处置华伟公司40%股权未发生控制权转移，对合并财务报表的影响只是非控制性权益与控制性权益的此增彼减，属于权益性交易。因此，对于处置价款与处置长期股权投资相对应享有子公司净资产的差额，不能确认处置损益，应当计入资本公积（资本溢价），资本溢价不足冲减的，应当调整留存收益。

61. 问：华通公司将个别财务报表中已确认的股权处置收益在合并财务报表中转为资本公积时，是否需要进行金额调整？如需要调整，如何调整？

答：在编制合并工作底稿时，需要对个别财务报表中确认的处置华伟公司部分股权的收益金额进行调整：在个别财务报表采用成本法确认处置股权收益的基础上，按权益法要求调整处置收益（两种方法下的处置成本不同，从而影响处置收益的计量）；转回处置40%股权时随同该部分投资账面价值一同转销的商誉份额，调整个别财务报表中已确认的处置收益。将经过上述调整后的处置收益，在合并工作底稿（所有者权益变动表项目）中转为"资本公积——本期增减变动——资本溢价"，并且在合并所有者权益变动表"本期增减变动金额——所有者投入和减少资本——其他"项"资本公积"栏目中列报该项变动。

调整后转为资本公积的金额为20 535 800元，计算过程如下：

个别财务报表处置收益－按权益法对处置收益的调整金额＋转回处置40%股权时结转的商誉份额
＝32 000 000－12 204 200＋740 000＝20 535 800（元）

62. 问：在华通公司转让华伟公司部分股权之前，华通公司与华伟公司存在内部交易，此种情况是否需要调整合并财务报表中处置价款与处置长期股权投资相对应享有子公司净资产的差额？

答：在华通公司转让华伟公司部分股权之前两者存在内部交易且华伟公司有未实现内部交易损益的情况下，扣除分摊的未实现内部交易损益，会影响合并财务报表中处置长期股权投资相对应享有子公司净资产的份额，从而引发下列问题：是否需要调整处置价款与处置投资相对应享有子公司净资产份额的差额（即计入资本公积的金额）和因处置股权而增加少数股东权益的金额。在实务中存在以下两种处理方法：

其一，将处置股权对应的内部交易未实现损益份额按照处置比例调整资本公积与少数股东权益。

其二，在母公司转让子公司部分股权之前两者内部交易未实现损益的金额不大的情况下，计算合并财务报表中处置价款与处置长期股权投资相对应享有子公司净资产份额的差额时可以不考虑其影响，以适当简化有关会计处理。本实验项目采用此种处理方法。

63. 问：华通公司处置华伟公司40%股权后，少数股东权益的相关变动在合并所有者权益变动表中如何列报？

答：华通公司处置华伟公司部分股权而未丧失控制权的当年，华伟公司可辨认净资产公允价值在处置日归属于少数股东的份额会相应增加，应当在合并工作底稿（所有者权益变动表项目）"少数股东投入或减少资本"中反映少数股东权益的增加，并且在合并所有者权益变动表"本期增减变动金额——所有者投入和减少资本——其他"项的"少数股东权益"栏目中列报该项变动。

64. 问：华通公司转让华伟公司40%股权投资后，在合并财务报表中，与华伟公司相关的其他综合收益应当于何时结转为投资收益？

答：与华伟公司相关的其他综合收益，在未丧失对其控制权时，不能在合并财务报表中转为投资收益；应于丧失对其控制权时在合并财务报表中从资本公积转为当期投资收益。因为在丧失对华伟公司控制权时，其资产、负债不再纳入合并财务报表，视为处置，相关的其他综合收益得以实现。

实验九　处置子公司部分股权且丧失控制权

65. 问：企业因处置部分股权投资而丧失对原有子公司的控制权，有关会计处理有哪些规范？

答：我国财政部发布的财会〔2010〕15号《企业会计准则解释第4号》第四问答规定，企业因处置部分股权投资或其他原因丧失了对原有子公司控制权的，应当区分个别财务报表和合并财务报表进行相关会计处理：

（1）在个别财务报表中，对于处置的股权，应当按照《企业会计准则第2号——长期股权投资》的规定进行会计处理；同时，对于剩余股权，应当按其账面价值确认为长期股权投资或其他相关金融资产。处置后的剩余股权能够对原有子公司实施共同控制或重大影响的，按有关成本法转为权益法的相关规定进行会计处理。

（2）在合并财务报表中，对于剩余股权，应当按照其在丧失控制权日的公允价值进行重新计量。处置股权取得的对价与剩余股权公允价值之和，减去按原持股比例计算应享有原有子公司自购买日开始持续计算的净资产的份额之间的差额，计入丧失控制权当期的投资收益。与原有子公司股权投资相关的其他综合收益，应当在丧失控制权时转为当期投资收益。企业应当在附注中披露处置后的剩余股权在丧失控制权日的公允价值、按照公允价值重新计量产生的相关利得或损失的金额。

国际会计准则理事会2011年5月发布的自2013年1月1日起实施的《IFRS10——合并财务报表》"丧失控制权"部分第25段：

如果母公司丧失对子公司的控制权，母公司：

（1）终止确认合并财务状况表中的前子公司的资产和负债。

（2）确认任何在前子公司中剩余投资在丧失控制时的公允价值，以及对前子公司所欠款项或欠前子公司的款项按照相关的国际财务报告准则进行会计处理。在前子公司中剩余投资在丧失控制权时的公允价值，应按照《国际财务报告准则第9号》作为金融资产初始确认的公允价值，或者在适当的情况下，作为在联营或者合营企业中的投资的初始确认成本。

（3）确认前控制性权益应获得的与丧失控制权有关的损益。

66. 问：本实验项目中，在个别财务报表中对于方圆公司处置方海公司部分股权后剩余的20%股权,如何按权益法的要求进行调整?

答:在本实验项目中,方圆公司处置方海公司的部分股权后,对剩余20%股权能够实施重大影响,在所提供的方圆公司个别财务报表中已改按权益法核算:对于自取得投资起至处置部分股权日之间方海公司实现净损益应享有的份额,调整长期股权投资的账面价值,同时对于自取得投资起至处置部分股权当年年初方海公司实现净损益中应享有的份额,调整盈余公积(个别所有者权益变动表中在"本期增减变动——其他"项的"盈余公积"栏目进行调整)与未分配利润(个别所有者权益变动表中在"本期增减变动——其他"项的"未分配利润"栏目进行调整);对于处置部分股权当年年初至处置日方海公司实现净损益中享有的份额,调整当期损益。

67. 问:方圆公司编制合并财务报表时是否需要对各子公司个别财务报表的计量基础进行调整?

答:在本实验项目中,由于方海公司、方湖公司和方华公司均由方圆公司与其他投资者以新设方式成立,这些子公司个别财务报表的计量基础就是购买日的公允价值(持续计量),所以编制合并财务报表时无需再对方海公司、方湖公司和方华公司的个别财务报表计量基础进行调整。

68. 问:方圆公司处置持有的方海公司40%股权,在合并财务报表与个别财务报表中分别确认的处置收益金额是否相同?如果不同,在编制合并财务报表时如何进行调整?

答:方圆公司在个别财务报表和合并财务报表中分别确认的股权处置收益金额存在差异。个别财务报表中对方海公司的股权投资采用成本法核算,处置成本为该项股权投资初始成本的40%;合并财务报表中该项股权投资已按权益法进行调整,处置成本是权益法核算下长期股权投资账面价值的40%。处置成本不同,导致处置收益产生差异。本实验项目中,两者差额177 600元为方海公司累计净损益−444 000元(−98 000−346 000)中与处置40%股权相对应的份额。

实务中可有两种调整方法:

其一,在编制合并财务报表时,冲销母公司个别财务报表在成本法下确认的处置收益,以原有子公司自购买日开始持续计算的净资产为基础,按权益法计算处置比例应享有的份额确认处置收益;并对剩余股权按丧失控制权日的公允价值进行调整,将其在丧失控制权日的公允价值与剩余持股比例享有的自购买日开始持续计算的净资产的份额(即按权益法调整后金额)之差额确认为投资收益。

其二,在编制合并财务报表时,也可以不抵销母公司个别财务报表在成本法下确认的处置收益,而按权益法下应确认的处置收益进行调整;并对剩余股权按丧失控制权日的公允价值进行调整,将相关差额确认为投资收益。

两种方法的处理结果应当一致,合并财务报表中确认的投资收益均为处置股权取得的对价与剩余股权公允价值之和,减去按原持股比例计算应享有原有子公司自购买日开始持续计算的净资产的份额之间的差额。

69. 问:方圆公司对持有方海公司剩余20%股权,在个别财务报表中改按权益法核算时需调整盈余公积,在合并财务报表中按权益法调整不涉及盈余公积调整,对两者的差异,在编制合并财务报表时应当如何处理?

答:在本实验项目中,编制方圆公司个别财务报表时,对持有方海公司剩余20%股权改按权益法核算,其应享有的以前年度损益份额(−69 200元),分别作为盈余公积的当年增减变动(−6 920元)与未分配利润的当年增减变动(−62 280元)列报。在编制合并财务报表时,该项股权一直按权益法调整,由于盈余公积应以个别财务报表净利润为基数计提,合并财务报表编制过程中对个别财务报表损益的调整不调整盈余公积提取数,故20%股权对应的以前年度损益份额(—69 200元)应全额调整年初未分配利润和冲销未分配利润当年增减变动数,这样就保留了方圆公司个别财务报表中对盈余公积的调整数6 920元[—62 280—(—69 200)]。

70. 问:方圆公司处置持有方海公司的部分股权后,在编制合并财务报表时对剩余20%股权应当按丧失控制权日的公允价值重新计量,本实验项目中为何没有采用处置方海公司股权的交易价格换算确定?

答:对于处置子公司部分股权且丧失控制权后剩余的股权,怎样确定其在丧失控制权日的公允价值,在实务中有不同的具体计量方法。在本实验项目中,对于方圆公司持有方海公司的剩余20%股权,在合并财务报表中以《方海房地产开发有限公司股东部分权益价值评估报告》所确定的方海公司20%股权评估值48 204万元,作为其在丧失控制权日的公允价值进行重新计量。之所以没有采用处置方海公司股权的交易价格换算确定,是因为原持有的股权是含控制权的,而持有剩余股权时已经丧失了控制权,对被投资单位的影响不同,很可能会影响股权的公允价值。

71. 问:在本实验项目中,方圆公司对于处置方海公司部分股权后剩余的20%股权,在个别财务报表与合并财务报表中均按权益法后续核算,两者计量投资收益的基础是否一致?如不一致,应当如何处理?

答:母公司处置子公司部分股权后对于剩余股权,在合并财务报表与个别财务报表中采用权益法后续核算,计量投资收益的基础有所不同:在合并财务报表以丧失控制权日公允价值为基础持续计量,在个别财务报表中以取得投资时公允价值为基础持续计量。因此,对于个别财务报表中按权益法确认的投资收益金额,一般在合并财务报表中需要进行调整。但在本实验项目中,方海公司的净资产公允价值增值系存货项目升值所致,其房地产项目尚处于开发阶段,不会对方海公司当年损益产生影响。因此,对剩余股权在合并财务报表中按权益法确认投资损益时,无需对个别财务报表中按权益法确认的投资损益再行调整。

72. 问:方圆公司丧失方海公司控制权日之前方华公司(方圆公司子公司)与方海公司的内部交易未实现损益及相关递延所得税资产,已在上年度合并财务报表中抵销,编制本年度合并财务报表应当如何处理?

答:方圆公司处置持有方海公司的部分股权后丧失对其控制权,方海公司不再纳入合并财务报表,方海公司接受方华公司劳务形成的存货不再纳入合并财务报表,方海公司与方华公司的内部交易未实现收益2 427 000元,应视为实现转入当期投资收益;同时反方向同金额抵销对年初未分配利润的影响。

借:未分配利润——年初　　　　　　　　　　　　　　　　　　　　　2 427 000
　　贷:投资收益　　　　　　　　　　　　　　　　　　　　　　　　　2 427 000

原确认的与方海公司存货相关的递延所得税影响全部转销。

借:投资收益　　　　　　　　　　　　　　　　　　　　　　　　　　　606 750
　　贷:未分配利润——年初　　　　　　　　　　　　　　　　　　　　606 750

需要说明的是,上述回转计入当年损益的金额均为股权处置所带来的影响,而非存货本身销售所致,因此均计入"投资收益"项目。

73. 问:方圆公司丧失方海公司控制权日之前方华公司(方圆公司子公司)与方海公司发

生的内部往来计提坏账准备及相关递延所得税资产,已在上年度合并财务报表中抵销,编制本年度合并财务报表应当如何处理?

答:方圆公司处置持有方海公司的部分股权后,方海公司不再纳入合并财务报表,方海公司与方华公司的往来不再视为内部往来,抵销所确认坏账损失及相关递延所得税影响的处理也应随之恢复,计入当期损益。

在合并工作底稿中有关的回转处理如下:

恢复已抵销的该项坏账损失(丧失控制权后该项内部往来转为外部往来),同时抵销方海公司与方华公司以前年度往来所提坏账准备对年初未分配利润的影响:

借:投资收益　　　　　　　　　　　　　　　　　　　　　　　253 600
　　贷:未分配利润——年初　　　　　　　　　　　　　　　　　　253 600

恢复已抵销的相关所得税影响,同时反方向抵销对年初未分配利润的影响:

借:未分配利润——年初　　　　　　　　　　　　　　　　　　 63 400
　　贷:投资收益　　　　　　　　　　　　　　　　　　　　　　　63 400

需要说明的是,上述回转计入当年损益的金额均为股权处置所带来的影响,而非应收账款本身增减变动所致,因此均计入"投资收益"项目。

实验十　吸收合并与子公司注销变为分公司

74. 问:在晨泰机电个别财务报表中,如何计量非同一控制下吸收合并永讯电子产生的商誉?

答:晨泰机电非同一控制下吸收合并永讯电子的交易中,晨泰机电个别财务报表应按照取得的永讯电子在购买日的各项可辨认资产、负债的公允价值确认相应的资产和负债,对于吸收合并永讯电子的成本与所取得的永讯电子可辨认净资产公允价值的差额 1 089 200 元(18 500 000－17 410 800),在晨泰机电个别财务报表中应当确认为商誉。

75. 问:子公司晨信光电注销变为分公司后,在母公司晨泰机电个别财务报表中,对于所接受的子公司晨信光电的资产和负债,应当如何计量?

答:在母公司晨泰机电个别财务报表中,对于所接受的子公司晨信光电的资产和负债,视同持有子公司的股权收回进行会计处理,应以子公司注销变为分公司时的公允价值入账。本实验项目中,采用了一种简化计量方法:按照该子公司资产、负债在合并财务报表中的列报金额"平移"到母公司个别财务报表,即:取得该全资子公司的资产、负债以购买日公允价值持续计算的金额入账。

76. 问:晨泰机电接受晨信光电资产、负债的计税基础如何确定?是否会产生暂时性差异?

答:子公司晨信光电注销变为晨泰机电分公司后,晨泰机电在确定有关资产、负债的计税基础时,根据财政部财税〔2009〕59 号"关于企业重组业务企业所得税处理若干问题的通知"第六条规定,对于所接受晨信光电资产和负债的计税基础,选择以其原有计税基础确定。

由于晨泰机电对于所接受的晨信光电资产、负债在会计上以公允价值入账,与其计税基础不一致,会产生暂时性差异,应当按规定确认递延所得税影响。

在本实验项目中,晨信光电的固定资产(管理系统)入账价值大于其计税基础,所确认的递延所得税负债将在该项固定资产折旧及处置时予以转销,转为应交所得税。

77. 问:子公司晨信光电注销变为分公司时,对于其原有的递延所得税资产或递延所得税负债是否会产生影响?

答:子公司晨信光电注销变为分公司时,对于其原有的递延所得税资产或递延所得税负债,因纳税主体改变,由晨信光电变为晨泰机电,需要根据母公司所在税务机构认定的计税基础重新计算确定。如果发生暂时性差异,也应按规定确认递延所得税影响。

78. 问:子公司晨信光电注销变为分公司时,是否需要确认损益?

答:在母公司个别财务报表层面,对于取得注销子公司的净资产入账价值与相关长期股权投资账面价值之间的差额,是计入注销当期损益还是直接转入所有者权益,存在不同观点。有人认为,注销时不能确认损益,因为有关子公司只是注销变为分公司,并非实际处置。笔者认为,在个别财务报表中,实质上就是母公司以取得子公司的资产、负债作为相关股权的收回,应当视同股权投资处置或子公司清算确认有关损益。如果子公司注销变为分公司当期不确认损益而转入所有者权益,则该公司处于子公司阶段的投资损益以后再也无法确认。如果视同股权投资处置或子公司清算进行会计处理,对于取得注销子公司的净资产入账价值与相关长期股权投资账面价值之间的差额,应分别进行处理:属于原有子公司的其他综合收益部分,仍确认为资本公积,因为形成其他综合收益的可供出售金融资产等尚未出售;其余差额视同该子公司的处置损益计入注销当期的投资损益。

在合并财务报表层面,子公司注销变为分公司,没有实际处置,只是经济资源在合并财务报表范围内部的重新布局,不改变控制权,不改变计量基础。经合并抵销后除递延所得税资产或递延所得税负债可能重新计量外不会产生差额,不存在确认处置损益的问题。

79. 问:在母公司晨泰机电个别财务报表中,对于取得的晨信光电净资产入账价值与相关长期股权投资账面价值之间的差额如何处理?

答:在母公司晨泰机电个别财务报表中,对于取得所注销子公司晨信光电的净资产入账价值与相关长期股权投资账面价值之间的差额,应分别进行处理:

原取得该子公司时形成的商誉,经测试未发生减值的,仍确认为商誉;

原有子公司的其他综合收益部分,仍确认为资本公积;

其余差额视同该子公司的处置损益计入注销当期的投资损益。

80. 问:原全资子公司晨信光电注销法人资格变为分公司后,对于注销以前的内部交易应当如何处理?

答:由于晨信光电在注销法人资格前为晨泰机电的子公司,因此,在注销法人资格前与晨泰机电之间发生的内部交易,应当在合并财务报表中进行抵销,并且需要考虑内部交易对递延所得税的影响。

81. 问:晨信光电注销法人资格变为分公司后,当初晨泰机电收购晨信光电时在合并财务报表中确认的商誉,是否需要转销?

答:晨信光电注销法人资格并变为分公司,在个别财务报表层面,晨泰机电对该事项进行会计处理时,需对该项商誉进行减值测试,如果未发生减值,该项商誉可以从合并财务报表"下推"到晨泰机电个别财务报表中,即在晨泰机电个别财务报表中确认。商誉并不因为法人地位的注销而丧失,发生非同一控制下的企业吸收合并,也可能导致在个别财务报表中确认商誉。

在合并财务报表层面,原全资子公司晨信光电的资产、负债和损益无论其注销前后都在合并财务报表范围内(晨泰机电还有其他子公司仍需编制合并财务报表),有关资产组和业务未因此而发生影响,合并财务报表主体也未发生变化,所以在合并财务报表中该项商誉继续予以保留。所不同的是,晨信光电注销前,与其相关的商誉是在合并财务报表中确认的,即合并抵销时将隐含在长期股权投资中的商誉予以确认;晨信光电注销后,是在晨泰机电个别财务报表中确认,随后并入合并财务报表。

实验十一　反向购买(构成业务)及其合并报表

82. 问:我国关于反向购买的会计处理有哪些规范?

答: 2008年12月由财政部会计司编写的《企业会计准则讲解(2008)》第二十一章企业合并第三节第四部分,专门对反向购买的会计处理进行了规范,并提供了在非同一控制下反向购买(构成业务)的会计处理示例。

2008年12月26日,财政部发布了《关于做好执行会计准则企业2008年年报工作的通知》(财会函〔2008〕60号)。根据该通知第5条规定:"企业购买上市公司,被购买的上市公司不构成业务的,购买企业应按照权益性交易的原则进行处理,不得确认商誉或确认计入当期损益。"

2009年3月13日,财政部会计司发布了《关于非上市公司购买上市公司股权实现间接上市会计处理的复函》(财会便〔2009〕17号)。非上市公司以所持有的对子公司投资等资产为对价取得上市公司的控制权,构成反向购买的,上市公司在编制合并财务报表时,应结合上市公司保留的资产、负债是否构成业务予以区别处理。其中,不构成业务的,应按照权益性交易的原则进行处理;构成业务的,应当按照《企业会计准则第20号——企业合并》及相关讲解的规定执行,即对于形成非同一控制下企业合并的,企业合并成本与取得的上市公司可辨认净资产公允价值份额的差额应当确认为商誉或是计入当期损益。上市公司的前期比较个别财务报表应为其自身个别财务报表。

2009年12月31日,财政部发布了《关于执行会计准则的上市公司和非上市企业做好2009年年报工作的通知》(财会〔2009〕16号)。该通知对于企业合并过程中的"业务"予以定义,并提示企业合并若产生巨额商誉应予以重点关注。

83. 问:在反向购买交易中,个别财务报表与合并财务报表的报告主体是否一致?

答: 在反向购买交易中,个别财务报表与合并财务报表的报告主体不一致。反向购买交易的会计处理原则仅适用于合并财务报表。在本项反向购买交易中,个别财务报表是以法律上母公司(星光科技)为报告主体编制的,报表中所列示的长期股权投资包含了对银河房产的投资;而合并财务报表是以法律上子公司(银河房产)为报告主体编制的,因此必须在合并工作底稿中先冲销星光科技个别财务报表中对于银河房产的投资,然后按所计算的合并成本模拟银河房产对星光科技进行股权投资。

84. 问:在本实验项目中,如何披露反向购买交易下个别财务报表与合并财务报表的比较信息?

答: 在本实验项目中,银星股份(原星光科技更名)的前期比较个别财务报表应为星光科技的前期个别财务报表;而银星股份合并财务报表的比较信息应当是法律上子公司的比较信息,即银河房产的前期合并财务报表。

85. 问： 如何理解反向购买交易下合并财务报表中的股份结构应当反映法律上母公司的股份结构（即法律上母公司发行在外权益性证券的数量及种类）？

答： 在本实验项目中，星光科技是法律上母公司而在会计上视为被购买方，是实际发行股份的主体；银河房产是法律上子公司，其并没有实际发行股份。但银河房产在会计上被认定为反向购买交易中的购买方，其模拟发行股份后的股份结构（即银星股份合并财务报表中的股份结构）为银河控股持有 80% 股份，星光科技老股东持有 20% 股份，反映了法律上母公司星光科技的股份结构，即星光科技定向增发后银河控股持有星光科技 80% 的股份，星光科技老股东持有 20% 的股份，以体现权益互换型并购业务的实质。

86. 问： 在本实验项目中，法律上母公司星光科技购买银河控股所持有的银河房产 100% 股权，作为对价而定向增发的 64 400 万股股票是如何计算出来的？

答： 以银河房产净资产的评估值 305 900 万元作为银河房产 100% 股权本次交易总价，以星光科技停牌公告日前 20 个交易日的均价 4.75 元/股作为本次新增股份的发行价格，确定以新增 64 400 万股股票作为购买银河控股合法持有的银河房产 100% 股权的对价。

87. 问： 对于本实验项目的反向购买交易，在银星股份合并资产负债表中列报的股本金额与权益性证券数量有何特殊性？该项特殊性的形成原因是什么？

答： 在银星股份合并资产负债表中列报的股本期末数是 489 000 000 元，股份期末数是 805 000 000 股。股本金额与权益性证券数量所对应的金额（以每股股票面值 1 元计算）不一致。形成此种特殊现象的原因如下：

对于反向购买交易，合并资产负债表中列报的股本期末数，是按照反向购买会计规范进行核算的结果，即会计上是从购买方（法律上子公司）银河房产的角度进行列报的。合并完成后合并资产负债表中的股本金额反映购买方银河房产合并前股本 391 200 000 元与假定在确定该项企业合并成本过程中新发行的权益性工具的金额 97 800 000 元之和 489 000 000 元。

但是，对于反向购买交易，在合并资产负债表中的权益结构应当反映法律上母公司的权益结构。权益结构是法律概念，是从法律上母公司的角度根据实际发行在外的权益性证券数量给予认定的，合并完成后合并资产负债表中的股份数反映法律上母公司星光科技（上市公司）发行在外的权益性证券数量。星光科技此前发行在外的权益性证券数量为 161 000 000 股，为购买银河控股持有的银河房产 100% 股权增发 644 000 000 万股股票，反向购买交易完成后，实际发行在外的权益性证券数量为 805 000 000 股。

所以，与一般的非同一控制下企业合并相比，反向购买下合并财务报表所披露的股本部分有其特殊性，其股本金额与权益性证券数量所对应的金额很可能不一致，这种特殊性基于从会计与法律的不同角度看待同一项交易，分别代表了不同的主体和内涵。

88. 问： 在本实验项目中，如何确定反向购买交易中购买方的企业合并成本？

答： 根据反向购买相关规定：反向购买中，法律上子公司（会计上购买方）的企业合并成本是指其如果以发行权益性证券的方式为获取在合并后报告主体的股权比例，应向法律上母公司（会计上被购买方）的股东发行的权益性证券数量与权益性证券的公允价值计算的结果。购买方的权益性证券在购买日存在公开报价的，通常应以公开报价作为其公允价值；购买方的权益性证券在购买日不存在可靠公开报价的，应参照购买方的公允价值和被购买方的公允价值两者之中有更为明显证据支持的作为基础，确定假定应发行权益性证券的公允价值。

在本实验项目中，由于银河房产非上市公司，在购买日不存在可靠公开报价，而被购买方

为上市公司,故采用被购买方股票的公允价值计算确定企业合并成本为 128 800 万元。其计算如下:

按被购买方星光科技(上市公司)收盘价计算企业合并成本(以下称方法一)
=模拟换股发行股份数量÷换股率×上市公司收盘价
=(39 120÷80%－39 120)÷0.607 453×8＝16 100×8＝128 800(万元)

在实务中,同样在购买方非上市公司而被购买方系上市公司的情况下,有部分上市公司采用不同的计量方法确定企业合并成本,如对购买方进行估值,确定其公允价值,以本实验项目所提供资料为依据说明如下:

按购买方银河房产的公允价值计算企业合并成本(以下称方法二)
=银河房产整体评估值÷银河房产股本×模拟换股发行股数
=305 900÷39 120×(39 120÷80%－39 120)＝7.82×9 780＝76 475(万元)

比较两种方法的计算结果,合并成本的差异较大,为 52 325 万元(128 800－76 475)。合并成本的计量直接影响商誉金额的计量。何谓"更为明显证据支持",目前无明确规范,通常由购买方自行判断。实务中,由于方法二计算的商誉金额往往较小,而方法一采用的上市公司收盘价,在我国目前资本市场条件下受干扰的因素较多,未必能合理反映企业公允价值。所以,在实务中方法二更容易被采纳。

89. 问：在本次反向购买交易下,为何合并财务报表中的留存收益和其他权益余额与法律上子公司在合并前的留存收益和其他权益余额有差异?

答：反向购买交易下购买日合并财务报表中的留存收益和其他权益余额应当反映的是法律上子公司在合并前的留存收益和其他权益余额。本实验项目中银河房产合并前股东权益与银星股份合并财务报表股东权益的差额比较及其说明如下(单位:元):

所有者权益项目	银河房产合并前股东权益(2011/12/29)	银星股份合并财务报表股东权益(2011/12/31)	差　　额	差额说明
股本	391 200 000	489 000 000	97 800 000	本次反向购买交易银河房产模拟发行股份数
资本公积	759 225	1 090 959 225	1 090 200 000	本次反向购买交易银河房产模拟发行股份的溢价(包括支付上市交易的发行费用)
盈余公积	170 124 465	170 124 465	0	
未分配利润	1 197 571 419	1 196 571 419	－1 000 000	本次反向购买交易星光科技发生的上市酒会费
少数股东权益	157 917 800	157 917 800	0	
合　　计	1 917 572 909	3 104 572 909	1 187 000 000	

通过比较可以看出:若银星股份合并财务报表扣除本次反向购买交易及因次交易产生的费用等影响后,其股东权益金额与合并前银河房产股东权益金额完全一致。

90. 问：在本实验项目的反向购买交易中,是否应当确认少数股东权益?

答：在本实验项目的反向购买交易中，法律上子公司（银河房产）的股东均将其持有的股份转换为法律上母公司（星光科技）的股份，本次反向购买未形成少数股东权益。银星股份合并资产负债表中的少数股东权益金额为银河房产子公司（银流房产开发公司）的少数股东所享有的权益。

需要说明的是，该项合并中法律上母公司（星光科技）的所有股东被视为反向购买交易中的特定群体，通过权益互换交易成为合并后报告主体的股东，享有合并形成报告主体的净资产及损益，其享有的权益和损益不作为少数股东权益和少数股东损益列示。

91. 问：对于本实验项目的反向购买交易，如何计算"基本每股收益"？

答：银星股份合并利润表中"基本每股收益"（本年金额）

$$=本年归属于母公司所有者的净利润 \div 报告期发行在外普通股加权平均数$$
$$=520\ 045\ 460 \div (644\ 000\ 000 \times 12 \div 12 + 805\ 000\ 000 \times 0 \div 12)$$

或 $=520\ 045\ 460 \div (391\ 200\ 000 \times 1.646\ 217 \times 12 \div 12 + 805\ 000\ 000 \times 0 \div 12)$

$$=520\ 045\ 460 \div 644\ 000\ 000 = 0.81(元/股)$$

"基本每股收益"（上年金额）

$$=上年归属于母公司所有者的净利润 \div 期初至购买日发行在外的普通股数量$$
$$=444\ 826\ 190 \div 644\ 000\ 000$$

或 $=444\ 826\ 190 \div (391\ 200\ 000 \times 1.646\ 217) = 0.69(元/股)$